Walter Jens
Von deutscher Rede

SERIE PIPER

Das Buch ist dem großen, in diesem Lande so sehr vernachlässigten Thema der Rede gewidmet, und zwar als Rede auf bedeutende Künstlerpersönlichkeiten wie als Portrait von Persönlichkeiten, in deren Werken die Tradition der Rede lebendig ist. Das Fehlen einer rhetorischen Tradition in Deutschland, wo die Rede trotz Schiller, Lessing, Lichtenberg und Nietzsche niemals eigentlich »Rede« war, sondern immer »Schrift«, hat, nach Walter Jens, entscheidend dazu beigetragen, daß die Deutschen in jüngster Vergangenheit einer massenpsychologisch wirksamen Propaganda erliegen konnten. So kommt der Autor zu dem Schluß, daß »die Freiheit die Mutter der Beredsamkeit und die Beredsamkeit die letzte Stütze und der letzte Halt der Freiheit« sei.

Nach einem antiken Topos hat »Rhetorik die Hand weit geöffnet: Dem Alltag zugewandt gibt sie das Wissen preis«. Gegenüber dem landläufigen Mißverständnis, Rhetorik sei bloße (manipulative) Technologie, verweist Jens auf ihre großen Anwälte von Aristoteles über Bacon bis Lessing, die seit jeher Beredsamkeit als soziale Wissenschaft betrieben, als den »Versuch, Vernunft zu sozialisieren«. Dabei steht das Problem dialektischer Vermittlung im Zentrum allen rhetorischen Bemühens: »Wie kann Vernunft sprachmächtig und Denken praktisch werden? Wie läßt sich das für richtig Erkannte den Menschen einsichtig machen? Was muß Rhetorik tun, wenn sie ihr Ziel erreichen will: Bildung vorantreiben, Kommunikation strukturieren, sprachliche Übereinkunft und vernünftiges Handeln befördern zu helfen?«

In die erweiterte und aktualisierte Neuausgabe sind jüngere Beiträge des Autors zu Karl Friedrich Schinkel, Heinrich Heine, Richard Wagner und schließlich seine Trauerrede auf Peter Weiss eingefügt worden.

Walter Jens, geboren 1923 in Hamburg. 1941–1944 Studium der Klassischen Philologie und Germanistik in Hamburg und Freiburg. Seit 1947 wissenschaftlicher Assistent, Dozent, Professor für Klassische Philologie an der Universität Tübingen; seit 1963 o. Prof. und Direktor des Seminars für Allgemeine Rhetorik daselbst. 1968 Lessing-Preis der Freien und Hansestadt Hamburg; 1976–1982 Präsident des PEN-Zentrums Bundesrepublik Deutschland. 1982 Heinrich-Heine-Preis der Stadt Düsseldorf.

Veröffentlichungen: Nein – Die Welt der Angeklagten, Hamburg 1950, München 1968; Statt einer Literaturgeschichte, Pfullingen 1957, [7]1980; Herr Meister. Dialog über einen Roman, München 1963; Ort der Handlung ist Deutschland. Reden und Essays, München 1981, u. a.

Walter Jens

Von deutscher Rede

R. Piper & Co. Verlag

München Zürich

ISBN 3-492-00577-2
Erweiterte Neuausgabe 1983
3. Auflage, 6.–10. Tausend 1983
(1. Auflage, 1.–5. Tausend dieser Ausgabe)
© R. Piper & Co. Verlag, München 1969, 1983
Umschlag: Disegno
Gesamtherstellung: Clausen & Bosse, Leck
Printed in Germany

Für Marcel Reich-Ranicki

Inhalt

Vorwort 9

Rhetorik und Propaganda 11

Von deutscher Rede 24

Feldzüge eines Redners: Gotthold Ephraim Lessing 54

Reaktionäre Beredsamkeit: Adam Müller 79

Das Vermächtnis eines Gesamtkünstlers: Karl
Friedrich Schinkel 88

Schwermut und Revolte: Georg Büchner 109

Ein deutscher Jude: Heinrich Heine 133

Natur und Kunst: Richard Wagner und
›Die Meistersinger von Nürnberg‹ 147

Rhetorica contra rhetoricam: Hugo von Hofmannsthal 163

Der Hundertjährige: Emil Nolde 192

Der Rhetor Thomas Mann 217

Portrait eines Moralisten: Albert Einstein 239

Melancholie und Moral: Wolfgang Koeppen 259

Appell und Anmut: Wolfgang Hildesheimer 273

Herakles als Nothelfer: Peter Weiss 286

Quellennachweise 304

Vorwort

Ziel der Neuausgabe dieses Buches ist es, aus einer Sammlung von Reden und von Essays über Redner ein geordnetes, wohlstrukturiertes und in seinem Aufbau erkennbares Ganzes zu machen. Aus diesem Grunde habe ich nur jene Bemühungen auf dem Feld der Rhetorik einbezogen, die die Absicht befördern, statt eines Steinbruchs ein Stück geformter Architektur vorzuführen: *Darum* – nicht nur um seiner selbst, sondern auch um seines Vorbilds Lessing willen – erhält der *andere* große Aufklärer unter Deutschlands Poeten, Heinrich Heine, jetzt den ihm gebührenden Platz. *Darum* kommt zu den Büchner-Preisträgern Koeppen und Hildesheimer nun als dritter Peter Weiss, dem ich die Lob- und Totenrede gehalten habe. *Darum* tritt der Rhetor Richard Wagner zum Rhetor Thomas Mann. *Darum* verliert der in der Erstausgabe arg vereinsamt dastehende Emil Nolde jetzt seine Isolation: Karl Friedrich Schinkel, als Gesamtkünstler wiederum ein Pendant zu Wagner, gesellt sich zum Maler. *Darum* wird schließlich, in der Form eines Präludiums, knapp zu erläutern versucht, was das eigentlich sei: Rhetorik, und weshalb eine Gesellschaft, in der es sie nicht mehr gibt, sondern nur noch ihre von Irrationalität geschlagene Halbschwester, die Propaganda, keine humane Sozietät mehr ist.

Rhetorik nämlich befördert Toleranz und Dialektik, appelliert nicht nur an Herz und Affekte, sondern auch an den Verstand und sucht nicht zuletzt den Skeptiker, durchs Herzbewegen und durch Evokation von Vernunft, zu überzeugen: den Adressaten dieses Bandes zum Beispiel, meinen Freund Marcel Reich-Ranicki, der dem hier kalt-magistralen, dort witzig-verspielten oder hochpathetischen Ton der Rhetorik, ihrer Versalität, ihrer Situations- und Adressatenabhängigkeit von Herzen mißtraut ... Gott sei Dank; denn gerade der Redner, dieser Poet, Apostel und Tribun in Personalunion (ein Heinescher Typ also, wie er im Buch steht), bedarf des ständigen Dialogs – und zwar des kritischen.

Tübingen, im Januar 1983   Walter Jens

Rhetorik und Propaganda

»Wer werden die Aufseher sein in dem allgemeinen so-
cialistischen Zuchthaus? Das werden die Redner sein,
die durch ihre Beredsamkeit die großen Massen, die
Majorität der Stimmen für sich gewinnen, gegen die
wird kein Appell sein, das werden die erbarmungslose-
sten Tyrannen ... sein.« Formuliert, im Verlauf der
Reichstagsdebatte über die »gemeingefährlichen Um-
triebe der Socialdemokratie«, am 17. September 1878.
Vorgetragen von einem Mann, der, wiewohl selbst ein
großer Redner, die Rhetoren als eine Art von Poeten
und Musikanten ansah, die es mit der Wahrheit nicht so
ganz genau nähmen: zwielichtige Existenzen, vor denen
sich der echte Staatsmann, der eher Schachspieler als
Improvisator sei, in acht nehmen müsse. *Die Redner sind
betörende Volksaufwiegler und Agitatoren:* Diese von Bismarck im Kampf gegen die Sozialdemokratie vorgetragene These identifiziert Rhetorik mit einer Kunst, die
verführerisch und affektiv ans Unbewußte appelliere –
überredend, aber nicht überzeugend; niederknüppelnd
und nicht befreiend; zermalmend, wo Aufklärung an-
gezeigt wäre: »Rednerkunst«, heißt es in Kants ›Kritik
der Urteilskraft‹, »ist, als Kunst, sich der Schwächen

der Menschen zu bedienen …, gar keiner Achtung würdig.«

Rhetorik als die Hohe Schule des »Verstellens« (ein Ausdruck von Goethe), als Disziplin, die, wie Kant behauptete, aufs »Überschleichen« abziele, als Beförderin des »Aufwieglertums« im Sinn des frühen Thomas Mann, als trickreiche Technik, mit deren Hilfe, so der Autor der ›Wanderjahre‹, es dem Redner möglich sei, »gewisse äußere Vorteile im bürgerlichen Leben zu erreichen«: In der Tat, der Lasterkatalog ist lang, die Polemik schrill, die Gesichtspunkte verändern sich kaum. Der Zentralvorwurf lautet: Rhetorik verführt die Sinne mit Hilfe der Schönrednerei, stellt Eloquenz in den Dienst der Agitation und verzichtet aufs Argument, auf sachlichen Diskurs und aufklärerische Belehrung.

Aber der Vorwurf ist falsch. Die Polemik der antirhetorischen Fronde beruht auf einem doppelten Irrtum: auf der Meinung, Rhetorik sei nichts weiter als eine praktikable Anweisung zum erfolgreichen Reden, und auf dem Glauben, daß die *Rede-Kunst* sich auf die *Stil-Kunst* beschränke. In Wahrheit aber ist Rhetorik eine Disziplin, die nicht nur, als *ars oratoria* oder *rhetorica utens*, Beeinflussungsstrategien entwirft, sondern, als *ars rhetorica* oder *rhetorica docens*, auch über Ziel und Zweck, Recht und Notwendigkeit, Humanität und Moral jener Strategien reflektiert, deren Richtung sie im vorhinein bestimmt: Rhetorik ist also keine Technologie (zumindest nicht nur!), deren Instrumentarium, recht angewendet, Erfolg und Einfluß verbürgt; sie ist vielmehr, in erster Linie, eine Wissenschaft, deren Anwälte, von Aristoteles bis Bacon, von Cicero bis Lessing, nicht müde wurden, das *eine* Problem zu analysieren: Wie kann Vernunft sprachmächtig und Denken praktisch werden? Wie läßt sich das für richtig Erkannte – in überzeugendem Appell, in herzbewegender Argumentation? – den Menschen einsichtig machen? Was muß die Rhetorik tun und welche Prämissen hat sie, in einem Akt der Selbstreflexion, zu berücksichtigen, wenn sie ihr Ziel erreichen will: Bildung vorantreiben, Kommunikation strukturieren, sprachliche Übereinkunft und vernünftiges Handeln befördern zu helfen? (Kein Wunder, bei alledem, daß die großen Rhetoren – Quintilian so gut wie Melanchthon – meistens auch »Schulmänner« waren: Pädagogen mit einer auf Humanisierung der Gesellschaft abzielenden Bildungskonzeption.) Unter solchen Aspekten bedeutet die Identifikation von Rhetorik und Propaganda nichts anderes als, beispielsweise, die Gleichsetzung von Theologie und Homiletik, unter Ausklammerung der Dogmatik: Hier wie dort wird eine Wissenschaft jenes Spezifikums beraubt, das ihre Eigenart ausmacht – der Dialektik von Theorie und Praxis. (Gäbe es, muß gefragt werden, ohne die auf Geselligkeit und Interhumanität bedachte Rhetorik und ihre »Eingemeindungs«-Arbeit überhaupt eine Verknüpfung zwischen Kultur und Gesellschaft, dem Entwurf des isolierten Einzelnen und dem – von keiner Theorie geleiteten – Tun der Sozietät?) Gleich weit entfernt von elitärem Für-sich-Behalten und blinder Popularisierung: der Sprachlosigkeit so feindlich wie dem Gerede (aber von beidem ständig bedroht), ist Rhetorik, nach ihrem Selbstverständnis, darum bemüht, ein Maximum von Vermittlungen zu realisieren: Vermittlung zwischen Wahrheit und Wahrscheinlichkeit, zwischen Lehre und Leidenschaft, Vernunft und Gefühl, zwischen Praxis und Theorie. (Rhetorik, verdeutlicht ein antiker Topos, hat die Hand weit geöffnet: dem Alltag zugewandt gibt sie das Wissen preis. Philosophie hingegen hält die Faust fest geschlossen: benimmt sich also esoterisch und verzichtet auf den Weltbezug.)

So betrachtet ist Rhetorik eine Disziplin, deren Hauptgeschäft (»hermetisch« hat Thomas Mann es genannt) das Über-Setzen ist: die parteiliche Verdeutlichung von Tatbeständen, die, anfangs höchst vage, in einem unendlichen, von Rede und Gegenrede, von Einwurf und Widerspruch geprägten Disput langsam anschaulich werden: Es ist die Intention der Redekunst, den »Sachen« (res) mit Hilfe der »Worte« (verba) ein Höchstmaß von Plastizität zu verleihen – und nicht etwa, wie es das landläufige Vorurteil will, die Worte für sich selbst sprechen zu lassen. Wenn also die antike Definition lautet »Rhetorik ist die Kunst des guten Redens und Schreibens«, dann heißt *gut* nicht elegant oder wortgewaltig oder betörend, sondern: *angemessen* – der vom Redner vertretenen Sache und der Situation, aus der heraus er spricht, adäquat. Das bedeutet: Ein Autor, der die Dinge, um die es ihm geht, mit Hilfe von Statistik und Zitat zum Sprechen bringt, kann »besser« reden als Demosthenes und Cicero in einer Person. Nicht die Schönheit, sondern die Wirkung, nicht die Eleganz, sondern die Angemessenheit befindet über den Rang der praktischen Beredsamkeit: der Grad ihrer Adressatenbezogenheit, das Appellhafte und Dialogisch-Demonstrative ..., nicht aber der »rhetorische«, von Metaphern und Wortspielen, Antithesen und Alliterationen, von kühnen Bildern und dramatischen Vergleichen strotzende Stil. Eine autonome Diktion ist, sub specie artis rhetoricae, ein Widerspruch in sich selbst; *der* rhetorische Stil ist *kein* rhetorischer Stil. Ohne die Berücksichtigung des materiellen Substrats läßt sich ein »Gelungen« so wenig wie ein »Mißraten« aussprechen: eine Selbstverständlichkeit, wenn man bedenkt, daß von der griechischen Antike bis zur Mitte des achtzehnten Jahrhunderts das Gebot dominierte: Vergiß nicht, Redner, daß der Duktus deiner Verlautbarungen (der Predigten und Lehrgedichte, Bittschreiben und Proklamationen) sich nach den Objekten richten muß, die du behandelst. (Und nach den Adressaten, natürlich, zu denen du sprichst.) Willst du also, auf Information und Unterweisung bedacht, *Tatbestände* analysieren, politische Fakten oder biblische Geschehnisse, dann mußt du lehrhaft reden, in knapper und nüchterner Sprache. Je bescheidener der Gegenstand, desto volkstümlicher und legerer der Duktus der Rede: Wo es um kleine Leute geht, um Gespräche unter freiem Himmel und um Alltäglichkeiten, wie sie Markt und Kaserne, Acker und Wohnstube bieten, sind Witz und unfeierliches Parlando am Platz – nicht aber, wie's die simple Rede nahelegt, Plattheit oder trockene Pedanterie. Willst du dagegen, eine Stufe höher, das *gesellige Leben* der Bürger beschreiben, mit ihrer Moral und den Konventionen ihres Verkehrs, dann darfst du nicht lehren, sondern mußt »belusten« (wie es in den Rhetoriken des siebzehnten Jahrhunderts heißt) und einen mittleren, zum Ergötzen dienlichen Stil wählen, nicht zu seicht, nicht zu pathetisch – einen Stil, der urban und angenehm ist. Aber hüte dich, der Gefahr zu erliegen, die mit der ambivalenten, zwischen Hoch und Nieder vermittelnden Diktion von Hause aus verbunden ist: der Gefahr, das Angenehme mit dem Ubiquitären, dem Lauen und Zerfließenden zu verwechseln und dort, wo Freundlichkeit und Familiarität geboten sind, ins Unverbindliche zu geraten. Und dann die dritte Stufe: *Die Welt der Großen!* Majestät und Triumph. Das Reich der Könige und Päpste, der Märtyrer und Inquisitoren (und auch der Teufel, natürlich). Hier muß der Stil pathetisch sein, die Schreibart herzbewegend und affektuös, die Rede metaphernreich, der Grundton tragisch – große Siege, große Niederlagen; Himmelfahrt und Höllenfahrt – die Diktion begeisternd und kraftvoll: markant, aber – hier liegt die Gefahr des dritten und höchsten Stils – niemals schwülstig.

Das Schema, in der Form einer vierfachen Trias, ist simpel und – wie seine Zwei-Jahrtausend-Herrschaft beweist – effizient: drei Gegenstandsbereiche (die Welt der Fakten, der Charaktere und der Leidenschaften); drei Personenkreise (Bauern, Bürger und Adel); drei rednerische Verpflichtungen (die Lehre, das Amüsement, die Leidenschaft: erst der Appell an den Verstand, dann das Rühren des Gefühls, schließlich das Erregen des Willens – von der Pragmatik über die Ethik zum Pathos); drei Stilqualitäten (wissenschaftlich knappe, vor allem im Bereich der religiösen Unterweisung angemessene Schlichtheit; populäre Anmut, Charme und graziöses Geplauder; hohes Pathos und uneigentliche Rede).

So variabel das Schema im einzelnen ist – es kann sich,

unter Einschluß von Stilart und Gattung, auch fünf- und sechsfach präsentieren – und so gleitend, im Zeichen der sich wandelnden Gesellschaftsordnung, die Übergänge zwischen Beweis und Belustigung, zwischen *passions* und *manners*, zwischen Anmut und Würde auch sind: Die Tatsache, daß das Grundschema von der Antike bis zur Aufklärung kanonische Bedeutung hatte, steht außer Zweifel. Vorgeprägt von Aristoteles, ausgebaut von Cicero und von Augustin unter dem Aspekt der christlichen Beredsamkeit für praktikabel befunden, wurde die Gültigkeit des rhetorischen Kalküls bis zum achtzehnten Jahrhundert niemals bestritten (noch Schiller unterscheidet, durchaus konventionell, zwischen Handlungen, Charakteren und Leidenschaften) und sah sich erst in einem Augenblick außer Kraft gesetzt, als, im Zeichen des bürgerlichen Zeitalters, mit der hierarchischen Ordnung der Welt auch die ihr entsprechende Hierarchie der Stile zerfiel: als die Demokratisierung der Gesellschaft auch eine Demokratisierung der Sprache bewirkte.

In der Epoche des bürgerlichen Individualismus, die vom Gegensatz zwischen »Natur« und »Kunst«, dem »Genie« und der »Regel« geprägt war: als die Sprache des Herzens – Natürlichkeit und ungekünstelte Rede – die konventionelle Diktion des Feudalzeitalters ersetzte, wurde das alte, der zeremoniellen Realisierung des Bestehenden, der Etikette und Repräsentation des *Ordo Christianus* dienende Gesetz der Rhetorik für nichtig erklärt ... und das mit allen Konsequenzen: An die Stelle der normativen Rhetorik trat die deskriptive Poetik; das Diktum »Ein Redner kann man werden, zum Dichter muß man geboren sein« gewann den Charakter einer Zentralmaxime; die Literatur begann sich in Auftragskunst hier und »echte« Poesie dort zu teilen: eine Trennung, die es nicht gab, solange der Lateinschüler, auf die Imitation klassischer Muster verwiesen, mit Hilfe von Deklamationen und Aufsätzen, die den Anweisungen der spätantiken Lobreden folgten, sich schon in jungen Jahren jene literarischen Techniken aneignen konnte, über die einer verfügen mußte, der mitreden und eine Rolle spielen wollte: im Schultheater zuerst und später auf dem Theater der Welt. Zwischen rhetorischer Pflichtübung und öffentlicher Rede, zwischen einem Exerzitium im epideiktischen Stil und einer poetischen Darbietung bestand so wenig eine qualitative Differenz wie zwischen den großen oratorischen Akten am Ende des Schuljahrs, den Demonstrationen des Jesuitentheaters und den Aufführungen der Wanderbühnen. Die Personalunion von Poet und Rhetor, Kanzelredner und Notar war unantastbar. Wer das Reglement der Rhetorik beherrschte: den Fünfschritt von der Findung der Argumente über die Disposition, die verbale Ausschmückung und den Vortrag bis hin zur Mnemotechnik; wer in die Schule jener antiken Gerichtsredner gegangen war, deren Plädoyertechnik die mittelalterlichen Streitgespräche und Disputationen akzentuierte und deren Fähigkeit, einen Tatbestand, mitsamt all seinen sozialen und psychologischen Implikationen, umfassend zu beleuchten, bis zur Neuzeit die literarische Charakterbeschreibung bestimmt hat; wer, weiterhin, mit Hilfe der Topik, gelernt hatte, wie leicht sich ein Gedicht schreiben läßt, wenn einer nur die Fundorte kennt und darüber hinaus, dank der Chriën-Technik, ein wenig zu argumentieren weiß; wer, vor allem, das Wechselspiel von argumentativer Belehrung und affektuöser Beeinflussung zu praktizieren verstand (»Gründe in Bilder zu kleiden« und »durch Phantasie auf den Verstand zu wirken« hat Lessing als das Rhetorenamt des Aufklärers bezeichnet); wer, schließlich, auf der einen Seite die Kunst gelernt hatte, den Kampf zwischen Leidenschaft und Verstand durch *erleuchtende Argumente* zugunsten der Vernunft zu entscheiden und, auf der anderen Seite, jene Fähigkeit besaß, die, nach der zeitgenössischen Vorstellung, nötig war, um Tropen und Figuren in »Eroberungsmaschinen« zu verwandeln – in Werkzeuge, deren Einsatz den Zwist auf dem Schlachtfeld der Seele zugunsten des Redners entschied: »Red-Kunst«, heißt es beim jungen Wieland, »ist eine auf die Kenntnis der Regeln gegründete Fertigkeit, die Zuhörer zu überzeugen, sich ihrer Affecte zu bemeistern und sie zu dem Zweck zu lenken, den man sich vorgesetzt hat«; kurzum, wer rhetorisch geschult war, sah sich damit in die Lage versetzt, wenn schon nicht *wie*, so doch *in der Weise* von Gryphius dichten zu können. (Wobei anzumerken ist, daß gerade Gryphius' eindrucksvollste Sonette häufig aus einer Summe von exakt durchgeführten rhetorischen Operationen bestehen ... warum auch nicht? Wo doch auch Goethe noch stolz darauf war, daß es ihm »in rhetorischen Dingen niemand zuvorthat«!)

Und nicht nur Poet konnte er werden, der in Rom oder St. Afra, in Tübingen oder Schulpforta unterwiesene Zögling: Der Herrschaftsbereich der Rhetorik umfaßte *sämtliche* Künste, nicht allein die Literatur. Rhetor war auch der bildende Künstler, der mit Hilfe von optischen Impressionen – Schauseite und Buchtitel, Kostüm und Farbe! – Psychagogie betrieb; Rhetor war der Akteur auf der Bühne, der in den Lehrbüchern, unter dem Stichwort »Körperliche Beredsamkeit«, dargestellt fand, welche Gesten er vorführen mußte – pathetische im Zeitalter des Barock, sanft-harmonische in der Epoche der Klassik –, um bestimmte Charakterzüge, große und kleine Passionen zu verdeutlichen. Ein Rhetor war der Hofmann mit seinem Versuch, sich durch angenehme – im Kapitel »de actione« erlernbare – Bewegungen Ansehen zu verschaffen; Rhetor war der Maler – die Farbgebung, in der Weise Albertis, als eine *ars movendi* betrachtet, und ein Redner schließlich war auch der Komponist: *ars canendi* und *ars dicendi* gehörten zusammen wie Motette und Predigt; nicht anders als der Orator hatte es auch der Kantor mit Exposition und Vortrag, mit dem Satzbau und den zur Seelenbewegung höchst dienlichen Figuren zu tun: »Ein Redner und ein Musicus«, schreibt Johann Joachim Quantz, »haben einerlei Absicht . . .: sich der Herzen zu bemeistern, die Leidenschaften zu erregen und die Zuhörer bald in diesen, bald in jenen Affekt zu versetzen.«

Rhetorik als *regina artium*: eine Disziplin, deren Macht identisch mit ihrer Verfügbarkeit ist: Einst von der Jurisprudenz, dann, als Homiletik, von der Theologie in Dienst genommen, gewinnt sie heute, nach einer langen Zeit des Interregnums, in der, in Kirche und Parlament, die *rhetorica utens* vorherrschte, erneut an Bedeutung: im Zeichen jener *new rhetoric*, die, auf einer Kooperation von Kommunikationswissenschaft, Linguistik, Politologie, Psychologie und Soziologie beruhend, die gesellschaftlichen und individualpsychologischen Bedingungen untersucht, unter denen »Persuasion« wirksam wird – wirksam, sofern sie sich bestimmter, mit dem Instrumentarium der Sprachwissenschaft, vor allem der Pragmatik, und der Ideologiekritik meßbarer Strategien bedient.

Indem sie nachweist, daß es eine »neutrale« Sprache nicht gibt, sondern daß jede Aussage – selbst die nüchternste Mitteilung, und wieviel mehr erst der Appell, in der Mitte zwischen dem Befehl und der puren Information, intentional, also »rhetorisch« strukturiert ist, macht die *new rhetoric* deutlich, daß die *ars oratoria* nicht, wie man zwischen dem (vermeintlichen) Ende der aristotelischen und dem Beginn der postaristotelischen oder wissenschaftlichen Rhetorik annahm, durch eine elokutionelle Bestimmung, wie immer sie ausfallen möge, definiert werden kann: daß es vielmehr die Wirkungsintentionalität ist, die ihr Wesen ausmacht ... die Intention, dem Argumentativen, Philosophischen, Abstrakten in einem Appell an die Affekte Heimatrecht zu verschaffen. Was, nach Fénelon, der »conviction de la philosophie« unmöglich ist, mag der »persuasion d'éloquence« am Ende doch noch gelingen: der Versuch, Vernunft zu sozialisieren ... und das auf eine Art und Weise, die einer Wissenschaft adäquat ist, zu deren Grundprinzip es gehört, eher Fragen aufzuwerfen als Antworten zu geben (und wenn, dann vorläufige) und häufiger »so, aber auch so« zu sagen als »so und nicht anders«. Rhetorik »hat« nicht die Wahrheit: Sie sucht sie, in Rede und Gegenrede, deutlich zu machen: Da ist kein Satz, der beanspruchen dürfte, er sei die letzte Wahrheit. Beredsamkeit, man kann es nicht oft genug sagen, setzt Freiheit voraus, Offenheit, Unabgeschlossenheit, Vorläufigkeit. Wenn These und Antithese zusammenfallen; wenn ein und derselbe Mann zugleich Staatsanwalt und Verteidiger ist; wenn Beredsamkeit zu einem Disziplinierungsinstrument wird; wenn der »vir bonus« eines Quintilian oder Castiglione dem Deklamator weicht und der »perfectus orator«, dessen rednerische Überzeugungskraft auf seiner Glaubwürdigkeit und identifikationsfördernden Moralität beruht, dem Histrionen Platz macht, der es sich, von Leibgardisten umgeben, getrost leisten kann, auf Moral zu verzichten (hier kommt es nicht aufs Überzeugen an; hier wird ein Spektakel inszeniert); wenn die Ambivalenz von Argument und Affekt aufhört, die Rhetorik zu konstituieren, und nur noch Feind-Freund-Gefühle regieren; wenn Dialektik durch Affirmation ersetzt wird: der Entwurf von Möglichkeiten durch das Pochen auf die Wirklichkeit; das Denken in Alternativen durch das Diktat; die auf Vermittlung bedachte Ironie durch den Imperativ »Hier jubelt! Und jetzt wird gepfiffen!«; der Dialog – auch der potentielle – durch das Selbstgespräch; die Darlegung einer Fülle von Gesichtspunkten durch das Kommando des einen, dem niemand antworten darf; wenn das Lehrelement der Beredsamkeit – der Ton des ›Hessischen Landboten‹ oder der Lassalleschen Verfassungsrede – dem Zeremoniell zum Opfer fällt: dann gibt es (nachzulesen in Hans Mayers Traktat über ›Rhetorik und Propaganda‹) keine Redekunst mehr.

Bismarck hatte unrecht: Agitation – als eine Form der schwarzen Messe, gegen deren Ritual ein Widerspruch unmöglich ist – und aristotelische Redekunst, die Advokatin der Dialektik: Das sind grundverschiedene Dinge.

Sowenig die Rhetorik vor Instrumentalisierung und technizistischer Verkürzung geschützt ist und sooft man ihre Autorität zur Verfolgung unmoralischer Zwecke mißbraucht hat, so unbezweifelbar ist ihr verpflichtender Auftrag: Seelenführung im Horizont der Vernunft zu betreiben, um auf diese Weise, als ein den verschiedenartigsten Disziplinen verfügbares Sozialisations-Instrument, Kunst und Wissenschaft in gesellschaftlicher Praxis zu realisieren.

Von deutscher Rede

»Deutschland kann, nach seiner Verfassung, keine Meisterstücke in der politischen Beredsamkeit haben«: Diese ebenso provozierende wie epigrammatische Aussage, die sich unter dem zweihundertsiebenundachtzigsten Paragraphen von Christian Daniel Schubarts ›Kurzgefaßtem Lehrbuch der schönen Wissenschaften‹ findet, hat ein Jahrhundert lang, von 1730 bis 1820, von Friedrich Andreas Hallbauers wegweisenden Schriften zur deutschen Oratorie bis zu Adam Müllers berühmten ›Zwölf Reden über die Beredsamkeit und deren Verfall in Deutschland‹ die Gedanken all jener Männer bestimmt, denen die Frage am Herzen lag, warum es in unserem Lande, im Gegensatz zu Athen und Rom, Paris und London, keine florierende Redekunst gäbe. »Rara in populo Germaniae declamandi consuetudo« hieß es schon in mittelalterlicher Zeit: Der rückwärts gewandte, auf die antiken Blüte-Epochen der Rhetorik gerichtete Blick ließ die eigene Ohnmacht erkennen; ein sorgsamer, den unterschiedlichen Staatsverfassungen geltender Vergleich schärfte im achtzehnten Jahrhundert das Verständnis für die gegenwärtige, der freien Rede feindliche Gesellschaftssituation, und man erkannte, daß das Schicksal der Rhetorik, als einer Tochter der Republik, die sich allein in Freiheit entfalten könne, untrennbar mit dem Schicksal der Demokratie verbunden sei. Herrscht das Volk, regiert die Rede; herrscht Despotismus, dann regiert der Trommelwirbel: Dieses uns selbstverständliche, in römischer Zeit zum erstenmal von Tacitus im ›Dialogus de oratoribus‹ mit kunstreicher Dialektik erörterte Axiom begann zur Zeit der deutschen Klassik, als die Diskrepanz zwischen dem gesellschaftlich-politischen und dem geistigen Leben sich mit aller Deutlichkeit zeigte, ein zentraler Topos in den Schönen Wissenschaften zu werden. Die Erwägung, ob der Verfall der Beredsamkeit den Untergang der Freiheit oder das Ende der Republik den Tod der Rede nach sich ziehe: diese von Hallbauer aufgeworfene Frage nach der Priorität stellt eindringlich klar, daß an der Identität von Republik und großer Rhetorik kein Zweifel bestand. Eine Fülle von Traktaten – im Stil den Wettkampfschriften des ausgehenden dixseptième, den Auseinandersetzungen mit der antiken Eloquenz folgend, die von Perrault, de Boissimon und Fénelon vorgetragen wurden – eine Fülle von Traktaten verglich die Zeiten der alten Republik, in denen die Redner Einfluß auf die Staatsaffairen hatten, mit der vom Geist des Despotismus und der Monarchie bestimmten Gegenwart: »Wo ist in unseren Zeiten der Staat, das Reich, da die Beredsamkeit ähnliche Wirkungen (wie in der Antike) hervorbringen könnte? Bürger in Republiken werden durch ganz andere Mittel regiert, und Königen Glück zu wünschen, ihm, dem Souverän, dazu gehört oft Beredsamkeit einer ganz anderen Art« … in der Tat, das ist der bittere, der deutschen Tragödie geltende Ton, der in diesem Jahrhundert wieder und wieder erklingt und eine Epoche kennzeichnet, in der allein das Drechseln von Komplimenten und die zierlich-kurzgefaßte Huldigung dem Redner bei Hof *estime* verschafften … eine fragwürdige *estime*, am Rande vermerkt, da gerade die größten Herren, deren Proklamationen man damals *in usum pauperum* veröffentlichte, nach Gottscheds sarkastischem Wort unter den Rednern die allerbescheidensten waren.

Untertanenstaat und freies Wort verhalten sich zueinander wie Feuer und Wasser, denn wo Gewalt herrscht, braucht der Rhetor sich keine Mühe zu machen, die Hörer mit kunstreicher Suade auf seine Seite zu bringen; er kann es einfacher haben; der Säbel ersetzt das Argument und den Beweis – Gottsched und seine in der Deutschen Gesellschaft zu Leipzig versammelten Schüler sind nicht müde geworden, diesen Tatbestand zu erläutern und die Konsequenzen der gesellschaftlichen Misere zu analysieren: Kehrten Demosthenes und Cicero zurück … im Zeitalter der Komplimentierrede wären all ihre Künste vergeblich. Kein Wunder also, daß die Klagen Gottscheds, Herders oder Thomas Abbts sich zu einem Unisono vereinten: die Klagen darüber, daß es keine Materie gebe, die den Redner zwinge, sein Genie zu beweisen. Es war ja nicht allein die Unfreiheit, die den rhetorischen *effort* verhinderte: Auch der bescheidene Kreis wirklicher Kenner – doppelt kärglich und doppelt bescheiden im Verhältnis zur französischen Metropole oder gar jener athenischen Polis, in der, nach Sulzers *dictum,* die Gesamtheit der Bürger soviel Kunstverstand hatte wie in Deutschland die Gemeinde einiger weniger über das Land verstreuter *gourmets* –, auch geographische und kulturpolitische Momente, dazu Fragen des Geschmacks und der Bildung taten das Ihre, die Wirkungsmöglichkeit des freien Wortes zu begrenzen: »Noch verträgt das deutsche Ohr alles, so wie das deutsche Aug, wenn es nur nicht gegen eine Nationalmode verstößt. In schönen Künsten aber« – schrieb Johann Georg Sulzer, der große Lexikograph und Literaturpapst der späten Aufklärung – »ist noch nichts Nationalmode geworden. In Athen war eine ungewöhnliche Gebärde des Redners, eine nicht ganz attische Redensart ebenso anstößig, als dem deutschen Volk eine ungewöhnliche Form des Hutes wäre.« In der Tat, hier klingen Motive an: kein Nationalgespräch, keine Übereinkunft der Gebildeten, keine Teilhabe der Intelligenz an der Repräsentanz der Nation, die im folgenden Jahrhundert von Adam Müller ausgeführt wurden ... um dann, 1929, in Hofmannsthals Rede über das ›Schrifttum als den geistigen Raum der Nation‹, ins Zentrum einer Betrachtung zu rücken, die deutsche Eigenart in gleicher Weise vor der Folie des Französischen erhellte, wie Sulzer die Nationalmode seines Volkes durch eine Gegenüberstellung mit der athenischen Polis verdeutlichte, einen Vergleich, der so sehr zuungunsten der Deutschen ausfiel, daß Sulzer am Ende nur die Hoffnung auf eine Änderung der gesellschaftlichen Umstände blieb: Allein unter gewandelten politischen Aspekten konnte sich die Beredsamkeit auch unter deutschen Himmeln in ihrer

Stärke erweisen. Verfiel in Athen und Rom die Rhetorik im Augenblick der zerbrechenden republikanischen Ordnung, so war für Deutschland – unter dem Aspekt einer neuen Blüte der Beredsamkeit – Rettung nur vom Zerfall des Despotismus zu erwarten; anderenfalls hatten sich die Rhetoren auch weiterhin mit bürgerlich-bescheidener Eloquenz »auf Kanzeln oder in Audienzsälen, in Hochzeits- und in Trauerstuben« zu begnügen und es bei »wohl meynender Verwarnung« und »treuer Zurede« bewenden zu lassen.

Nun, die Zeiten änderten sich einstweilen nicht; das Pathos der Befreiungskriege, von dem sich zumal die protestantische Predigt beflügelt sah, wich vormärzlicher Ernüchterung, und der düstere, von Fichte 1787 in der Schweiz niedergeschriebene Eröffnungssatz des ›Plans anzustellender Redeübungen‹ behielt seine Gültigkeit: »Schon die Staatsverfassung der Zürcher macht es nötig, öffentlich zu reden.« Der Zürcher, nicht der Deutschen wohlgemerkt. Fichte, einer der großen Verteidiger der Eloquenz in unserem Land, ein Mann, der schon in seiner Valediktionsrede, Schulpforta 1780, über die Regeln der Beredsamkeit und der Poesie gesprochen hatte (ein Thema der Zeit, man denke an Gellerts Rede!) – Fichte wollte mit seinen Redeübungen den »vaterländischen und republikanischen Geist nähren«; aber die Staatsverfassung der Deutschen war eben nicht die Staatsverfassung der Zürcher oder der Alten: »Uns ist kein Griechenland, kein Rom«, heißt es in Herders zweiundvierzigstem, das Studium der Theologie betreffenden Brief, »wir reden weder vor dem Senat noch auf dem Markte.« Kurzum, die deutsche

Rede hatte sich zu bescheiden, ihre Grenzen anzuerkennen und nicht, dies war der von Herder bestimmte Tenor der Zeit, durch eine Imitation antiker Muster die ganz anders geartete gesellschaftliche – und religiöse! – Situation der Gegenwart zu mißachten. So und nicht anders will die damals mit Leidenschaft geführte Debatte verstanden sein, ob man der Demosthenen oder Ciceronen – und zumal, da ja die Rhetorik vom Gerichtsplatz in die Tempel geflüchtet war, der Ciceronen auf der Kanzel – bedürfe.

Andere Zeiten, andere Reden: Es waren die ersten Geister der Nation, die, auf die Prävalenz des Politisch-Sozialen pochend, im achtzehnten und neunzehnten Jahrhundert vor einer blinden Rekapitulation jener antiken Redemuster warnten, von denen sich noch Gottsched, das Ideal des gelehrten Rhetors vor Augen, eine allgemeine Verbesserung der *humaniora* versprach – und dies, obwohl doch gerade er, in einer Anmerkung zu Fontenelles Gesprächen, betont hatte, es sei unmöglich, daß die Beredsamkeit »in despotischen und monarchischen Staaten zu derjenigen Vollkommenheit gelange als sie in den freien Republiken zu Athen und Rom gelangt ist«.

Andere sahen hier schärfer: Nietzsche zum Beispiel – Nietzsche, in dem wir den größten Kenner deutscher Rede verehren, den einzigen Schriftsteller, der, sieht man von Hofmannsthal und Thomas Mann ab, einen untrüglichen Sinn für die rhetorischen Momente der Prosa, ihre musikalischen Nuancen, Rhythmen und Gebärden, Akzente und Töne, für ihr Klima und ihre reich gegliederte Landschaft besaß und den Ton der

hohen Konvention in gleicher Weise wie die einsied-
lerische Rede, den dramatischen Barock-Stil nicht anders
als den Lyrismus beherrschte. Das Basler Kolleg vom
Wintersemester 1872/73, eine Vorlesung über die
Geschichte der griechischen Beredsamkeit, variierte das
Axiom des klassischen Jahrhunderts – Republik = Rede-
flor – aus der Perspektive der Klassischen Philologie:
»Erst mit der politischen Form der Demokratie beginnt
die ganz exzessive Schätzung der Rede, sie ist das
größte Machtmittel *inter pares* geworden.«
Einst, in der Antike, ein Instrument *inter pares*, war die
politische Rede in Deutschland zum Werkzeug der *im-
pares* geworden; kein Zufall wahrlich, daß Rhetorik
von Bedeutung hierzulande meist Rhetorik von Rebellen war; die berühmtesten Muster bewiesen es deutlich:
Thomas Münzers ›Fürstenrede‹, Georg Forsters An-
sprache im Mainzer Konvent, der ›Hessische Land-
bote‹, ein Musterbeispiel großer schriftlicher Beredsamkeit, die sozialistische Rhetorik, Lassalle und Bebel,
Rosa Luxemburg, die wie keine zweite das Geheimnis jener Mischung von Einfachheit und Majestät
kannte, in der ein Lawrence Sterne die Eigenart der
höchsten Beredsamkeit sah. Die Liste ist nicht eben
lang, und sie kann es nicht sein, da das Oratorische sich,
wie die Erfahrung lehrt, nur dort zu voller Blüte entfaltet, wo Kraft und Gegenkraft einander ebenbürtig
sind und sich ein Spiel der Dialektik entfaltet: Jakobiner
und Girondisten, Vergniaud und Robespierre, Burke
und Fox – ich bitte Sie, die Betrachtung nachzulesen,
die Adam Müller der Nacht vom 11. zum 12. Februar
1791 gewidmet hat ... jener Nacht, in der die Freund-

schaft der beiden großen, das Parlament ihrer Zeit beherrschenden Redner wegen der unterschiedlichen Bewertung der französischen Revolution für immer zerbrach.

Überblickt man die Blütezeiten der abendländischen Beredsamkeit, dann erweist es sich schnell, daß die Rhetorik immer dort das Gesicht einer Epoche bestimmt hat, wo vorhandene Antagonismen in öffentlichem Streit Profil und Konturen gewannen: persönliche Antagonismen, politische Antagonismen, Antagonismen der Stile: hier die Rebellen-Suade, dort die Wohlredenheit, hier das Agitatorische, dort das hohe Zeremoniell der Konvention, hier die exzessive Redegewalt, dort römischer Stil, gefeilte Proklamation und akkurat gegliederter Erlaß. Hugo von Hofmannsthal, mit dem Nietzscheschen Sinn für die geheimsten Valeurs und Contrevaleurs der Prosa begabt, hat in seinem ›Versuch über Victor Hugo‹ am Beispiel Lamartines und Chateaubriands – »die Grundform dieser beiden bedeutenden Talente ist das Rhetorische« –, am Beispiel de Maistres, Bonalds und Paul-Louis Couriers die »schwirrende befiederte Beredsamkeit« der Kaiserzeit von der Revolutionsdiktion abgehoben und damit als erster nach Nietzsche das Geheimnis jener Rhetorik der Reaktion, die Arkanen des Metternich-Stils, der Diktion Gentzens, des Tenors von Gneisenau- und Scharnhorst-Erlassen enthüllt und den Glanz einer politischen, auf erlauchte Traditionen pochenden Sprache aufleuchten lassen, deren Verfall er in seiner Rezension über die Schrift Adam Müllers, das »phrasenhaft Weichliche« und »forciert schneidige Wesen« deutscher Kriegserlasse anprangernd, so schmerzlich bedauerte. Nun, die Gründe für die Dürftigkeit der deutschen Zeremonialrhetorik liegen auf der Hand; Hofmannsthal selbst hat den einen genannt: Dort, wo die Sphäre des Politisch-Zweckhaften dem Bereich des Literarischen entfremdet ist und das Ästhetische sich nicht konkret, in öffentlicher Manifestation, zu erklären vermag, müssen die Beispiele für eine in Gentzens oder Thomas Manns Sinn repräsentative Prosa notwendig bescheiden sein.

Der zweite Grund wurde von Nietzsche zitiert: »Überall, wo es einen Hof gab, hat es das Gesetz des Gut-Sprechens und damit auch das Gesetz des Stils für alle Schreibenden gegeben.« Wir sehen also, daß das feudalistische Regime unzähliger kleiner Territorialherren Deutschland nicht nur um seine republikanische Rede, sondern auch um seine affirmative Rhetorik gebracht hat. Nicht Metropole und nicht *libera res publica*: unter solchen Aspekten konnten weder das freie Wort noch die Formelsprache, weder eine satirische Invektive noch ein großer Stil in Nietzsches Sinn gedeihen ... von wechselseitiger Ergänzung ganz zu schweigen. Nimmt es da wunder, daß unter den Tugenden, die man vom Bürger und mehr noch vom Staatsmann erwartet, die Redekunst in unserem Land so selten genannt worden ist? Wo ist das Zeugnis, das sich mit Carlyles Satz vergleichen läßt: »No British man can attain to be a statesman or chief of workers till he has first proved himself a chief of talkers?« Wo ist das Anstandsbuch, dem, wie Peachams ›Complete Gentleman‹, auch das Rhetorische als unerläßlich für die Ausbildung des wahren Menschen erschiene?

Bismarck war, und das ist typisch, stolz darauf, *kein* Rhetor zu sein – er verachtete die Redner geradezu, hielt sie für schlechte Whist- und Schachspieler (in seinem Mund ein Vernichtungsurteil) und traute ihnen zuallerletzt zu, daß sie die Kunst des Staatsmanns beherrschten. Das hinderte ihn freilich nicht, selber glanzvolle Reden, wie das große Geschichtskolleg im Reichstag vom 6. Februar 1888, zu halten und, wenngleich bisweilen mit stockender Zunge, Sentenzen, Zitate und Bilder zu finden, deren Anschauungskraft von der Kunstprosa seiner Zeit nur selten erreicht worden ist. Belesenheit und Witz, Sarkasmus und narrative Begabung bildeten die Fundamente einer Redekunst, an der gemessen zeitgenössische Erklärungen doppelt leer, doppelt phrasenhaft und doppelt beschämend erscheinen. Wieviel Grazie hat demgegenüber bei Bismarck selbst die Polemik, welche Eleganz akzentuiert die Sätze noch in bitterbösen Auseinandersetzungen, im Streit mit Windthorst oder Eugen Richter! »Es wird mir ja recht oft das Vergnügen zuteil, eine Probe seiner (der Richterschen) Eloquenz mit anzuhören, und da habe ich nachgerade dasselbe Gefühl wie bei einer Vorstellung der Jungfrau von Orleans, wo einen der endlose Triumphzug im Anfang überrascht, bis man beim dritten Vorbeimarsch bemerkt: Mein Gott, das sind ja immer dieselben Leute, die nochmals über die Bühne ziehen, in demselben Kostüm.« So sprach einmal der Chef einer deutschen Regierung – ein Kanzler freilich auch, der ein besonderer Kenner des Französischen war ... und doch die Kunst des Redens nur wider Willen beherrschte. »Government is government by talking«:

Bismarck wäre der letzte gewesen, der dem englischen, in mannigfachen Nuancen abgewandelten Satz aus vollem Herzen zugestimmt hätte ... er sowenig wie manche seiner Nachfahren von heute, die ihren Gegnern vorwerfen, sie »redeten nur«: so als sei es unehrenwert, sich redend und argumentierend Gehör zu verschaffen.

In dieser Mißachtung des Wortes, einer Unterschätzung der sozial sittigenden Wirkung der Rede und einer Überbewertung der Aktion (Aktion ›von oben‹!), die ihren Wert in sich selbst hat, zeigen sich, wie mir scheint, Reste jener historisch erklärbaren Untertanengesinnung, die nur Befehlen und Gehorchen kennt, das Wort verachtet und die suasorischen Elemente der Rhetorik mit tiefem Mißtrauen betrachtet. Während jedes Kind hierzulande Fritzische Kernsätze kennt, ist Robert Blums Polenrede selbst den Gebildeten nur von fernher bekannt. Anders als in den angelsächsischen Ländern hat die Parlamentsrhetorik in Deutschland der Prosa kaum Impulse gegeben, Sternstunden fehlen ... denn was bedeutet selbst die Polenrede im Vergleich zu Burkes Erklärung über die Unabhängigkeit Amerikas oder den Revolutions-Manifesten eines Danton, was Heinrich von Gagerns Rhetorik, gemessen an Sheridans Sechs-Stunden-Plädoyer im Prozeß gegen den räuberischen Gouverneur Hastings?

Mag Herders These »Wir haben keine politische Beredsamkeit, nicht einen Schatten davon, und können sie auch nicht haben, weil unsere Staatsverfassungen gar nicht dazu eingerichtet sind« sich heute, in einer radikal veränderten Gesellschaft, nur noch historisch lesen lassen; mag ein Betrachter der politischen Beredsamkeit in unseren Tagen nicht mehr in der mißlichen Lage des Jungdeutschen Theodor Mundt sein, der in einem vierhundertseitigen Buch über die ›Staatsberedsamkeit der neueren Völker‹ für Deutschland mit Mühe und Not ganze neunzehn *paginae* zu Papier bringen konnte; eine Tradition der politischen Rede mit Vorbildern, Beispielen und Mustern hat sich, von wenigen Ausnahmen abgesehen, zwischen Konstanz und Kiel nie gebildet. Man betrachte die Literatur: Gibt es im deutschen Drama so etwas wie die Rhetorik-Exerzitien Richards III., die Mark-Anton-Rede im ›Julius Caesar‹ und die an Thomas Wylsons Vorschriften meßbaren Fabeln von Menenius Agrippa und Coriolan? Gibt es Stellen, die weder Zitatnestern gleichen noch die Maximen des Autors auf die *dramatis personae* verteilen, sondern Passagen sind, an denen das Rhetorische seine funktionale Dramatik erweist? Wo fände sich in früher deutscher Poesie ein Demagoge vom Schlage jenes »Kommunisten« Jack Cade, der im vierten Akt des Shakespeare-Dramas ›Heinrich VI.‹ (Teil 2) als Protagonist figuriert; wo gäbe es hierzulande, ich zitiere das berühmteste Beispiel für die Beeinflussung der Literatur durch die politische Beredsamkeit, wo gäbe es eine Kumpanei von diabolischen Agitatoren, wie sie Satan, Beelzebub, Moloch und Belial bilden, das Viergespann aus dem zweiten Buch von Miltons ›Paradise Lost‹, das alle Spielarten der Demagogie durchexerziert und dabei die Register der *persuasive rhetoric* in einer Weise zieht, daß man die Begeisterung und das Entzücken eines Mannes versteht, der, wie der ältere Pitt, sehr wohl beurteilen konnte, worin der Zauber dieser Parlamentsdebatte unter bösen Geistern lag. (Eine genaue Analyse der Rhetorik Miltons findet sich in Hildegard Gaugers Buch über die englische Parlamentsrede, einem Standardwerk, dem ich viele Hinweise verdanke.)

Was am Demagogen Satan fasziniert, ist die Berechnung des Effekts, die Einstellung aufs Publikum, die Wahl der Mittel, die sich je nach der gegebenen Lage verändern: Im Hauptquartier der Teufel spricht man anders als vor Evas Angesicht. Milton, dessen *eines* Pamphlet für die Pressefreiheit, die ›Areopagitica‹, hinreichen würde, um ihm für alle Zeit einen Ehrenplatz unter den großen Rhetoren zu sichern, kannte nicht nur das Pathos der tödlich treffenden Rede, er wußte, wie Shakespeare, auch um die Situationsabhängigkeit zweckgerichteter Rhetorik; darum das Augenmerk, das er im Gegensatz zu den meisten Rede-Traktaten, denen es nur auf Sammlung von Figuren und Topen ankam, auf die *actio*, die rechte Haltung beim Vortrag, richtete: Gesammelt, wie ein Tänzer, steht der Teufel da, eloquent noch im Schweigen. Wie wirkungslos sind demgegenüber die deutschen Rede-Lehrstücke geblieben – und das selbst dann, wenn sie so präzis und witzig wie Thomas Abbts Essay über die körperliche Beredsamkeit abgefaßt waren: »Die Arme und Hände sind für den Prediger sehr geschickte Werkzeuge, um seinen Gedanken nachzuhelfen. Zu ihrem rechten Gebrauch dient . . ., daß man nicht mit den Bewegungen der Arme und Hände bildliche Dinge zu malen suche. Die Fehler des Mißbrauches sind also: das Schwimmen mit den Händen, die geballte Faust, das Hammern, das Einhändige usw. Was das Hutaufsetzen, Schnauben, Tobacknehmen, Schnupftuchlegen, Ermelziehen usw. betrifft, so muß man dabey auch das relativ affectirte vermeiden.« Nun, das Verbot, mit den Händen zu rudern, ist uns aus Hamlets Schauspieleranweisung bekannt (»do not saw the air too much with your hand, thus«) – was aber die übrigen Abbtschen Präzepte angeht, so hätte der Teufel mit ihrer exakten Befolgung wohl kaum das Ziel seiner Wünsche erreicht, und Eva lebte weiterhin im Paradies.

Die deutsche Redelehre wußte nichts vom Publikum; die Dimension der *Angemessenheit* war ihr nur stilistisch vertraut. Das Prinzip des *apte dicere*, das, wie Walter F. Schirmer gezeigt hat, ein Mark-Anton und Menenius Agrippa trefflich, ein Brutus und Coriolan hingegen nicht beherrschen, wurde hierzulande nur selten unter sozialen und psychologischen Aspekten erläutert. Sucht man in deutscher Literatur nach entschiedenen Warnungen vor den Gefahren der rednerischen Demagogie, so sucht man vergebens. Die Rhetorik galt als pomphaft, eitel, trickreich, nichtig, liederlich; Kant, in der ›Kritik der Urteilskraft‹, sprach ihr jeglichen Wert ab, andere nannten sie in einem Atem mit Seiltanz, Posse und Windmacherei; aber gefährlich, als Agitation und Magie, der gut bewaffnet zu begegnen sei, erschien sie nur selten. Die Mahnung Friedrichs des Großen, sein Neffe – später Friedrich Wilhelm III. – möge gegen die Künste und Schliche der Rhetorik behutsam gemacht werden, indem man an Cicero und Demosthenes das Bestechende und Gefährliche der Eloquenz demonstriere; diese Instruktion für den Unterricht des vierzehnjährigen Knaben bildet, wie mir scheint, nur die Ausnahme, die die Regel bestätigt. Ansonsten gewinnt der demagogische Aspekt weder in den hundert von Meyfarts bis zu Theremins Zeiten erschienenen Rede-Lehrbüchern noch in der Belletristik Profil: Im Untertanenstaat hatte der Agitator einfach keine Funktion, man kannte ihn nicht, man fürchtete ihn nicht, die aufgestellten Regeln galten dem Prediger und dem Gelehrten.

So betrachtet, ist Hitler in der Tat der erste gewesen, der die politische Valenz des gesprochenen Worts nicht nur durchschaute (das hatten die deutschen Sozialdemokraten schon lange vor ihm getan, und Hitler hatte keine Bedenken, sich auf sie zu berufen), sondern, unter dem Aspekt der Massenagitation, der Rede in seinem Buch ›Mein Kampf‹ eine Bedeutung zuerkannte, die ihr seit den Tagen der Volkspredigt niemand mehr eingeräumt hatte. Die deutschen Lehrer der Beredsamkeit waren Priester und Gelehrte gewesen; ihre Gemeinde blieb klein; Einfluß auf die Politik besaßen sie nicht ... das unterschied sie von den angelsächsischen Rhetoren, Männern wie Bacon und Hobbes, Adam Smith und John Quincy Adams, die zugleich Fachleute (Smith und Adams haben Kollegs über Rhetorik gelesen) und Praktiker *in politicis* waren. Kein Wunder also, daß ein Volk, dessen Literatur weder einen Rhetoren namens Belial noch einen Agitator namens Cade kannte, ein Volk, dem kein Hamilton die Tricks und Kniffe der Parlamentsrhetorik beigebracht hatte, jener rednerischen, unter massenpsychologischen Aspekten vorgetragenen Rattenfänger-Propaganda so geschwind erlag, deren Prinzipien Hitler in einem ›Die Bedeutung der Rede‹ überschriebenen Absatz mit schöner Offenheit erläuterte: Brechung des Willens als oberstes Ziel, Verzicht auf rationale Mittel, Operieren mit den Methoden des Bayreuther Passionsspiels und des katholischen Rituals, Appell ans Volk, Verstärkung der emotionalen Momente (Reden sind grundsätzlich abends zu halten, weil da die Menschen der beherrschenden Kraft eines stärkeren Wollens leichter erliegen), Schaffung eines Redestils, der, primitiv, verständlich, beispielhaft gehalten, sich möglichst weit vom Schreibstil der Gebildeten entfernt. Nun, eine Analyse der Hitlerschen Reden wird zeigen, inwieweit die rhetorische Praxis den Programmprinzipien folgte, ob es tatsächlich so etwas wie eine nationalsozialistische, mit den Mitteln der Volkssprache und einem ideologisch fixierten Vokabular operierende Beredsamkeit gab oder ob nicht im Gegenteil gerade der gespreizte Schriftstil, ein noch näher zu untersuchendes Bürokraten-Deutsch in Verbindung mit Kolportage-Elementen die braune Rhetorik geprägt hat. Spuren jedenfalls hat sie kaum hinterlassen, diese Rhetorik, bestimmend ist sie – gelegentlich christlich-abendländisch durchsetzt – nur für überschaubare Nachfolger-Gruppen geworden. Stilbildend wirkte sie allenfalls als Partikelchen des nationalen Boulevard-Journalismus – wie denn überhaupt gesagt werden muß, daß (wiederum im Gegensatz zu England und Frankreich) die deutsche Rede nicht nur literarisch wirkungslos geblieben ist (mit einer Ausnahme, von der noch zu sprechen sein wird) und kein Dokument vom Rang der Junius- und Tuchhändlerbriefe geprägt hat, sondern daß sie eigentlich niemals »Rede« war, sondern immer »Schrift«, gelehrte Verlautbarung, Feiertagssermon, und gebildete, mit der Umgangssprache nicht kommunizierende Kathederdiktion im Stil des *recte et ornate dicere* blieb ... so wie auch die Unterhaltung immer nur, monologisch akzentuiert, Gespräch und nicht, dialogisch bestimmt, Konversation war. Nimmt es also wunder, daß die deutsche Literatur so wenige große Causeurs von Fontanes oder Thomas Manns Rang besitzt? Die diktatorische Verlautbarung dominiert, das Verbindlich-Soziale fehlt; das Imperativische der Schrift scheint gewichtiger als jener mündliche Austausch, der sich auf andere Meinungen einläßt.

Diese Übergewalt des Schreibstils über die Rede aber, die Nietzsche in der ›Fröhlichen Wissenschaft‹ notierte, das Absehen von dialektischer Färbung und der Verzicht auf die Übernahme soziologisch bedingter Abschattierungen der Alltagsdiktion machten mit der Rede auch große Teile unserer Literatur stumm und steril ... und das in doppeltem Sinn, da das beredte Wort weder die breiten Schichten erreichte, noch im Sinne wechselseitiger Übereinkunft, fruchtbaren Austauschs und lebendiger Teilhabe Einfluß auf die öffentliche Meinung gewann. Gesellschaftlich betrachtet, blieb die deutsche Rede immer Monolog: deshalb auch das Entsetzen, das Goethe bei Dr. Galls Eröffnung befiel, er sei eigentlich zum Volksredner geboren: »Über diese Eröffnung erschrak ich nicht wenig: denn hätte sie wirklich Grund,

40

so wäre, da sich bei meiner Nation nichts zu reden fand, alles übrige, was ich vornehmen wollte, leider ein verfehlter Beruf gewesen.«

Unter solchen Zeichen scheint mir Adam Müllers These überzeugend zu sein, daß der größte deutsche Redner, der Meister der philosophischen und sentimentalen Rede, wie Hofmannsthal ihn apostrophierte, Friedrich Schiller, die dichterische Form nur wählte, um überhaupt verstanden zu werden und Kanzel und *rostra* allein deshalb mit dem Schreibpult vertauschte, weil die Poesie zu seiner Zeit sich jedenfalls ein bescheidenes Echo erhoffen konnte, während die politische Beredsamkeit, der gesellschaftlichen Lage entsprechend, überhaupt kein Publikum hatte. Sehr zu Recht hat der Amsterdamer Germanist Herman Meyer, in einem Aufsatz über Schillers philosophische Rhetorik, auf die Dominanz der Schillerschen Redetermini (»Volksredner«, »beredter Schriftsteller« etc.) verwiesen, und ich meine, es wäre der Anstrengung wert, auch im Fall Nietzsches und Hofmannsthals – um nur diese beiden zu nennen – den Prosastil einmal unter dem Aspekt der schriftlichen Beredsamkeit zu analysieren, rhetorische Elemente herauszukristallisieren und gerade bei Hofmannsthal auch das Konversationselement, den Duktus der Mündlichkeit aufzuzeigen, der sich sonst, wie gesagt, in hoher deutscher Prosa kaum nachweisen läßt, aber sich in der österreichischen Literatur, die den Konnex mit der Umgangssprache nie ganz preisgegeben hat, freimütiger anbietet. Hofmannsthal selbst hat in seinen Briefen an die amerikanische Zeitschrift ›The Dial‹, auf Schnitzler verweisend, Fingerzeige gegeben;

sein Aufsatz ›Unsere Fremdwörter‹ macht hinter den Abstufungen und Schattierungen einer ständisch und geographisch gegliederten, die Kunstprosa affizierenden Sprache historische Formationen sichtbar, die sich, in solcher Schärfe, nur dort abzeichnen, wo der Austausch zwischen stilisierter Prosa und Volkssprache eine Literaturtradition schafft.

Vergessen wir nie, daß die Prosa bis zum Beginn des 19. Jahrhunderts zur Disziplin der Rhetorik gehörte – »indirekt hängt die Entwicklung des ganzen modernen Prosastils von den griechischen Rednern ab« schrieb Nietzsche im zitierten Kolleg –, daß man den Trennungsstrich zwischen Poesie und Beredsamkeit zog und dabei unter der Beredsamkeit Historiographie, Epistolographie und Rhetorik in der eigentlichen Bedeutung des Wortes verstand. Das hatte seinen guten Sinn, denn Prosa umfaßte nicht nur die Belletristik, sondern alle durch äußere Zwecke fixierten Ausdrucksformen: die Predigt so gut wie die Fachprosa, die Rede nicht anders als den Traktat ... Gervinus, Forster, Ranke und Savigny als Meister der Prosa! »Der Unterschied (zwischen Poesie und Prosa)«, heißt es in Johann Joachim Eschenburgs ›Entwurf einer Theorie der Litteratur und schönen Redekünste‹, »liegt ... wesentlich darin, daß die Prosa stets einem äußeren Zweck dient, zunächst Belehrung, Aufklärung und Überzeugung des Verstandes beabsichtigt, dahingegen die Poesie ihren Zweck in sich trägt, um ihrer selbst willen.« Diese Stelle, die sich mit Hilfe anderer Lehrbücher beliebig variieren ließe, zeigt mit aller Deutlichkeit das Nachwirken der klassischen aristotelischen Formel von der

Rhetorik als einer Disziplin, deren erstes und letztes Ziel die Überredung ist – und diese Definition ist von Harsdörffer und Meyfart über Gottsched bis hin zu Schopenhauer von keinem Deutschen angetastet worden, der das Rhetorische zu terminieren unternahm. Die Eschenburgsche Erläuterung macht aber auch klar, warum in unserem Land die Prosa, Beredsamkeit im weitesten Sinn, sich lange Zeit nicht der gleichen Schätzung wie die Poesie und besonders die Lyrik erfreute. Die Bindung an äußere Zwecke, das Zielgerichtet-Rhetorische, ein Sich-Einlassen auf Realitäten und ein psychagogisches Wirken-Wollen im *hic et nunc* galt als suspekt; die Poesie, absichtsloses Gefallen und reines Spiel der Phantasie, stand in höherem Kurs; Kant, Goethe und Hegel beschrieben den Täuschungs-Effekt der Rhetorik als ein der Kunst nicht angemessenes Element (erst Nietzsche wertete die Schein- und Trug-Beförderung der Beredsamkeit auf). »Es ist«, schreibt Eschenburg, »durchaus eine niedrige Betrachtungsweise, wenn man nach einem Zweck der Poesie fragt.« Dieser eine Satz genügt, um die von Adam Müller erläuterte Misere: das Monologische und Adressatenlose, den Verzicht auf Wirkung und gesellschaftliche Repräsentanz zu erhellen, und er reicht hin, die Klage Sulzers als wahr zu erweisen, unsere Kunstrichter nähmen sich der Dichtkunst mit so warmem Interesse, hingegen der der Beredsamkeit so kaltsinnig an, als wenn sie keine eheliche Schwester jener Kunst wäre ... und so ist es, wie Schulliteratur-Geschichten und Politiker-Verlautbarungen zeigen, bis heute geblieben; wehe dem Schriftsteller, der hierzulande das Wolkenkuckucksheim des zeitfernen Sehers verläßt und, mit dem Mittel poetischer Beredsamkeit, konkret und zweckgerichtet Einfluß im Politischen zu gewinnen sucht, soziale Mißstände anprangert und, als überredender Stückeschreiber, Lyriker oder Romancier, nach gesellschaftlicher Veränderung strebt!

Freilich ist es nicht nur das Zweckhaft-Soziale gewesen, das mit der Rhetorik auch die deutsche Prosa im weiteren Sinn bis in unser Jahrhundert hinein diskreditierte: Es war vielmehr die Dominanz des Konventionellen, die Herrschaft von Regeln und Präzepten, die Macht der Vorschriften, es waren die Ketten und Fesseln, war der Aspekt der Tradition, der deutscher Vorstellung von wahrer Dichtung so herzlich wenig entsprach: »Es trägt Verstand und rechter Sinn mit wenig Kunst sich selber vor« – sich selber, das heißt: ohne Regeln! »Was Vortrag! Der ist gut im Puppenspiel« – das heißt: Beredsamkeit ist farcenhaft! »Sei er kein schellenlauter Tor« – das heißt: Genie tut not, Genie und Kraft und nichts Rhetorisch-Närrisches!

Nun, Goethe hat auch anders gesprochen; ein Mann, der das Rhetorik-Lehrbuch von Ernesti zu Rate zog, um festzustellen, was er richtig und was er falsch gemacht hatte, konnte es sich immerhin leisten, auch einmal auf Regeln zu pfeifen; aber das schließt nicht aus, daß eben jene Verachtung des Rhetorischen und jener leichtfertige Verzicht, eine Tradition des Stils zu entwickeln, die Entfaltung der deutschen Prosa gehemmt hat. Wiederum ist es Nietzsche gewesen – der Rhetor Friedrich Nietzsche, dessen Verhältnis zur Beredsamkeit nach Ernst Robert Curtius' Vorschlag endlich ein-

44

mal grundsätzlich analysiert werden sollte –, der die Problematik der Schul- und Traditionslosigkeit, das Debakel der Form- und Konventionsverachtung, die Gefahr, die in der Unterschätzung des Rhetorischen liegt, mit Schärfe angeprangert hat: »Die Form gilt uns Deutschen gemeinhin als eine Konvention, als Verkleidung und Verstellung und wird deshalb, wenn nicht gehaßt, so doch jedenfalls nicht geliebt; noch richtiger würde es sein, zu sagen, daß wir eine außerordentliche Angst vor dem Worte Konvention und auch wohl vor der Sache Konvention haben.« Und an anderer Stelle: »Wer unter den Deutschen sich ernstlich zum Redner ausbilden wollte, oder wer in eine Schule des Schriftstellers zu gehen beabsichtigt, er fände nirgends Meister und Schule; man scheint hier noch nicht daran gedacht zu haben, daß Reden und Schreiben Künste sind, die nicht ohne sorgsame Anleitung und die mühevollsten Lehrjahre erworben werden könnten.«

Unter dem Aspekt des Rhetorischen erscheinen Nietzsche und Herder, Lessing und Lichtenberg wie Rufer in einer Wüste ... in *welch* einer Wüste, das zeigt der Abschnitt über die deutsche Prosa in Thomas de Quinceys Rhetorik-Essay, einer der bösesten, schärfsten und treffendsten Analysen jenes Stils, der sich nicht zuletzt deshalb so wenig zu entfalten vermochte, weil ihm die Grundlage, eine florierende Redekunst, fehlte. Ein Kapitel über die deutsche Rhetorik zu schreiben, heißt es etwa in de Quinceys Essay, bedeutet, sich auf den Boden eines Gelehrten zu begeben, der, eine Studie über isländische Schlangen verfassend, dieses Unternehmen in einem einzigen summarisch formulierten

Satz münden läßt, in dem er mitteilt, daß Schlangen in Island – nicht vorhanden seien.

Nun, bei einem Schriftsteller, der sich über Miltons Gladiatorenrhetorik in gleicher Weise wie über den älteren Pitt oder den »Charlatan« Sheridan, über den paketartig verschnürten Satzbau »Mr. Kants« nicht anders als über die französische Beredsamkeit amüsierte, die angeblich nur aus Exklamationen, aus einer Anhäufung von lauter Ohs und Ahs bestehe ... bei einem solchen Schriftsteller wird man zwar Überspitzungen einkalkulieren, aber dennoch keine Veranlassung sehen, sein Grundaxiom zu bezweifeln, das heißt: »Da ihnen (den Deutschen) jegliche forensische und senatorische Beredsamkeit fehlt, so hat es auch niemals irgendwelche Richtlinien eines guten Prosastils gegeben – nein, schlimmer noch und wichtiger: es hat niemals ein Beispiel der Ambition in dieser Richtung gegeben, das ins allgemeine Bewußtsein der Deutschen gedrungen wäre; und selbst ihr Kanzelstil war stets entweder bäuerlich ungeschlacht oder stachelig vor Pedanterie.« Streicht man den letzten, der geistlichen Beredsamkeit geltenden Satz, dann könnte man die de-Quincey-Passage ohne Schwierigkeiten in Nietzsches erste ›Unzeitgemäße Betrachtung‹ verpflanzen: im 11. Paragraphen, dort, wo sich der Philologe und Rhetor über David Friedrich Straußens mangelnde Beherrschung der Muttersprache belustigt und auf die Gründe verweist, die es so schwer sein lassen, in Deutschland ein guter Schriftsteller zu werden, wäre sie vorzüglich am Platz. »Es fehlt hier an einem natürlichen Boden, an der künstlerischen Wertschätzung, Behandlung und Ausbildung der mündlichen Rede. Da diese es in allen öffentlichen Äußerungen, wie schon die Worte Salon-Unterhaltung, Predigt, Parlaments-Rede ausdrücken, noch nicht einmal zu einem nationalen Stile, ja noch nicht einmal zum Bedürfnis eines Stils überhaupt gebracht hat, und alles, was spricht, in Deutschland aus dem naivsten Experimentieren mit der Sprache nicht herausgekommen, so hat der Schriftsteller keine einheitliche Norm ...« In der Tat, die Übereinstimmungen, verblüffende Übereinstimmungen zum Teil, bieten sich an (es wäre auch, hier wie dort, auf die Hochschätzung Lessings zu verweisen, in dem de Quincey, nicht anders übrigens als Adam Müller, den ersten deutschen Meister der beredten Prosa sieht), aber auch die Unterschiede sind nicht zu übersehen. Mag Nietzsche, mit gleicher Schärfe wie de Quincey, das Gravitätische, Feierlich-Plumpe, das Undeutlich-Ahnungsvolle, Hölzern-Unbeholfene der deutschen Prosa bespötteln, schlecht zu schreiben als nationales Vorrecht bezeichnen und, wie Herder, die Sprache der Grobiane und schleichenden Hofierer verachten ... die negative Einschätzung der Kanzelrede hätte er, der das Meisterwerk unserer Posa, die Luther-Bibel, als Meisterwerk eines Predigers pries, sich energisch verbeten. Niemand hat mit solcher Akribie wie der Pastorensohn Friedrich Nietzsche den Tonfall der Predigt, das Echo der Kanzelrhetorik, ihren Duktus, ihre Perioden und Rhythmen aus der weltlichen Prosa herausgehört, niemand das Silbengewicht, den Tempowechsel und den Atem eines Kolons genauer berechnet ... und in der Tat, *wenn* in Deutschland die Rede jemals einen Einfluß auf den Stil der Nation gewann, so ist es die geistliche Sprache gewesen, und Prediger und Predigerzöglinge waren es auch, Herder und Fichte, Schleiermacher und Nietzsche, die sich – nicht zufällig immer wieder das laute Lesen, das antikische Lesen verlangend – einen Sinn für die rhetorische Gliederung der Prosa, den Predigerton und die Nuancen der Ohrenprosa bewahrten. »Eloquence ... leads mankind by the ears« lautet Lord Bolingbrokes berühmte Definition, der gegenüber Nietzsches Sentenz »Der Deutsche hat seine Ohren ins Schubfach gelegt« sich besonders bitter ausnimmt.

Man sieht, die Wissenschaft von der Beredsamkeit hat hierzulande noch manches zu tun. Die Bedeutung der Predigt für die deutsche Sprache und Literatur ist überhaupt noch nicht untersucht worden – die Bedeutung der Postillen, die, wie Gottfried Merkel gezeigt hat, den Büchermarkt des siebzehnten, die Bedeutung der Predigtsammlungen, die den Markt im achtzehnten Jahrhundert beherrschten. Auch der Einfluß Luthers, des »rechten Meisters teutscher Wolredenheit«, wie Schottel ihn nannte, der Einfluß des großen Johann Lorenz von Mosheim, der die Geburtsstunde deutscher Prosa einleitete, der Einfluß Schleiermachers und Claus Harms' auf den Sprachstil ihrer Zeit sind noch nicht analysiert, obwohl zumindest im Fall Lorenz von Mosheims die Zeugnisse der größten Weggefährten – Herder, Lessing und Gottsched allen voran – die Spuren aufweisen könnten, die dieser Kanzelprediger, der im Jahre 1732 die Präsidentschaft der »Deutschen Gesellschaft« zu Leipzig annahm, im Schrifttum seiner Zeit hinterließ.

Gewiß, es gab hierzulande keinen Bossuet, keinen Bourdaloue und keinen Massillon; es gab keinen Tillotson und, um auch der juristischen Beredsamkeit zu gedenken, keinen Zola (allenfalls einen Dr. Breslauer, doch das ist eine Figur aus einem Roman Thomas Manns); gewiß, die protestantische Predigt hat, Augustinischer und Lutherischer Tradition entsprechend, immer dem *docere* den Vorzug vor dem *delectare* oder gar dem *flectere* und *movere*, dem Ethos den Vorzug vor dem Pathos, dem Inhalt den Vorzug vor der Form gegeben; sie wollte belehren und, so Luther, dem Schwarmgeister-Unwesen durch einen Verzicht auf agitatorische und emotionsanstachelnde Predigten beikommen; sie wollte schlicht, dem gemeinen Mann verständlich, nicht seiltänzerisch: eher dialektisch als rhetorisch sein. Gewiß, die protestantische Predigt kennt nicht den Tonfall eines Geiler von Kaisersberg (übrigens auch ein Beispiel für die wechselseitige Befruchtung von Predigt und Literatur: Geiler sprach ein Jahr lang über das ›Narrenschiff‹ von Sebastian Brant), sie verfügt nicht über den barocken Witz eines Abraham a Santa Clara: ein Mann wie Dräseke, der Jean Paul auf der Kanzel, steht recht vereinsamt da ... gewiß, die Diskussion über die Frage, ob ein Prediger überhaupt ein Redner sein dürfe, zeugt nicht gerade von moralischer Hochschätzung der Wohlredenheit, des »geschnitzten und gemaleten Götzen«, wie Luther es ausgedrückt hat ... gewiß, das Idealbild des Predigers, als eines Mannes, der sich eher durch praktische Kenntnisse als durch Redegewalt auszuzeichnen hat, ein Idealbild, das Herder im ›Redner Gottes‹ beschrieben hat, nimmt sich, gemessen an Adam Müllers Version von jenem großen Kanzelrhetor, der selbst Gedanken des Teufels errät, bescheiden und bürgerlich aus, als Bildnis eines Anti-Rhetors geradezu: »groß im Stillen, ohne Ciceronische Perioden beredt, mächtig ohne dramatische Zauberkünste ... kein Anstand des Redners, kein Brüsten, kein rhetorischer Donner und Blitz, kein rednerischer Schwung ... und keine Schraubengänge und überraschenden Einfälle« ... gewiß, gewiß, und alles nicht falsch – aber nicht hinreichend, um die These zu widerlegen, daß, trotz dieser Einschränkungen, trotz der nüchternen Grundhaltung und des Primats der Lehre allein die protestantische Predigt – und nicht die politische Rede, und nicht der Kathedervortrag – den Stil deutscher Prosa, zumindest zeitweilig, zumindest in bescheidenem Maße, bestimmt hat.

Es war meine Aufgabe, von deutscher Rede zu sprechen; ich habe ein düsteres Bild entwickelt, und der Glanz der Rhetorik, der *regina artium* und Königin der Wissenschaften, hat vielleicht ein wenig von seiner Leuchtkraft verloren; doch sei nicht vergessen, daß der Verfall der Rede nicht nur in Deutschland, von Gottsched über Adam Müller bis hin zu Nietzsche, beklagt worden ist; David Hume, Thomas de Quincey und Hugh Blair, die drei Klassiker der angelsächsischen Beredsamkeit, gehen auch mit der englischen Rhetorik hart ins Gericht: Besser, heißt es, müsse sie bei einem Volk sein, dessen Verfassung der Beredsamkeit einen Raum gibt, wie keine andere Nation ... und was Frankreich betrifft, so hat es auch im Land Fénelons und Voltaires, im Land, da ein Pascal, demonstrativ, die

Kunst der Überredung anwandte, die Männer von 1789
den Stil der Agitationsrede prägten und Clemenceau
ein Buch über Demosthenes schrieb: so hat es auch im
Lande Bossuets und Jaurès' nicht an kritischen Stimmen der Rhetorik gegenüber gefehlt, einer Disziplin,
deren Weg ein Leidensweg geworden ist ... und dies
bereits seit sehr langer Zeit. Schon 1828 zögerte Bischof
Whately, der Verfasser des berühmten englischen
Lehrbuchs ›Elements of Rhetoric‹, einen so verachte-
ten Namen auf den Umschlag seines Werkes zu setzen.
Dennoch meine ich, daß das Mißtrauen, das man der
Beredsamkeit entgegenbringt, nirgendwo stärker als in
Deutschland ist – es gilt der Konvention, gilt der Künstlichkeit, gilt der *ratio*, der Logik und Intellektualität,
gilt der Form und jenem Glauben der Rhetorik, daß
das Gedachte artikuliert und nach erlernbaren Gesetzen
gebannt werden könne, gegen den man bis hin zu
Thomas Manns ›Betrachtungen eines Unpolitischen‹
immer wieder im Namen Deutschlands, im Namen der
Tiefe, des Gemüts und der Wortlosigkeit polemisiert
hat. (»*Spricht* die Seele«, heißt es bei Schiller, »so
spricht, ach, schon die *Seele* nicht mehr.«)
Rhetorik ist nun einmal »Abweichung von der Natur«;
es fragt sich nur, ob diese Abweichung, von der Nietzsche in der ›Fröhlichen Wissenschaft‹ spricht, nicht
gerade ihre Größe bezeichnet und sie zu einer ebenso
schwierigen wie wahrhaft menschlichen Kunst macht,
einer Kunst, deren Überflüssigkeit man jahrhundertelang mit viel Scharfsinn und Verachtung nachgewiesen
hat ... um dann plötzlich, zuerst in den Vereinigten
Staaten, zu erkennen, daß diese Kunst im Zeitalter der

Massenkommunikation, im Zeitalter der Propaganda schriftlicher und mündlicher Art, im Zeitalter der Fernsehrede, deren Gesetze erkannt werden wollen, im Zeitalter von Madison Avenue, die Asche phönixgleich verlassen hat: mehr als 8000 Titel, alle dem Phänomen »Rhetoric and Public Address« geltend, zählt eine amerikanische Bibliographie allein für den Zeitraum von 1947 bis 1961 auf, und das Department of Speech an der Cornell University hat längst die Bedeutung gewonnen, die einst dem berühmten Boylston Chair of Rhetoric and Oratory zukam, deren erster Inhaber der amerikanische Staatsmann John Quincy Adams gewesen ist ... auch er übrigens ein Mann, der in seinen Vorlesungen immer wieder betont hat, daß die Freiheit die Mutter der Beredsamkeit und die Beredsamkeit die letzte Stütze und der letzte Halt der Freiheit sei.

Bedenkt man am Ende die Fülle der Aufgaben; bedenkt man, daß es keine gewichtigen Sammlungen deutscher Reden gibt; daß die Tendenzliteratur, und zumal die Sklavensprache, die poetische Geheimschrift in Diktaturen, noch nicht unter rhetorischem Aspekt untersucht worden ist, obwohl doch Friedrich Schlegels Wort »Alle Poesie, die auf einen Effekt ausgeht, ist rhetorisch« schon längst den einzuschlagenden Weg gewiesen hat; bedenkt man, daß die Geschichten der deutschen Predigt vor 100 Jahren geschrieben wurden, daß Monographien fehlen, die die großen Prediger als Redner charakterisieren und den Einfluß der Kanzelrhetorik auf das säkulare Schrifttum verfolgen ... bedenkt man, daß die nationalsozialistische Rhetorik, der *stilus demagogicus tertii imperii*, noch immer auf einen Bearbeiter wartet (was weiß man vom Demagogen Hitler mehr, als daß er seine Reden vor dem Spiegel einstudierte und den Agitator im Kellermann-Film ›Der Tunnel‹ bewunderte? Und das sagt schließlich nicht viel; denn von einem Schauspieler hat auch ein englischer Redner gelernt, der freilich hieß Pitt, und der Schauspieler war Garrick) ... bedenkt man die Probleme der sozialistischen Topologie und ihre Veränderungen von Lassalle über Bebel bis hin zu Rosa Luxemburg und bedenkt nicht zuletzt die Aspekte der *rhetorica nova*, der von Ernst Robert Curtius begründeten, auf Literaturkonstanten und Formeltraditionen achtenden Topenforschung – bedenkt man vor allem das Problem der Propaganda pragmatischer und ideologischer Natur und die Aspekte jener zweckbestimmten Information, die den Seher, Leser und Hörer zwingen soll, sich mit den vorgetragenen Thesen zu indentifizieren, und bedenkt endlich die Geheimnisse der visuellen Rhetorik, einer plakativen Beredsamkeit, deren Regeln durchschaut werden wollen (Leo Spitzer hat erste Hinweise gegeben), dann wird man sagen müssen: es wird Zeit, es wird hohe Zeit, daß die *regina artium*, die Rhetorik als alte und neue Königin der Wissenschaften, endlich auch in unserem Lande aus ihrem Dornröschenschlaf erwacht und ihr Geschäft betreibt: aufzuklären und mit Hilfe der situationsbezogenen Agitation die Humanität zu befördern.

Feldzüge eines Redners

Gotthold Ephraim Lessing

Was immer er war: Antiquar und Philologe; Kritiker und Pamphletist; Sammler und Dramenschreiber; Theologe, Lyriker und Bibliothekar – zuerst war er Redner; ein Komödiant auf der Rostra und ein Prediger auf den Brettern der Welt; ein Mann, dem es selbstverständlich war, daß die französischen Kanzelredner, Bossuet und Bourdaloue, von den Schauspielern lernten und die Lustspielschreiber auch in der Kirche ihren Mann stehen könnten. Für Johann Melchior Goeze, Lessings orthodoxen Hamburger Widersacher, war das gewiß eine Vorstellung, peinlich zu denken; für Luther, den Terenz-Bewunderer, hingegen und erst recht für Melanchthon – die selbstverständlichste Sache der Welt. Zugleich ein Komödiant und ein Pfarrer zu sein: das hatte, unter dem Aspekt der Lebenswahrheit und heiter-moralischen Lehre, für die Verfechter des humanistischen Schultheaters nichts Befremdliches. Lessing setzt nur eine alte protestantische Tradition fort und ist durch Luther gedeckt, wenn er schreibt: »Wer zweifelt wohl, daß Molière und Shakespeare vortreffliche Predigten gemacht hätten, wenn sie anstatt des Theaters die Kanzel hätten besteigen wollen?«

Dem Pfarrerssohn aus Kamenz jedenfalls machte es nicht die geringsten Schwierigkeiten, sich einmal als räsonierender Lustspieldichter zu bestätigen, um sich ein anderes Mal – dann, wenn er des Theatertreibens überdrüssig war – am hohen Witz der Streitschrift und dem komischen Szenarium seiner Brief-Polemiken zu ergötzen. Hinüber und herüber, von der elften zur zwölften Streitschrift gegen den Hauptpastor Goeze, dem *Werk der Polemik* ›Nathan der Weise‹, war nur ein winziger Schritt; unterrichtet, erfreut und belehrt werden mußte, der dreifachen Verpflichtung des Redners entsprechend, hüben wie drüben; der Autor brauchte, beim Grenzübertritt, nur den Tonfall ein wenig zu ändern ... und gelegentlich noch nicht einmal das.

»Aber das ist ja grundfalsch!«, beginnt, im Lessingschen Schulmeisterton, das 77. Stück der ›Hamburgischen Dramaturgie‹ – und das, fürwahr, ist ganz aus Major Tellheims Herzen gesprochen, der auch mit einem »Falsch! Grundfalsch!« sein Gegenüber, in diesem Falle das Fräulein von Barnhelm, zur Raison bringen möchte. Mag auf der Bühne das Spiel, in der Polemik die Lehre vorherrschend sein: logisches Operieren und dialektisches Raffinement, ein Wirbel des »allerdings« und des »zwar«, des »einerseits – andererseits« beherrscht in der gleichen Weise die Stücke wie die theoretischen Schriften, die wie die Traktate und Briefe dialogisch-dramatisch durchsetzt sind. Da gibt es ein Zwiegespräch zwischen Corneille und Aristoteles, da schalten sich Zuhörer ein, da beginnen Parteien in direkter Rede ihre Standpunkte zu analysieren, da verwandeln

sich Absätze gelehrter Dispute plötzlich in Komödien-
szenen, dem erschöpften Gegner wird ein Glas Wasser
gereicht, und wenn dann der Superintendent Johannes
Heinrich Ress nicht mehr ein noch aus weiß, sondern,
unfähig, den Kamenzer Höhenflügen länger zu folgen,
selig einzuschlummern beginnt und erst durch das
Argumenten-Getöse des sich über ihn beugenden Lessing wieder erweckt wird, dann sieht sich der Leser
vollends aus der Wolfenbüttler Studierstube in die
Terenzsche Arena versetzt: »Erwachen Sie doch, Nachbar ... ich schüttle Sie und frage: Wußte Markus den
Umstand, den er überging ... oder wußte er ihn nicht?
Schlafen Sie mir nicht wieder ein! Ha, Sie machen große
Augen? O Zeter! Der Mann ist schon wieder einge-
schlafen!«
Ist das noch eine Streitschrift oder ist das ein komisch-
gelehrter Bühnen-Disput? Die Übergänge sind flie-
ßend; auch der von Lessing so geliebte Dialog in platonischer Weise kann, wie die Freimaurer-Gespräche
beweisen, beiläufig und nebensächlich wie eine Lust-
spiel-Ouvertüre einsetzen ... und was den berühmten
Kanzel-Dialog angeht, in dem Lessing die Rede des
Herrn Hauptpastors unentwegt unterbricht, ohne daß
der Prediger sich stören läßt, so hat auch dieser Dialog
sein Bühnen-Pendant in dem Gespräch zwischen dem
Tempelherrn und dem Patriarchen im ›Nathan‹. Hier,
in der Kampfschrift für den Augenblick, ein Theater-
Disput; dort, auf den Brettern, ein Grundsatz-Gespräch:
die rednerische Technik ist gleich; die attackierten Gegner sind gleich – Eiferer, die mit der Fähigkeit, auf die
Argumente ihrer Partner einzugehen, die Menschlich-

keit eingebüßt haben –, und auch die verfolgten Ziele sind gleich: Im Kanzel-Dialog und in den Patriarchen-Gesprächen hat Lessing – Dogmatiker angreifend, die sich nur noch durch nackte Gewalt helfen können: durch Zensur und Verbrennung – die Grenze markiert, hinter der das Reich der Monologe führenden Barbaren beginnt, ein Feld, auf dem nicht mehr gestritten, sondern angeordnet und ausgeführt wird: »Tut nichts, der Jude wird verbrannt.«

Wenn der Partner sich taub stellt, ist kein Gespräch mehr möglich: das zu zeigen, ist die Absicht der ›Dialoge und Nicht-Dialoge‹ genannten Disputationen, die durch Starrheit und jähes Ende von jenen Riesen-Debatten, den Brief-Polemiken, zu unterscheiden sind, die sich, wie Bruno Markwardt eindringlich gezeigt hat, über Hunderte von Seiten erstrecken und dennoch sorgfältig beachteten Spielregeln folgen: Zu Beginn die Bestimmung des Kampffelds und, je nach der Größe des Gegners, die Waffenwahl, dann die Bezeichnung der Ausgangslage, dann der blitzschnell ausgeführte erste Zug: »Poltern Sie doch nicht so, Herr Pastor!« – wobei zu bemerken ist, daß Lessing stets mit schwarzen Steinen spielt: aus der Defensive und, wie Sokrates, oft aus der schwächeren Position heraus argumentierend – dann, Zug für Zug, die Repliken auf die Argumente des Gegners, dann das Fallenstellen, die Kommentierung und Berichtigung feindlicher Operationen – »Hier könnte Herr Diderot sagen«, »An diesem Punkt hätte Herr Klotz antworten müssen« –, dann das Anbieten von Siegen, die sich nur allzu schnell als gefährliche Scheintriumphe erweisen, und endlich, wenn der Gegner nicht mehr weiter weiß und Lessing ihm aufhelfen muß, die Ersetzung des Zweikampfs durch ein Rede-Duell in der eigenen Brust, ein Lessing contra Lessing geführtes Schachspiel gegen sich selbst. Das alles ist platonische Manier: In Athen und in Wolfenbüttel liebte man es, zwischen disponiertem Gespräch und legerer Plauderei abzuwechseln – »rede ich nicht schon wieder mit jemandem anderen?« – und den Gegner eine Weile lang zappeln zu lassen, ehe man dem in ausweglose Aporien Verwickelten den Gnadenstoß gab. Hier wie dort geht man von einer Winzigkeit, einer Partikel, einer Wort-Nuance aus, um dann, weiterschreitend von Stufe zu Stufe, die bedeutsamsten Konsequenzen zu ziehen. Der Traktat ›Wie die Alten den Tod gebildet‹ basiert auf der diffizilen Bedeutungs-Analyse eines griechischen Partizips – und wird am Ende zu einer Untersuchung über den Unterschied zwischen antiker und christlicher Religiosität – einer These, die von Schiller bis Nietzsche die Geister bewegte.

Wie bei Sokrates führt auch in Lessings Fall das Kleinste sehr bald zum Größten: Am Beispiel einer Ohrfeige, am Beispiel des Unterschieds zwischen langen Nägeln und triefenden Nasen werden am Gänsemarkt – in spielerischer Spaziergänger-Art – die revolutionärsten Theoreme entwickelt; der das Jahrhundert bewegende Streit zwischen Aufklärung und Orthodoxie gewinnt im Goeze-Kampf seine Kontur durch die scheinbar harmlose Frage, ob die Verben »sein« und »bedeuten« Synonyma seien. Ein akademisches Problem, könnte man meinen, doch Lessing hat darüber anders gedacht – und Goeze bekam das zu spüren.

»Aber lieber Herr Pastor! . . . Ist denn sein und enthalten einerlei? Sind es denn ganz identische Sätze: Die Bibel enthält die Religion; und die Bibel ist die Religion? Man wird mir doch nimmermehr in Hamburg den ganzen Unterschied zwischen Brutto und Netto wollen streitig machen? Da, wo so viele Waren ihre bestimmte Tara haben, wollte man mir auf die heilige Schrift, eine so kostbare Ware, nicht auch eine kleine Tara zu gut tun?«

In der Tat, hier zeigt sich jener Scharfsinn und Wortwitz, eine an epigrammatischer Zuspitzung erprobte »agudeza« (wie Lessings geliebte Spanier sagten), dem der Hamburger und Wolfenbüttelsche Redner den Glanz seiner Plädoyers und Invektiven verdankt. Ob auf der Rostra oder der Bühne: Immer wird Gerichtstag gehalten, angegriffen, verteidigt, geurteilt; immer fragt man aus, repliziert und treibt in die Enge; wenn irgendwo, so wird bei Lessing die Herkunft der Rhetorik aus der Gerichtsrede deutlich: denn seine Szenen sind zuallererst forensischer Natur – »Da steht er, mein unbarmherziger Ankläger«, heißt es von Goeze, »und wiehert Blut und Verdammung« –, die Anwälte führen ihre Glanzstücke vor; Advokaten und Fürsprecher halten die niederträchtigsten Plädoyers; Zugereiste und Komplizen – das Fräulein von Barnhelm und, in der ›Emilia Galotti‹, der Mitverschworene Pirro – werden inquisitorisch verhört; Geübte und Ungeübte – hier Nathan und dort Saladin – messen die Kräfte im Wettstreit der Zungen; ein Fall wird bestimmt, ein Verbrechen beschrieben, ein Argument-Stil entwickelt, eine Verteidigungs-Praktik (Maffeis Aegisth!) analysiert.

Die großen Reden, rauschend im Faltenwurf, verraten in Aufbau und Stil rhetorische Schulung. Es sind Virtuosen-Stücke und Schauspieler-Arien, die den Beifall des Hauses geradezu anlocken sollen – jenen Applaus von Galerie und Parterre, den man sich bei Lessing auch im Fall der Traktate und Briefe hinzudenken muß. Was immer er schrieb, eine Streitschrift, einen Diskurs oder eine Parabel – wie die Ring-Erzählung und, zu Beginn der Kontroverse mit Goeze, die Geschichte vom Bau –, er formulierte stets für das Publikum. Noch seine abstraktesten Schriften haben den Charakter des Werbens, Rechtens und Eiferns. Theaterluft durchweht nicht nur die Pamphlete gegen die theologischen Gegner; auch in den sogenannten ›Rettungen‹, den Rehabilitierungen zu Unrecht angegriffener Männer, ja selbst in den antiquarischen Schriften ist immer, als oberster Richter, das Parkett mit von der Partie: die Appellations-Instanz, an die Lessing sich im Stil eines Terenz-Prologs wendet, der Partner, so treu wie der Schatten. Ohne ihn und ohne den Lärm der Kulisse konnte der Bibliothekar aus Wolfenbüttel, dieser Feind aller *gelehrten Kretze* und Gegner toter Buchgelehrsamkeit, ein Werk nicht beginnen. Er brauchte das Gegenüber, dem er sich mitteilen konnte, brauchte das reale oder imaginäre Publikum, das die Zwiste anhört, auf der Hut ist, sich äußert und Einwürfe macht.

Lessing schreibt für Leute, die klatschen und zischen und nicht für Kollegen, nicht – oder doch nur in zweiter Linie – für Theologen, Antiquare und Künstler. Die Ausrufe und Fragen in seinen Briefen, das Sich-Entrüsten und Sich-Ereifern – »Was Herr Voltaire nicht alles schreibt!« – diese »zermalmende Beredsamkeit«, wie Friedrich Schlegel sie nannte, ein Festnageln des Gegners, ein Insistieren und Hämmern, getragen von sich überstürzenden Anaphern – »Sie, Herr Pastor, Sie hätten den allergeringsten Funken lutherischen Geistes? Sie? Der Sie nicht einmal Luthers Schulsystem zu übersehen im Stande sind – Sie? –« . . . dieses Feuerwerk bedarf des Widerspruchs, der Einrede und Akklamation. Es ist Publikums-Prosa, die immer dann, wenn vom Betroffenen oder vom Zuschauer Reaktionen zu erwarten sind, durch Bindestriche und Pünktchen akzentuiert wird.

Aber der Redner agitiert nicht nur – zuerst ist er Lehrer. Das »docere« geht dem »movere« und auch dem »delectare« voran. Lessing, der »Bruder-Redner«, wie es bei den Freimaurern heißt, war ein redlicher Mann. So gern er, mit Wortwitzen, Antithesen und Anaphern brillierend, seine Gegner niederschlug – er hat niemals getäuscht, sondern, im Gegenteil, die Entwicklung seiner Operationen in einem Akt des Laut-Denkens – »Prallt von diesen Vorwürfen etwas auf mich zurück?« – dem Publikum unterbreitet: so, als sei auch er ein Nathan oder Philotas *in actu cogitationis.* Mit klarer Disposition kündigte er die einzelnen Phasen seiner Feldzüge an, verwies auf die Funktion der Truppenteile, beschrieb den Stil des Scharmützels, entwickelte die grammatikalischen Formen des Hauptkampfs – und war bei alledem ehrlich genug, auch den Rückzug nicht zu kaschieren. »Leute, schaut zu, wie ich das mache«, lautet in jedem Fall die Maxime, »paßt auf, wie ich eins aus dem andern entwickle!«

Unter solchen Aspekten sind Lessings theoretische Schriften allesamt vom Gesetz eines eigentümlichen Pathos bestimmt, einer rhetorischen Didaktik, die sich auch an der Argumentations-Weise darstellen läßt: Zitate, gern gesperrt gedruckt, werden geprüft und gewogen; Sätze – mit Ausrufungszeichen gespickt und von Fragezeichen zerfetzt – wirbeln hoch in die Luft ... und wenn sie dann zu Boden fallen, haben sie sich plötzlich verändert; sind, frei nach Ernst Bloch, zur Kenntlichkeit entstellt ... aus *etwas Vorläufigem* ist unversehens ein *vorläufiges Etwas* geworden. Ein unbarmherziges Beim-Wort-Nehmen und Ganz-Genau-Wissen-Wollen rückt die Dinge zurecht ... und dieser Wille zum Zurechtrücken, zur definitorischen Eindeutigkeit, zum Infragestellen und Zurückschleudern geprüfter und für falsch befundener Münzen kennzeichnet auch die Dialoge des Streitredners Lessing, kennzeichnet die Akteure der Dramen, die geradezu darauf versessen sind, durch sehr markante, im Frage- und Ausruf-Ton vorgetragene Wiederholungen die Thesen ihrer Szenen-Parter ins Zwielicht zu rücken.

Dafür ein Beispiel aus der ›Emilia Galotti‹. Marinelli sucht den Grafen Appiani zum Aufschub seiner Hochzeit zu überreden:

Marinelli   Ich sollte meinen, daß es sonach um so weniger Schwierigkeiten haben könnte, die Zeremonie bis zu Ihrer Rückkunft auszusetzen?

Appiani   Die Zeremonie? Nur die Zeremonie?

Marinelli   Die guten Eltern werden es so genau nicht nehmen.

Appiani	Die guten Eltern?
Marinelli	Und Emilia bleibt Ihnen ja wohl gewiß.
Appiani	Jawohl gewiß? Sie sind mit Ihrem »ja wohl« – ja wohl ein ganzer Affe.

Eine staunende Frage, ein winziger Zusatz, den Zweifel bezeichnend, eine Umkehr – und Wortwitz-Replik: und der Fall ist erledigt, der Gegner, er heiße nun Marinelli oder Goeze, heiße Wieland oder Hettore Gonzaga, zur Strecke gebracht. Die aufklärerische Methodik hat ihre Ziele erreicht. Nichts wird für bare Münze genommen, kein »denn«, kein »aber«, »insofern« und »obschon« passiert ungeprüft die Barriere. Kenntnis und Scharfsinn dienen dazu, den Gegner beim Wort – und am Kragen zu nehmen.

Lehrend wendet sich der Redner an die Vernunft, pathetisch bewegend rührt er den Sinn; den Ausschlag aber gibt sein Appell an die menschliche Vorstellungskraft. Sie, die Phantasie, ist es, die dort, wo Kopf und Herz sich streiten, als Zünglein an der Waage erscheint. Ihr gilt deshalb – wie der ›Nathan‹ und die achte Kampfschrift gegen Goeze beweisen – die besondere Aufmerksamkeit des Psychologen und Rhetors.

Wie der große evangelische Prediger Johann Lorenz von Mosheim, seines Vaters Briefpartner, kannte Lessing die Trägheit der Menschen genau; wie dieser Meister der Aufklärungspredigt, dessen Stil er bewunderte, wußte er um die Notwendigkeit, sich je nach der Situation, auf die Gemeinde, auf das Theater, das imaginäre Publikum einzustellen; denn wie Sokrates wollte er die Schläfrigen wecken, die Trägen zum Nachdenken reizen und den allzu Gehorsamen die Welt als veränderbar zeigen. Der wahre Redner ist, im Sinne Quintilians, in erster Linie immer Pädagoge: Aus Gründen der Erziehung, und nicht um des sophistischen Blendungs-Spiels willen, hat Lessing so sehr die witzigen Aporien geschätzt – sie dienten seinem Appell, das Gegebene nicht als Fatalität aufzufassen, sondern immer auch das Gegenteil zu bedenken, sich auszumalen, die Welt wäre anders als jetzt, das Potentielle sei praktikabel und die Dinge stünden plötzlich auf dem Kopf.

»Laßt uns erdichten«, »man stelle sich vor« und »nehmen wir an« sind Lessings Lieblingsausdrücke. Sie gleichen Imperativen an die Vorstellungskraft und sollen den Zuhörer zwingen, Möglichkeiten durchzuspielen, die der Wirklichkeit den Autoritätsanspruch nehmen. »Was wäre geschehn, wenn Thersites Erfolg gehabt hätte?« »Wie würde ich urteilen, angenommen, ich lebte nicht heute, sondern zur Zeit Christi?« Die Lessingschen Zweifel, diese *spitzigsten Fragen*, haben Denunzierungs-Charakter; sie dienen dem *debunking* und sollen den großen Aufbruch und mit dem Aufbruch den Entschluß befördern, von Stund an alles in Zweifel zu ziehen. Darum die Überraschungs-Attacken, diese Volten am Anfang der Briefe: der Gegner ist noch gar nicht ganz da, und schon dröhnen Posaunen; darum die Mythen-Umkehr: Orpheus als ein müder Ehemann, dem es ganz recht geschieht, daß er seine ungeliebte Eurydike findet; darum das Spiel Martials, darum die Paradoxie als befremdliche Interpretation eines scheinbar verständlichen Vorgangs: »Im Essen bist du schnell, im Gehen bist du faul. Iß mit den Füßen, Freund, und nimm zum Gehn das Maul.«

Der Stil verrät den Mann. Die Figuren und Tropen sind Instrumentarien des Kampfes gegen die Dogmatik des »So und nicht anders«; die Denk-Schemata rücken einen Dialektiker ins Licht, der, sehr konsequent, auch seinen Dramen-Gestalten, den klugen Frauen so gut wie den Männern, mit dem Scharfsinn und Witz den Zweifel und die Fähigkeit zur kritischen Überlegung auf den Weg gab. »Unser Gespräch würde ganz anders gefallen sein, Tellheim« – so das mit Lessingscher Einbildungskraft ausgezeichnete Fräulein von Barnhelm, »wenn ich mit der guten Nachricht angefangen hätte, die Ihnen der Chevalier de la Marlinière . . . zu bringen hatte.«

Die Floskel »anders« ist ein Schlüsselwort Lessings: selbst sein Vokabular verrät heterodoxe Gesinnung; noch die kleinste Wendung ist verräterisch; jeder Satz ist gezielt; jede Formulierung hat intentionalen Charakter, reizt das Denken, befördert die Imagination und ist rednerischer Natur. Es gibt keine Verkündigung der Wahrheit ohne rhetorischen Schmuck: dieser von Augustin bis hin zu Melanchthon und Mosheim gültige homiletische Lehrsatz gilt auch für Goezes gefährlichsten Gegner. Er weiß: wer überzeugen will und eine Nachtigallen-Melodie anstrebt (während die Lerche sich hoch in die Luft schwingt, um nicht gehört zu werden, bleibt die Nachtigall auf der Erde), wer nicht nur den Verstand durch Gründe ansprechen will, der muß sich – so der achte Anti-Goeze – der Phantasie durch allerhand unerwartete Bilder und Anspielungen zu bemächtigen suchen, der braucht den Schmuck der Figuren und Tropen, braucht das Kleid der Metaphern und witzigen Worte, den Stil-Tausch, den Umschwung und die überraschende Zäsur, der darf nicht gleichförmig tanzen, sondern muß springen.

Als virtuoser Rhetor, ein Kopist und Imitator von Rang, beherrschte Lessing den Tenor der theatralischen Proklamation so gut wie den vom Geist der Antithese bestimmten Büchnerschen Wortwitz. Kein Wunder also, daß ihm das pathetische »Luther, du! Großer, verkannter Mann!« ebenso leicht von der Hand ging wie das lässig hingesprochene »Ei, Herr Pastor, Sie sind mir ein seltsamer Mensch«. Begrifflichkeit und Bild ergänzen sich hier zu harmonischer Kombination: einmal tritt dieses, einmal jenes stärker hervor; der Situation entsprechend, in Übereinstimmung mit der jeweils gegebenen Lage, verändert sich das Mouvement des Tons in der überzeugendsten Weise. Was kein Schriftsteller vor ihm erreichte, ist Lessing gelungen: der Versuch, die rhetorische Diktion dem Gesetz der Natürlichkeit unterzuordnen und dem metaphorischen Stil Anmut und lebenswahre Spontaneität zu verleihen. Lessing selbst gibt zu diesem Problem dort den entscheidenden Hinweis, wo er die ihm eigene bildreiche Suade aus seinen dramatischen Ambitionen erklärt: »Die Sorge für den Dialog gewöhnt uns, auf jenen verblümten Ausdruck ein scharfes Auge zu haben; weil es wohl gewiß ist, daß in den wirklichen Gesprächen des Umgangs, deren Lauf selten die Vernunft, und fast immer die Einbildung steuert, die mehresten Übergänge aus den Metaphern hergenommen werden, welche der eine oder andere braucht. Diese Erscheinung allein, in der Nachahmung gehörig beobachtet, gibt dem Dialog Geschmeidigkeit und Wahrheit.«

Eine erstaunliche Stelle fürwahr! Der »verblümte Ausdruck«, von Gorgias bis Gottsched als Kunstsprache – im Gegensatz zur natürlichen Rede – interpretiert, erweist sich plötzlich als Eigenart des Alltagsgesprächs, der uneigentliche Ausdruck, die Metapher, als Inbegriff der Eigentlichkeit! Was jahrhundertelang Schmuck, Zierat und Putz war – jene Eleganz, die, nach rhetorischer Lehre als dritte und höchste Tugend zur Deutlichkeit und Angemessenheit trat, präsentiert sich hier als Charakteristikum des bürgerlichen Gesprächs! Die Trennung von schlicht-natürlichem und kunstvoll-gedrechseltem Stil scheint, im Zeichen der Einbildungskraft, überwunden zu sein; was man bisher aus vernünftigen Regeln erlernte, wird jetzt auf den Märkten gelehrt. Das Blümeln und Zieren – sofern man es nicht im Übermaß verwendet – kann die Sprache des Herzens ausdrücken, die Spaziergänger-Prosa, geschliffen und leger zugleich, scheint die Prosa der Wahrheit, das Sprunghaft-Metaphorische ein Zeichen jener Natürlichkeit zu sein, gegen deren Gebot zu verstoßen für Lessing als Kardinalfehler galt. Wenn aber Rhetoren-Prosa, wenn geblümter Stil identisch ist mit natürlicher Sprache, dann bedeutet – höchst seltsam – bilderlos und schlicht zu schreiben und eine gute und zielgerichtete Prosa zu artikulieren, eine akademische Prosa allerdings – dann bedeutet das zugleich auch: der Unnatur willfährig sein, mit der Brillanz die Anschaulichkeit einzubüßen, auf Experienz und fröhliche Schwärmerei zu verzichten und sich so, der *ars imitandi* entfremdet, am Geist der mündlichen Beredsamkeit zu vergehen, denn Mündlichkeit ist für Lessing das *tertium comparationis* zu »Natur« und »Rhetorik«.

Dieser Mann, man muß es ein zweites und drittes Mal sagen, dieser Prediger, Pamphletist, Advokat und Agitator auf der Rostra, der Kanzel und den Brettern der Welt, war Redner, nicht Schreiber. Er haßte Uniformität und maschinelles Einerlei; nicht nach geraden Straßen, sondern nach Umwegen und Seitenpfaden verlangte seine auf Exkurse, Abbrüche und Neuanfänge, auf die Anakoluthe der mündlichen Rede und die Nebensatz-Schneisen erpichte Rhetoren-Manier. Sobald ihm die gewählte Form Fesseln anlegte, er eine Einleitung schreiben oder ein Axiom streng durchführen mußte, wurde seine Sprache steif und pedantisch, hörte auf Partner-Prosa zu sein und bekam, in langen Perioden, einen Zug von feierlich-verdrießlicher Umständlichkeit. Auch der wohlwollendste Leser wird mürrisch – »ist das noch Lessing?« – und atmet erst dann befreit wieder auf, wenn sich am Horizont ein echter oder fingierter Gesprächspartner zeigt, ein Hauptpastor, Dichter oder verwundeter Soldat, mit dem sich's streiten läßt oder vor dessen Richtstuhl, im plaudernden Briefton, die jüngsten Händel auszubreiten sind.

Vergessen wir nicht, daß Briefe, nach rhetorischer Definition, Gespräche mit einem Abwesenden sind, Dialoge auf Distanz also: fixierte Unterhaltungen, die im 18. Jahrhundert schon bei Gellert den Konversations-Tenor mündlicher Unmittelbarkeit gewannen. Lessing also, begabt mit lateinischem *talent épistolaire*, steht auch in diesem Fall in einer Tradition, die sich über die Humanisten bis hin zu Ciceros Briefen an Atticus zurückverfolgen läßt ... und doch, welche Nuancen, wie viele umgangssprachliche Formulierungen hat er, Gellerts Musterbriefe überbietend, noch hinzugefügt, wie weit der Mündlichkeit die Tür geöffnet und ihr gestattet, auch die theoretischen Dispute rednerisch-plastisch zu prägen!

Oder war es etwa kein Wagnis, ein so grundgelehrtes Werk wie den ›Laokoon‹ mitten im Diskurs zu unterbrechen, einen kleinen Sprung zu machen und dann in höchst familiärer Weise zu sagen: »Des Herrn Winckelmanns Geschichte der Kunst des Altertums ist gerade erschienen. Ich wage keinen Schritt weiter, ohne dieses Werk gelesen zu haben«? War es kein Wagnis, um der lebendigen Anschauung und Spontaneität willen die Erörterung durch eine kleine Improvisation, eine beiläufig eingestreute Geschichte zu würzen? (Eine Lügengeschichte, am Rande vermerkt; wir wissen und Horst Steinmetz hat erst jüngst wieder darauf hingewiesen, daß Lessing das Winckelmannsche Buch längst kannte, als er am ›Laokoon‹ schrieb.) Und war es schließlich kein Wagnis, einen diffizilen Philologen-Traktat vom Range der Schrift ›Wie die Alten den Tod gebildet‹ mit dem zwar witzigen, aber doch nicht eben konventionellen Satz zu eröffnen: »Immer glaubt Herr Klotz, mir auf den Fersen zu sein.«?

Seriös im Sinne der Zunft ist das nicht ... aber ein Zeugnis für jene mündlich-natürliche Schreibart und Manier des Anekdotischen, die es Lessing möglich machte, sich gelegentlich – wenn es das Gebot der Angemessenheit und das Gesetz der Gattung erlaubten

– sogar der Dialekt-Ausdrücke zu bedienen. Dabei war er immer ängstlich darauf bedacht, zwischen Plattheit und Schwulst, der allzu niedrigen und der allzu bombastischen Rede einen mittleren Tonfall zu treffen, dem Pöbelwitz so gut wie dem Unsinn, dreistem Modernismus nicht anders als altvorderlichem Gehabe zu steuern. »Lieber etwas zu niedrig als zu erhaben« war seine Devise, und so gut er sich aufs Herzbewegen verstand: das Schreien in Permanenz lag ihm nicht; der Höhenflug seiner Rede wollte immer sehr bald vom Lerchen- aufs Nachtigallen-Maß reduziert sein. (›Miss Sara Sampson‹ und ›Nathan‹ bestätigen als Ausnahmen die Regel; man merkt es ihnen an, daß sie zum Feierlichen hin stilisiert sind.)

Nun, das alles war nicht neu. Auf einen natürlichen Stil hatte schon Lessings großer, auch heute noch verkannter Landsmann Christian Weise verwiesen – und was Gottsched angeht, dessen »grämisches Anschnarchen« Lessing dem Gelächter des Parketts überließ, so hat auch er versucht, zwischen der Scylla des Schwulstes und der Charybdis der Plattheit einen Durchschlupf zu finden. Aber *in praxi* ist es dann doch erst Lessing gewesen, der Schönheit und Glanz, ein Maximum von aufklärerischer *clarté* und »körnichter Deutlichkeit« mit einem Höchstmaß von natürlicher Zier, Eleganz und Anmut vereinte – und wie der Meister, so seine Figuren. Ob Minna oder Franziska, Tellheim, Odoardo oder Nathan: allen ist aufgetragen, mit dem treffendsten zugleich das schönste Wort zu sagen und, im Akt Lessingschen Lautdenkens, die schlagendste Vokabel zu finden: »Wie kalt ihr mich empfingt« hält Nathan dem Tempelherrn vor, und fährt fort: »wie kalt – wie lau – denn lau ist schlimmer noch als kalt; wie abgemessen mir auszubeugen Ihr beflissen wart.« Immer wieder zwang Lessing seine Figuren – so, als müßten auch sie sich gegen Klotz und Goeze behaupten – zur Sprach-Korrektur und verlangte von ihnen, wie von sich selbst, auf dem Feld der Semantik Meisterstücke begrifflicher Schärfe: »Das brennt nicht«, heißt es in der ›Matrone von Ephesus‹, »das scheint nur zu brennen. Das scheint nicht, das scheint nur zu scheinen!«

Kein Wunder also, daß auch die Lessingschen Damen mit den schwierigen rhetorischen Operationen, mit Protasis und Apodosis, so selbstverständlich wie mit Gebetbuch und Strickstrumpf umgehen, und daß sogar der Prinz (man denke: ein Hettore Gonzaga!) eine Begriffsreihe mit sophistischer Exaktheit durch Komplementär-Vokabeln zu ergänzen versteht. »Stolz«, sagt der Prinz in der ›Emilia Galotti‹ zu Conti, dem Maler: »Stolz haben Sie in Würde, Hohn in Lächeln, Ansatz zu trübsinniger Schwärmerei in sanfte Schwermut verwandelt.«

Kein Zweifel, das ist gut und sehr präzis und knapp gesagt: das ist Lakonismus Lessingscher Art, das könnte in der ›Hamburgischen Dramaturgie‹ stehen – und das ist wiederum rhetorisch durchgeformter Stil: Anti-Ciceronianismus nämlich, Epigrammatik in Senecas Weise ... ein Stil, der so kurzgestutzt ist, daß er sich immer an der Grenze von Klarheit und Hermetismus bewegt.

Lessing selbst scheint sich über die Konsequenzen dieses Lakonismus' durchaus im klaren gewesen zu sein;

»ein Titel ist kein Küchenzettel« hieß seine Devise: er wußte gut, daß er auf der einen Seite sein Publikum durch zugespitzte Abbreviaturen, diese hingeworfenen, nur den Kennern verständlichen Anspielungen, nicht selten überforderte. Aber auf der anderen Seite war gerade die Wahl dieses mathematisch auskalkulierten, mit Hilfe sorgfältigster Interpunktion meist zu dreigliedrigen Satzgebilden zugespitzten Stils – »Klagen, nichts als Klagen! Bittschriften, nichts als Bittschriften! Die traurigen Geschäfte; und man beneidet uns noch!« – die Konsequenz von sehr plausiblen Überlegungen.

Zum ersten war nämlich die epigrammatische Diktion: war die aus Wiederholungen, Parallelismen und Antithesen bestehende Sprache für Lessing mit der wahren nachlässigen Kürze der gemeinen Rede identisch, so daß sich – erkennbar schon im Brief des Vierzehnjährigen an die Schwester! – abermals eine Übereinstimmung von Natürlichkeit und Rhetorik, von Stil und Umgangsrede ergibt; zum anderen aber – und das ist nicht minder wichtig – war es Lessings Grundüberzeugung, man müsse der Phantasie des Publikums soviel Spielraum lassen wie möglich. Deshalb seine Betonung des Transitorischen, deshalb seine Invektive gegen die malerisch-plumpe Abschilderei, deshalb die Entschlossenheit, sich zu beschränken, auszusparen und abzukürzen, auf naturalistische Vollständigkeit zu verzichten und der Vorstellungskraft des Lesers Gelegenheit zur Ergänzung zu geben.

Nicht, als ob Lessing ein Stümper auf dem Felde schildernder Vergegenwärtigung gewesen sei! Schon die imitatorischen Partien der ›Minna von Barnhelm‹, die vielen mimetischen Reproduktionen, die Predigt-Nachahmungen und die – oft parodistisch angelegten – Inhaltsangaben sprechen, so gut wie der Sinn fürs Gestisch-Äffische und Wiederholende, für seine malerische Veranschaulichungs-Kraft. Was ihn störte, an der beschreibenden Dichtung so gut wie an der allzu deutlichen Wiedergabe auf dem Theater, war das Krud-Naturalistische, das Direkte und Plumpe; es war die Phantasie-Feindlichkeit, die dem rhetorisierenden Bilder-Logiker Lessing mißfiel. »Nur keine malerischen Effekte«, heißt das erste Schauspieler-Gebot der ›Hamburgischen Dramaturgie‹, »keine Blutflecken am Dolch, keine grellen Höhepunkte«; kein »erstochen und geklatscht«, sondern reflektierender Ausklang im römischen Stil, die Dominanz des Indirekten über das Vordergründig-Unvermittelte: Hamlets Reaktion, nicht das Gespenst selbst, soll die Schrecklichkeit der Geistererscheinung beleuchten.

Das heißt keineswegs: spirituelles Theater, im Gegenteil, der Praktiker Lessing geht ja mit Gift und Dolch und krassen Schluß-Tableaus nicht eben sparsam um – Doppelhochzeit oder Wiedererkennung von Bruder und Schwester: auf etwas mehr oder weniger Operette kommt es da schon gar nicht mehr an –, man spürt die Qualen des Springers, der sich zu einem Tanz verführen ließ, aber viel lieber endlose Disputationen ausfechten und, statt mit Theaterzeiten und Aktschlüssen zu rechnen, unbekümmert drauflosreden möchte – um dann irgendwann die Partie zu beenden: im elften, hundertvierten oder sechsundfünfzigsten Akt! –

Nun, ganz so groß, wie es auf den ersten Blick scheint, ist die Diskrepanz zwischen Lessing, dem Praktiker, und Lessing, dem Theoretiker, nicht; denn auch der Verfasser der ›Hamburgischen Dramaturgie‹ hat alles nur Erdenkliche getan, um der *körperlichen Beredsamkeit* der Komödianten, der Gestik vor allem, dem Timbre der Stimme und der Bewegung der Hände soviel Plastizität wie nur möglich zu geben. Nicht allein die – höchst eindringlichen – Regie-Vorschriften, die Anordnungen für Finger, Ohren und Münder, sondern auch eine Fülle von Sprech-Sätzen haben, vor allem im Frühwerk, den Charakter theoretischer Stützen für die Akteure. »Der junge Gelehrte« strotzt geradezu von gestischen Exerzitien; aber diese vom Geist William Hogarts bestimmte Betonung der körperlichen Beredsamkeit – wie oft spricht Lessing über ihre Möglichkeiten, Gefahren und Voraussetzungen! – dient doch in erster Linie dazu, eine Gegenkraft zu jenem *Lessingisieren* der Bühnen-Figuren zu schaffen, das, oft beschrieben und oft geleugnet, sich gerade unter dem Aspekt der Rhetorik aufdrängt.

Mit Ausnahme der Chargen, des Riccaut de la Marlinière oder des Derwisch, sprechen alle Lessing-Figuren die Sprache des Meisters: Die Ansicht, das Fräulein von Barnhelm oder der Tempelherr, Marinelli, Just oder Sittah verfügten über eine eigene, höchst persönliche Suade, konnte nur deshalb entstehen, weil Lessings Rede-Stil so vielfältig ist und er, wie in seinen Traktaten, einmal antihöfisch und grob, einmal lakonisch und spitz, ein andermal pathetisch und gründlich, dann wieder herzbewegend und rührend zu artikulieren versteht. In Wahrheit sprechen sowohl die Redner von Nathans Rang wie jene Nicht-Redner – Werner, Saladin und der Klosterbruder, die ihrer Schlichtheit allesamt mit so schöner Rhetorik Ausdruck verleihen –, im Tonfall des einzigen Gotthold Ephraim Lessing.

Individuelle Sprache? Die vom Autor erstrebte *eigene Rede* aller Figuren? Persönliche Syntax? Keine Spur davon! »Aus jeder kindischen Miene strahlt die Morgenröte des Verstands«: so Lohensteinisch-barock redet ein alter Diener bei Lessing! »Ärgernis und verbissene Wut hatten meine ganze Seele umnebelt; die Liebe selbst, in dem vollsten Glanze des Glückes, konnte sich darin nicht schaffen lassen. Aber sie sendet ihre Tochter, das Mitleid, die, mit dem finsteren Schmerz vertrauter, die Nebel zerstreuet und alle Zugänge meiner Seele den Eindrücken wiederum öffnet«: ist es zu glauben, daß diese Sätze aus dem Mund eines zur Disposition gestellten Majors kommen? Und ist es zu glauben, daß ein Galanterie-Krämer vom Schlag Marinellis Büchnersche Tiefsinnigkeiten erfindet oder Franziska so geistreich wie eine emanzipierte Dame aus dem Album des George Bernard Shaw zu parlieren versteht?

Ja, es ist glaubhaft; denn nicht der Stand und nur bedingt der Charakter bestimmen in Lessings Dramen die *bon mots* der Akteure ... allein nach der Maßgabe der Situation verändern sich Wortwahl und Sprache – Wachtmeister Werner redet vor dem gnädigen Fräulein anders als vor seiner Franziska – und was für Werner gilt, gilt auch für Tellheim, für Appiani und Nathan. Alle sehen sich imstande, in bestimmten Lagen glaubhafte und nachdrückliche, entschiedene und angemessene Worte prägen und so der Vielfalt ihrer Empfindungen in natürlicher Weise Ausdruck geben zu können. Das unterscheidet sie nicht nur von den orthodoxen Sentenz-Wiederholern, sondern vor allem auch von jenem Prinzen Gonzaga, der noch dort beim höfischen Geplapper verharrt und sein »recht gern, recht gern« verlauten läßt, wo es um die Unterzeichnung eines Todesurteils geht. Mag Hettore Gonzaga ansonsten noch soviel lessingisieren: seine sprachlich unangemessene Reaktion in einer entscheidenden Stunde verrät, daß auch er zu jenen Marionetten und höfischen Puppen gehört, die Lessing in der ›Hamburgischen Dramaturgie‹ – weit, weit vor Büchner und Marx! – als Maschinen bezeichnet ... als Automaten, die der Dichter erst einmal in Menschen umwandeln müsse.

Hier die Rhetorik der Natur und dort das höfisch-gesuchte Geschwätz, puppenhaft und uniform; hier die bündig-gründliche Sprache der menschlichen Einbildungskraft, Franziskas Redensartlichkeit, dort der Jargon der Galanterie, in dem – man denke an Mutter Galottis Anklage-Rede – »eine Höflichkeit zur Empfindung, eine Schmeichelei zur Beteuerung, ein Einfall zum Wunsch und ein Wunsch zum Vorsatz« wird; hier, so bildreich wie nachlässig-knapp, die Sprache des Herzens und Beredsamkeit der Leidenschaft, dort die unbedeutende höfische Suada, für die ein »Ja« soviel gilt wie ein »Nein«; hier starre Etikette, dort der lebendige Ausdruck an der Grenze von Lachen und Weinen: Spürt man, wie ein rhetorisch geschulter Schriftsteller am Beispiel der Rede Gesellschaftskritik übt – vorsichtig noch, künstlerische Argumente in den Vordergrund rückend, aber unüberhörbar?

Im Reich des Bruder Redners geht es demokratisch zu; Domestiken reden meist von gleich zu gleich mit ihrer Herrschaft – und dies im biegsamsten, nuanciertesten Deutsch; Kleine sprechen nicht anders als Große, die neue Zeit kündigt sich an, denn Witz und Landessprache sind nicht nur für Goeze die »Mistbeete, in welchen der Samen der Rebellion so gern und so geschwind reifet«.

Die Sprache bringt es an den Tag, und Lessing sucht zu beweisen: es gibt keinen kleineren Teil mehr, der, auf Etikette und höfische Rhetorik verweisend, dem größeren Teil einreden kann, er sei – so das 68. Stück der ›Hamburgischen Dramaturgie‹ – von besserem Stoffe als jener. Die Rhetorik der Zukunft ist die metaphernreiche, natürliche Sprache des republikanischen Volks.

Welch ein Mann, dieser Lessing, welch ein Meister jener materialen, enthusiastischen Rhetorik, deren Bestimmung es nach Novalis' Wort ist, die Philosophie zu realisieren! Welch ein Redner, dieser Prediger und Komödiant, dessem Herzen noch der jämmerlichste aller Demagogen, der Proletarier Thersites, näherstand als ein strahlender Held vom Range Achills. Welch ein Leben, und was für ein sinnvoller Tod: Lessing starb, als seine Redekraft, die kalte Flamme seines Zornes, schwächer wurde und er in der Disputation zu versagen begann. »Ich widerlegte einige seiner Behauptungen so nachdrücklich, daß er nicht weiterkonnte«, schrieb Jacobi nach Lessings Tod, »sein Gesicht wurde *entsetzlich*; ich habe nie so ein Gesicht gesehen.«

Dem, der in seinen rednerischen Feldzügen ein Leben lang siegreich: der immer der erste gewesen war, blieb es erspart, im Alter der zweite zu werden.

Reaktionäre Beredsamkeit

Adam Müller

Adam Müller, im Jahre 1779 als Sohn eines preußischen
Finanzbeamten geboren, 1829 einsam gestorben, be-
schimpft, verachtet, vergessen, wurde im Zeichen der
neoromantischen Staatslehre Othmar Spanns um 1920
neu entdeckt und von einem unermüdlichen Forscher,
Jakob Baxa, in einer Reihe eindrucksvoller Publikatio-
nen wieder gleichrangig an die Seite Schlegels und
Gentzens, Eichendorffs und Görres' gestellt. Aber fast
scheint es, als wäre dieser große Stilist und schlimme
Charakter auch von Wohlmeinenden nicht mehr zu
retten, als hätte er für immer verspielt und wäre endgültig das Opfer seiner eignen, allzu unbekümmert
gesponnenen Intrigen geworden. Während man Gentz,
seinem Apologeten und Zwilling, Gedankenklarheit
und kühnen Realitätssinn bescheinigt, gilt Müller nach
wie vor als finsterer Schwärmer und dreister Kopist –
ein Funktionär katholischer Prägung, dem auch das
Schlimmste zuzutrauen sei –, ja, je strahlender Carl
Schmitt und Golo Mann die Figur Gentzens verklären,
desto suspekter erscheint Adam Müller. Über einhundertfünfzig Jahre hinweg hat sich die Beurteilung des
Unliebsamen nur in Nuancen verändert: *der kleine*

79

Beigeschmack der Charlatanerie (Friedrich Schlegel), *die gewisse Lüge* (Wilhelm Grimm), das *Talent, das wie ein Mantel an ihm hängt, aber nicht in ihm wohnt* (Friedrich Karl v. Savigny), die *Stallfütterung der Völker nach naturphilosophischen Prinzipien* (Heine), *das irdische Brot, gebrockt in den himmlischen Glauben* (Börne) – das alles gehört bis heute zum Bild dieses *umgekehrten Jakobiners* (Hebbel), dieses Tartuffe, Schwindlers und faulen Gesellen, dieses Hochstaplers, der seinem Vater Briefe aus aller Herren Länder schreibt und dabei seelenruhig in Preußen hinter dem Ofen sitzt, das alles paßt zum Charakter eines servilen Höflings, der heute dem und morgen jenem dient, keine Gedankenskrupel kennt und überdies gewissenlos genug ist, um seinem Brotherrn auch noch die Frau auszuspannen. Der Lasterkatalog ist lang, und wenig scheint zugunsten eines Mannes zu sprechen, der sich vor Madame de Staël wie ein verlegener Schulbub benahm und, bei anderer Gelegenheit, dem zornigen Varnhagen gegenüber als winselnder Feigling auftrat: zu jedem Widerruf bereit.

In der Tat, es ist unbestreitbar, daß Charakterstärke nicht gerade Adam Müllers Haupteigenschaft war. Durchaus zu Recht bemerkt Carl Schmitt, daß der kleine bürgerliche Literat aus Berlin, ein Bourgeois mit dem Adels-Tic und ein Protestant, der sich nach seiner Konversion als entschlossener Proselytenmacher bewährte, immer an der Front der jeweils herrschenden Partei zu finden war: angloman in Göttingen, feudal in Berlin, ultramontan in Wien. Sehr gut freilich ist es ihm, ungeachtet aller Volten, dennoch niemals ergangen. Seine Oberen behandelten ihn als ein willfähriges Subjekt, das zu geben bereit war, was man von ihm verlangte: Müller war Spion in Hardenbergs Diensten (nicht einmal Gentz wußte davon), und Müller war auch Spion in Metternichs Diensten – ein Spitzel für die Sache Österreichs, der *(Geheime Instruction für den General-Consul in Sachsen)* seinen politisch-polizeilichen Auftrag selbst – im akkuratesten Stil – niederschrieb. Als ein *verächtlicher Vorleser* galt er, angewiesen auf die Huld seiner Herren, in deren Kreis er sich über ästhetische und politische Themen erging – als ein Mann auch, der es verstand, den gestern noch von ihm Beschimpften, Görres, Hardenberg, Fichte, heute Kränze zu winden.

Er war des Polizeistaats Lieblingskind, brauchbar, ergeben und fleißig: »Ich bitte Sie«, schrieb Metternich an Gentz, »von Müller die Liste aller deutschen schlechten Zeitungsschreiber, also eigentlich aller Zeitungsredakteure zu verlangen. Er soll sie mir nach Karlsbad bringen.« Kein Wunder also, daß von den Karlsbader Beschlüssen, die den Universitäten galten, zwei Paragraphen, Nummer 1 und Nummer 2, auf Müllers Konto gingen, der sich in diesem Fall, wie so oft, Seit an Seit mit Gentz, dem *guten* Gentz, und Metternich sah. Die von ihm aus Leipzig und Anhalt an den Wiener Hof gesandten Berichte sind Meisterstücke serviler Kalligraphie – man lese seinen Rapport über das Wartburgfest vom 30. Oktober 1817 und dann, als Gegenstück dazu, die Hardenberg zugestellte Lebuser Denkschrift, ein von Müller inspiriertes Schreiben, das unter anderem die Befürchtung ausspricht, *das alte, ehrliche bran-*

*denburg'sche Preußen könne ein neumodischer Juden-
staat werden.* Als Freund einer wirksamen Zensur, der
im Jahre 1820 das *Votum eines Katholiken gegen die
Preßfreiheit* formulierte, sann Müller immer neue
Winkelzüge aus, um den Geist der republikanischen
Freiheit schon im Keim zu ersticken, plante ein Regie-
rungsblatt und ineins damit ein Oppositions-Magazin,
verstand sich wie kein zweiter auf das Geschäft der
Dossier-Auswertung und handhabe mit wahrer Perfektion die Kunst, alle Menschen unter dem Aspekt
der Nützlichkeit zu sehen – Gentz, den Busenfreund,
nicht ausgenommen. (»Als ich im Jahre 1824«, schreibt
Varnhagen, »einige Tage mit Adam Müller verlebte,
war natürlich zwischen ihm und Rahel und mir viel
von Gentz die Rede, und es war auffallend, daß wir,
Rahel und ich, anerkennender und eingenommener von
ihm sprachen, als Müller, der keine Gelegenheit ver-
säumte, seine Schärfe gegen ihn zu wenden, die Schwächen bemerklich zu machen, ihn uns, die er als dessen
politische Gegner kannte, preiszugeben. Das war die
unnatürliche Folge der einstigen unmäßigen Vergötte-
rung, des kolossalen Schwindels, zu dem ihre beider-
seitige und ungeheure Hoffart und Eitelkeit sie ver-
einigt hatte.«) Unter solchen Zeichen war es kein
Wunder, daß Müller bei der »Befreiung« Tirols, als
propagator regni Austriaci, zugunsten des österreichischen Zentralismus sogar seine geheiligtsten Grund-
sätze aufgab und die Abschaffung jener ständischen
Privilegien durchsetzte, für deren Erhaltung in Preußen er so leidenschaftlich gekämpft hatte.
Müller war ein Virtuose wo es galt, sich anzupassen –

und dies in gleicher Weise im Politischen wie im Reich des Fiktiven. Die Lehre vom Gegensatz, Müllers Zentralidee, stellt alles mit allem zusammen und schafft die absonderlichsten Kombinationen: da steht Goethe gegen Burke, doch auch gegen Novalis, da ist der Hörer der Anti-Sprecher, die Kunst die Anti-Natur, da prallen Mann und Weib, Germanentum und Griechentum aufeinander, da bleibt am Ende als einziges Absolutes nur noch die Kirche, deren verschwiegenes Kind (Müller zog es jahrelang vor, seine Konversion zu vertuschen) sich schließlich zum Vorkämpfer einer Katholisierung des protestantischen Nordens aufschwang: »Die Angelegenheiten der katholischen Kirche im nördlichen Deutschland werden die glücklichste Wendung nehmen, wenn Rom diesen Gegenden nähere Aufmerksamkeit widmen will.« Freilich, je frommer Müller wurde, je energischer er das Geschäft des Proselytenmachers betrieb und den *Traum von möglichen Vorbereitungen zur Wiedervereinigung des protestantischen Deutschlands mit der heiligen Kirche* träumte, desto lästiger und ärgerlicher wurde er gerade dadurch seinem Herrn. Aufsehen konnte Metternich am allerwenigsten brauchen – also zögerte er nicht, seinem Geschöpf den Abschied zu geben. Gentzens Bemühungen fruchteten nichts; Müller, den – Spionenschicksal! – schon jahrelang *der Empfang jedes Briefes oder Amtsstückes aus Wien in eine heftige Nervenaffektation* versetzte, kehrte als Gescheiterter nach Österreich zurück – die Konversion des Herzogs von Anhalt-Köthen, an dessen Hof er gegen Preußen Politik zu machen versuchte, ist neben der Nobilitierung seine letzte Freude gewesen. Als er starb, ein paar Tage nach Schlegel, war er ein einflußloser Mann. (Goethe nannte in einem Brief an Zelter die beiden Konvertiten, Adam Müller und Fritz Schlegel, in einem Atem: ». . . erstickte doch Friedrich Schlegel am Wiederkäuen sittlicher und religiöser Absurditäten, die er auf seinem unbehaglichen Lebensgange gern mitgeteilt und ausgebreitet hätte; deshalb er sich in den Katholizismus flüchtete und bei seinem Untergang ein recht hübsches, aber falsch gesteigertes Talent, Adam Müller, nach sich zog.«)

Und dieser Adam Müller war zugleich einer der großen Meister deutscher Beredsamkeit, ein Stilist, dem – ungeachtet mancher Einschränkungen – selbst Carl Schmitt Respekt bezeugt. Es ist der Tenor der protestantischen Predigt, die Weise eines stilisierten geistlichen Zuspruchs, die seinen Reden Glanz und Pathos verleiht. Die Beziehungen zwischen Adam Müllers Diktion, dieser rhythmisch gegliederten, von Parallelismen und Antithesen bestimmten Prosa, und der Kanzelrhetorik liegen ebenso auf der Hand wie Übereinstimmungen Müllerscher Thesen mit den Ansichten, die der Jugendfreund und spätere Hofprediger Franz Theremin in seiner 1814 publizierten Schrift ›Die Beredsamkeit – eine Tugend‹ entwarf.

So charakterlos der Politiker, so unselbständig der Theoretiker Müller auch war: unbestreitbar bleibt, daß er, der immer wieder nach den *prédicateurs* verlangte, um den protestantischen Norden zu katholisieren, selber ein großer Prediger war. In Fragen des deutschen Stils irrte er nie, sein Sprachsinn war nicht korrumpiert, er beherrschte das Kunstrichteramt, plante nicht zufällig ein *Journal für vermittelnde Kritik*, schätzte Lessing hoch, erkannte Kleists Genie mit untrüglichem Blick – kurzum, in einer Geschichte der deutschen Prosa darf sein Name nicht fehlen. *Ein* Werk zumindest hat er geschrieben, das bleiben wird – die *Zwölf Reden*, denen Hofmannsthal in seiner Anzeige der Neuauflage und Ernst Robert Curtius – das *wundervolle* Buch, *einsam und stolz aus einem Wust herausragend*, eine *deutsche Geistesgeschichte in nuce* –, zwei unbestechliche Zeugen also, ihre Bewunderung zollten.

Gehalten wurden die Reden im Jahre 1812, »das Lokal der Vorlesungen ist im k. k. Redoutengebäude, Eingang durch das große Portal am Josephplatz, im 2ten Stockwerke. Die Vorlesungen werden jedesmal genau um ein Viertel nach 12 Uhr anfangen und um 1 Uhr geschlossen werden, wobei, um den Differenzen des Uhrenganges zu begegnen, die Uhr des Michaelerthurms zur Richtschnur genommen wird«. Viel Prominenz war zugegen, als Müller am 15. Mai zu reden begann, sechzehn Tage nachdem Friedrich Schlegel – der freilich nur im Tanzsaal eines Gasthofs las – sein Kolleg über die »Geschichte der alten und neuen Literatur« beendet hatte, hoher Adel, kluge Frauen, Dorothea Schlegel darunter, die – um Friedrichs Ruhm besorgt – an August Wilhelm etwas maliziös von »Ruths Nachlese« schrieb. (»Boas der Reiche hat geerntet, und Ruth hält die Nachlese von dem, was der Übermut sorgfältig habe liegen lassen.«) Auch Theodor Körner zeigte sich nicht sonderlich enthusiasmiert: »Noch dieselbe Oberflächlichkeit, Geziertheit, künstliche und gewählte, aber

85

nicht minder interessante Art zu sprechen.« Immerhin reichten die Müllerschen Vorträge aus, um den entsandten Spitzel, Hofsekretär Armbruster, ein paar kritische Notizen und den Freiherrn von Hager einen besorgten Rapport an den Kaiser machen zu lassen. Metternich hielt darauf zwar bei Hofe grimmigen Vortrag (»Warum unterlegt man endlich Allerhöchstdenselben solch elende Bruchstücke wie der vorliegende Polizey-Rapport!«), doch der Kaiser veranlaßte, daß Müller, »falls er neue Vorlesungen zu halten willens wäre, vor jeder Vorlesung die Handschrift der Polizei und Zensurhofstelle zur Durchsicht vorlegen soll«.

Dabei hatte der unglückliche Armbruster nur an dem Lobpreis auf die beiden Pitts Anstoß genommen; wie erst wäre es Müller ergangen, wenn der Hofsekretär die Bedeutung der Worte durchschaut hätte: »Darum gedeiht in Republiken die Beredsamkeit, nicht bloß, weil jedem mitzureden erlaubt ist, sondern weil jeder frühe gewöhnt wird einzugehn in die freie Gesinnung, in das Ohr des Nachbars, weil, wer herrschen will, so vieles Unabhängige, so viel eigentümliche Weise zu hören und zu empfinden, neben sich dulden muß, und so vielen gehorchen muß.«

Ein Satz nicht nach Metternichs, nicht nach Gentzens – und nicht nach dem Geschmack desjenigen, der, auf den Spuren der deutschen Misere: der Diskrepanz von Geist und Macht nachsinnend, hier eine Wahrheit aussprach, die er sonst zeitlebens bekämpfte ... die am Beispiel der Rhetorik erkennbare Wahrheit, daß es ein menschenwürdiges Gespräch nur dort gibt, wo republikanische Freiheit herrscht.

Eine Sekunde lang lüftet der Redner, in der dritten Rede, den Schleier und zeigt die Dinge, wie sie wirklich sind. Dann aber überfällt ihn wieder die Angst, er fürchtet die Folgen, nimmt zurück und schränkt ein. Metternichs getreuer Sohn hat, in der zehnten Rede, wieder das Wort: »Ich spreche von England als einem Muster in Sachen der Beredsamkeit und des öffentlichen Lebens: aber wehe dem Staate, der die Äußerlichkeiten britischer Verfassung sich anzueignen suchte: er ist schlimmer daran als die, welche hartnäckig bei dem beharren, was sie aus sich selbst sind, wie wenig es auch sei.«

Das Vermächtnis eines Gesamtkünstlers

Karl Friedrich Schinkel

»Die Korridore sind heizbar gemacht, weil sie in manchen Fällen, zum Beispiel um Leute von geringerem Stande warten zu lassen, als Vorzimmer benutzt werden können, besonders aber, weil sie die Kommunikation vom Schlafzimmer zu den Wohnzimmern bilden. Sie haben den großen Nutzen, daß ein Geschäftsmann ... drei verschiedene Parteien, deren Zusammentreffen er nicht wünscht, in den dreien Räumen des Saals, des Wohnzimmers der Frau und seines eigenen Wohnzimmers abgesondert sprechen und sie entlassen kann, ohne daß sie voneinander wissen«: Das hört sich an, als ob ein wilhelminischer Architekt einem der Großbourgeoisie angehörenden Bauherrn Raffinessen eines in Auftrag gegebenen Gebäudes erkläre, das, an der Grenze von Wohnung und Palais, Angenehmes und Nützliches zu höherer Einheit verbände. Ein behaglich erwärmter Flur, der zwischen den geheizten Salons und der Schlafzimmerkälte vermittle und zugleich als Gelaß für wartende Lieferanten und Handwerker diene – ein Korridor auch, durch den Klienten hinausgeschleust werden könnten, ohne daß die in anderen Zimmern wartende Konkurrenz das bemerke: Nein, an einen Entwurf des Baumeisters der Neuen Wache, des Museums am Lustgarten, des Königlichen Opernhauses oder der Kirche auf dem Werderschen Markt läßt die bürgerliche Skizze, mitsamt ihren geheimen Finessen, gewiß nicht denken – Karl Friedrich Schinkels Handschrift, scheint es, müßte anders ausgesehen haben.

Doch eben dies ist ein Irrtum: *Wenn* etwas die Entwürfe, Notate, Gutachten, Verbesserungsvorschläge und Bauinterpretationen Schinkels charakterisiert, dann ist es das Insistieren auf dem Detail und der Aufweis von Schaden oder Nutzen bringenden Einzelheiten, die der geschulte Praktiker seinen Klienten, dem König, den Fürstlichkeiten, dem Ofenbaumeister so gut wie den imaginären Bauherren, mit der ihm eigenen pädagogischen Verve erläutert: *Da schaut her, was ein geheizter Korridor für Wunderwerke vollbringt!*

Karl Friedrich Schinkel war kein barocker Baumeister, der wie ein Feldherr wirtschaften durfte, aufs Großflächige und Kolossalische sehend; er kümmerte sich um die Wohnung eines Inspektors, die, wegen drohender Kälte im Winter und sommerlicher Hitze, nicht unter dem Dach liegen dürfe; er berechnete, im Hinblick auf die Feuersgefahr, die Entfernung zwischen Bücher- und Heumagazinen, der Bibliothek und dem Pferdestall; er kalkulierte »Kommunikationen« aus *(Wie kann einer im Lustgarten schlendern und kommt doch zügig voran?)*; er dachte, nimmt man alles in allem, weniger an dorische und korinthische Säulen als an neue Beheizungsmöglichkeiten, zusätzliche Lichtquellen, komfortable Wege und freundlich-einladende Hallen.

Wo andere über den Fassaden das bescheidene Interieur, über der Schauseite die Hoffront vergaßen, dachte Schinkel, in der Personalunion von Baumeister und Gutachter, zunächst einmal an die Folgeleistungen von Konzeptionen: Wer besorgt mir die Statuen für meine Nischen; was garantiert in der Hallenkirche die gute Akustik; wie erreiche ich im Prachtbau des neuen Theaters, daß es *nicht zieht* und das Publikum, sobald der Vorhang sich hebt, von der kalten Szene her keinen Schauer verspürt?

Fragen eines Künstlers, dessen Leben aus einem jahrzehntelangen Kampf gegen den Teufel, der im Detail sitzt, bestand – gegen ihn und gegen die Torheit seiner Umgebung, gegen die Borniertheit des Königs und den Dilettantismus des Kronprinzen, eines verhinderten Künstlers, der seine Bauentwürfe auf die Rückseite von Kabinettsordern und Menükarten kritzelte, gegen die Dummheit seiner Untergebenen, die, aufgefordert, die historischen Denkmäler der von ihnen betreuten Provinzen zu nennen, selbst von einer Stadt wie Paderborn noch nie etwas gehört hatten: *Fehlanzeige, Kunstschätze alldort nicht bekannt.*

Nein, das war kein heroisches Ringen, wie es zwischen Bramante, Michelangelo *e tutti quanti* und ihren päpstlichen Auftraggebern stattfand, das war noch nicht einmal ein bitterböser Streit à la Knobelsdorff contra Friedrich II., das war schlichte Verschwendung von Kraft und Genie, wenn Schinkel, dessen Force der Sakralbau ohnehin nicht war, bis ins Alter gezwungen war, über die längst obsolet gewordenen Dompläne Friedrich Wilhelms IV. zu meditieren – Motto: *Und wenn wir nun doch eine altchristliche Basilika machten?* Ein Kleinkrieg von homerischem Ausmaß, dieses Feilschen um bessere Farben und solidere Steine, um polierten Granit statt des mit Stuck überzogenen Sandsteins, um marmorierte statt simpel getönte Wände, um dunkelrotes Tapetenpapier im Museum an Stelle der vom König genehmigten grau bestrichenen Leinwand: »Die Erfahrung hat gelehrt«, ließ Schinkel wissen und brachte 800 Taler in Anschlag, »daß Bilder nie schöner, als auf einem kräftigen roten Grunde erscheinen; im Palast Pitti in Florenz sind deshalb sämtliche Gemäldezimmer in dieser Farbe tapeziert. Herr Gérard in Paris gab diesem von mir ihm geäußerten Gedanken den vollkommensten Beifall und warnte sehr vor den grauen Halbfarben, die, weil sie selbst eine zurückweichende Wirkung haben, der Tiefe der Bilder schaden, dagegen, wenn die Farbe neben den Bildern recht hervortritt, die Bilder tief erscheinen und räumlich werden.«

Palazzo Pitti und Herr Gérard in Paris: Wenn es um Geld ging, brachte Schinkel gern Autoritäten ins Spiel – dieses Mal freilich vergeblich; der König lehnte kurz und bündig ab ... und der Baumeister strich seinen Kostenanschlag auf die Hälfte zusammen. Aber an der roten Farbe, dem rubinartigen Anstrich der Bildwände, an dem hielt er fest – und zwar mit Erfolg: Dem Hinweis, daß die *gnädige Bewilligung* einer so *unbedeutenden Summe Seiner Majestät an dem Gebäude eine fortwährende Genugtuung verschaffen würde*, konnte selbst Friedrich Wilhelm III. sich nicht entziehen.

Aber um welchen Preis hatte Schinkel gesiegt, mit wieviel Aufwand an List und zähem Beharren, und das inmitten von Alltagsgeschäften, deren Ausmaß jener Diensteid verdeutlicht, der da besagt, daß der Bauassessor alle Anschläge »auf das genaueste revidieren«, »Risse … nach bestem Wissen und Gewissen jederzeit anzufertigen« habe: stets, um der Verbesserung des Bauwesens willen, danach trachtend, daß »die Bauten tüchtiger und dauerhafter wie bisher, auch mit mehrerer Menage errichtet werden können«.

Karl Friedrich Schinkel: Das war, nach heutigen Maßen gemessen, kein Beamter, sondern eine ganze Behörde. Mächtige Deputationen könnten, anno 82, nicht leisten, was vor einhundertfünfzig Jahren ein einzelner Mann bewältigte – ein Denkmalpfleger und Obergutachter: verantwortlich für die bauliche Überwachung von Schlössern, Kirchen, Schulgebäuden, Pfarreien, Kasernen, Gefängnissen, Brücken und Straßen; ein Diplomat in besonderer Kunstmission, wie den – am Ende freilich vergeblichen – Verhandlungen über den Ankauf der Boisseréeschen Sammlungen; ein Kunsthistoriker, der den Hof über die kulturelle Bedeutung der preußischen Rheinprovinzen zu orientieren hatte; ein Geometer und Architekt, der zugleich Gläser und Schlösser, Kasernen und Teppiche, Theaterdekorationen und Arrestanstalten entwarf: von einem Gasthaus und einem Leuchtturm zu schweigen.

Fürwahr, mit Schinkels eigenen Worten, »ein mannigfaltiger Wechsel zwischen eigentlich artistischen, calculatorischen und actenmäßigen Beschäftigungen«! Und niemals Muße! Niemals ein Sich-genug-sein-Lassen, und wär's für wenige Tage, im Gefühl des Erfolgs! Wie bezeichnend, daß *einer* nicht mit von der Partie war,

am Abend des 26. Mai 1821, als das Königliche Theater mit einem Prolog von Goethe, der ›Iphigenie‹ und einem Ballett ›Die Rosenfee‹ (Verfasser Herzog Karl von Mecklenburg) eingeweiht wurde – und dieser eine war Schinkel: der Baumeister, den die Menge eine Viertelstunde lang herausgerufen hatte, ehe die Intendanz dem Publikum Mitteilung machte, man habe den Gefeierten leider vergeblich gesucht; er sei offensichtlich nicht im Theater, darum schlüge man vor, ihm zu Hause eine Abendmusik darzubringen. Und so geschah es dann auch: wobei vermutet werden darf, daß der Geehrte sich in seiner Arbeit gestört fand – gestört bei einem jener Vorschläge vielleicht, die er, von dem Fontane gesagt hat, daß seine »Tätigkeit fast alle Gebiete des künstlerischen Lebens umfaßte«, für jene Berliner Handwerkerschaft entwarf, denen er – ganz allein! – Mut gab, sich als nachschaffende *Künstler* und nicht nur als Techniker zu verstehen: »Die Tischler und Holzschneider« – noch einmal Fontane: Das Schinkel-Porträt aus den ›Wanderungen durch die Mark Brandenburg‹ – »schnitzten nach Schinkelschen Mustern, Fayence und Porzellan wurden Schinkelsch geformt, Tücher und Teppiche wurden Schinkelsch gewebt. Das Kleinste und Größte nahm edlere Formen an: der altväterische Ofen, bis dahin ein Ungeheuer, wurde zu einem Ornament, die Eisengitter hörten auf, ein bloße Anzahl von Stangen und Stäben zu sein, man trank aus Schinkelschen Gläsern und Pokalen, man ließ seine Bilder in Schinkelsche Rahmen fassen und die Grabkreuze der Toten waren Schinkelschen Mustern entlehnt.«
Was gemeinhin nur »Schulen«, Künstlervereinigun-

gen, zeitbestimmenden Gruppen oder einem gemeinsamen Programm verpflichteten Einzelnen gelingt, erreichte Schinkel in einer Art von Alleingang, der in seinen Konsequenzen, in seiner Breitenwirkung beispiellos ist: den Stil einer Epoche zu prägen. Er, von dem Bettina Brentano gesagt hat, daß er »keinen Kuhstall bauen« würde, wo er »seine Ideale nicht anbringen« könne, hat das Gesicht des nachfriderizianischen Preußens bestimmt, weil er es in seinen besten Arbeiten verstand, den romantischen Traum vom Höheren, von spiritueller Durchdringung der Alltagsmisere, im Hier und Jetzt zu befriedigen: weil er einerseits, so Wilhelm von Humboldt, »die Kunst in einem viel allgemeineren Sinn umfaßte als alle anderen« und weil er andererseits die Idealität einer zweiten, die erste transzendierenden Welt nicht im Wolkenkuckucksheim, sondern in Parks und Höfen, im Meublement und der Formgebung von Gittern und Gläsern anschaulich machte. So anachronistisch sich die – gottlob nicht realisierten! – späten Visionen ausnehmen mögen, der Königspalast auf der Akropolis, diese vom Ungeist Ludwigs II. bestimmte Todsünde Schinkels, dazu die imaginäre Residenz und das Krim-Schloß von Orianda, ein Hohelied des verwegenen Synkretismus vom Griechischen zum Syrischen ... so maßlos die Künstlerträume eines Mannes waren, der dem bürokratisch strukturierten Militärstaat des Reaktionszeitalters auf dem Olymp, in Walhall und im Orient die Himmelsweihen gab, die ihn legitimierten – sosehr er auf der einen Seite Hofkünstler war, Schinkel, so sehr war er, auf der anderen, auch ein Mann des Volks. Kein Akademiker, sondern, abgegangen mit Sekundareife, ein Bauführer Gillys: Praktiker durch und durch und nicht jener Schar zugehörig, von der es, zu Schinkels Lebzeiten, in Meyers Conversationslexikon hieß, ihre Angehörigen täten »beleidigt darüber, wenn man von ihnen verlange, sich um geringfügige Dinge, wie das Auslegen des Estrichs, zu kümmern«: hochnäsige Absolventen der Akademien, die auf Staatskosten ins Ausland gingen, »um dort die hundertmal gezeichneten Trümmer noch einmal, nur incorrecter und schlechter, als in der Schulstube zu zeichnen, hauptsächlich aber, um … das sogenannte Künstlerleben (Lüderlichthum) zu genießen, und nach einigen Jahren kommt der Jünger zurück – als Architekt.«

Und dagegen nun Schinkel mit der Virtuosität des Handwerkers, der die Techniken beherrscht – wie einer die Ziegel zu bearbeiten hat und auf welche Weise Eisen zu einem Element der Schönheit gemacht werden kann: Schinkel, der Sachkenner, dem es um die Einbeziehung fortschrittlicher Verarbeitungsweisen in den Raum des Ästhetischen ging und der zu gleicher Zeit – und ebendas macht seine Popularität aus! – ein großer Impresario, Showman und Theaterspieler war.

Der Herr Oberbaurat als Zampano! Der »schrecklich normal funktionierende Hochspezialist« (so der beste – und kritischste – Schinkel-Kenner Goerd Peschken) als Praktiker von Unterhaltungsgewerben! Der Architekt mit der trockenen Reißbrett-Prosa als brillierender, die Feder spreizender Causeur! (»Langweilige Gewohnheitsmenschen« werden die durch Schinkels Bau von ihren festen Schauspielplätzen vertriebenen Abonnenten genannt: »Das Publikum sollte uns Dank wissen, ihm einige so ennuyante, ganz stabile Abendgestalten aus den Augen gerückt zu haben, die ihm den Genuß am Schauspiel ... durch das Kopfnicken beim Schlafstündchen, welches sie pro publico abhalten, so oft geschmählert haben.«) Schinkel, der pedantische Aktenaufarbeiter, als Entertainer! Der Apologet einer von Würde und Hoheit bestimmten Kunst, der Schöpfer der Museumskuppel und der Atrienbauten als Mann des Jahrmarkts und der Volksunterhaltung!

Karl Friedrich Schinkel, das war nicht nur der Leistungsethiker und nicht nur das zu spät gekommene Oberhaupt einer gewaltigen, in Berlin vereinigten Bauhütte, die den Gralstempel der vom napoleonischen Joch befreiten Deutschen errichtet (kein Zweifel, der Meister hat sich so gesehen): Schinkel war auch der Zauberkünstler, der von Gilly, seinem Lehrer, in »Optik und Perspektive« unterwiesen, dem Volk die kleinen und großen Panoramen, die Guckkastenspäße und – beim großen Gilly! – die »perspektivisch-optischen Gemälde« vorführte, zur Weihnachtszeit unter der Ägide eines Maskenfabrikanten aus namhafter Berliner Künstlerfamilie, Wilhelm Ernst Gropius.

Den *anderen* Schinkel, den Volksmann und Spaßmacher, aber auch den Inszenator gewaltiger Feste: Ihn finden wir auf dem Spittelmarkt, wo man, während märchenhafte Bilder aufleuchten, das Fortepiano bedient oder wo ein Vokalquartett bei geheimnisvoller Beleuchtung Sphärenklänge ertönen läßt, unsichtbar und geisterhaft ... und diesem Schinkel begegnen wir wieder, wenn er dem König das Ansinnen unterbreitet, man möge für die geplante Panorameninszenierung Räume im Allerheiligsten, dem Schlüterschen Schloß, für das Publikum öffnen.

Da redet ein Mann, der in hölzernen Buden seine Illuminationsspäße machte und sich als Meister der »lebenden Bilder« bewährte – der großen Zeitmode, wie Goethes ›Wahlverwandtschaften‹ zeigen; da präsentiert sich ein Inszenator von Festen, bei denen die gute Gesellschaft mittelalterliche Gewänder anzulegen hatte: Karl Friedrich Schinkel, der, so sein Biograph Mario Zadow, die Bautätigkeit mit der Errichtung von Monumenten begann, die aus »Holzlatten, Leinwand, Pappe und Gips« bestanden – Schadow machte Kanonen aus Leim und Papier, und Schinkel besorgte deren Arrangement. Ein Hauch von Bayreuth und Hohenschwangau und vom Karneval für die oberen Stände mitten in Preußen: Der Hof inszenierte, gestützt auf die Künste seines obersten Dekorateurs, das Fest der weißen Rose!

Ein *Theatermann*: Das ist Schinkel nicht nur im übertragenen, sondern als Bühnenbildner und Verwandler des Szenenbaus auch im wortwörtlichen Sinne gewesen. Im Kampf gegen die von Kulissen und Soffitten zerteilte Bühne mit ihrer verwinkelten Perspektive erwies sich seine Barockfeindschaft als revolutionär. In den Entwürfen eines segmentartigen Zuschauerraums, der Planung des versenkten Orchesters und der Vision einer Bühne, die, reliefartig gegliedert, durch einen das Geschehen symbolhaft verdeutlichenden Prospekt begrenzt wird, antizipiert Schinkel, anno 1816, bereits Sempers Bayreuth – und nicht nur Sempers, sondern das neue Bayreuth: ein Wielandsches, das mit Symbolen statt mit naturalistischen Eindeutigkeiten operiert und sich dem antiken Theater näher als der vom Geist des Historismus bestimmten Bühne des neunzehnten Jahrhunderts weiß. »Eine symbolische Anordnung des Ortes«, heißt es, im Hinblick auf das »Schauspiel der Alten« in Schinkels Denkschrift von 1813, sei »vollkommen hinreichend, der produktiven Phantasie des Zuschauers ... eine Anregung zu geben, durch die er imstande« sei, »die Handlung ganz ideal und den angedeuteten Ort um dieselbe herum bei sich weiter fort auszubilden«. »Daraus« erwachse »ihm dann die wahre und ideale Illusion, die ihm ein ganzes modernes Theater mit allen Kulissen und Soffitten nicht geben« könne.

Kein Zweifel, daß Schinkel mit solchen Überlegungen – Meditationen, die Lessings im ›Laokoon‹ entwickelte Theorie von der phantasiehemmenden Kraft des Naturalismus praktikabel machten – seiner Zeit weit voraus war, und nicht nur seiner Zeit, auch sich selbst: Wie so häufig in seiner artistischen Praxis wuchs er auch auf dem Gebiet des Theaters *einmal* über sich hinaus, stellte Weichen, über die sich in die Zukunft fahren ließ, aber dann kehrte er um, beugte sich Sachzwängen, will heißen: den Wünschen des Hofs oder dem *gusto* des Intendanten Graf Brühl, sagte seiner Theorie von der symbolischen Signifikanz der Bühnenbilder und Kostüme Valet, ließ sich wieder aufs Historische ein, auf verwegene Imitation und tollkühne Wiederholung des schon einmal Geleisteten: Karl Friedrich Schinkel, mit seinem »märchenhaften Kindersinn«, wie Bettine gesagt hat, konnte das Zaubern nun einmal nicht lassen –

nicht die romantischen Lichtspiele und nicht den Eklektizismus, der für ihn so viel reizvoller war als die puristische Strenge eines Bühnenbilds, das sich, statt zu triumphieren, der Handlung unterordnete.

Das Bild im Dienst des Worts – nein, das war Schinkels Sache nicht. Er blieb auch dann Romantiker, als seine romantische, altdeutsch-gotische Phase längst vorbei war: Der letzte Gedanke des alten Zauberers galt der Überhöhung des palermitanischen Panoramas ins Universale – der Schausteller-Einfall als Vermächtnis eines Künstlers, dessen Verhängnis es war, daß er, mit Paul Valéry zu sprechen, nicht die Kraft hatte, »sich den Gebrauch der Fähigkeit zu untersagen, alles machen zu können«, was in seinem Wollen lag. Er konnte einfach zuviel – und brachte nicht den Mut auf, sich selbst in einer regellosen Zeit willkürliche Normen und Gesetzlichkeiten zu schaffen, die geeignet gewesen wären, seine Phantasie in Schranken zu halten. Er konnte altdeutsch und altchristlich malen, griechisch oder mittelalterlich konstruieren, konnte die Neue Wache einmal als Rundbogenhalle, dann als Pfeilerbau und schließlich als Säulenhalle entwerfen, konnte für das Denkmal Friedrichs des Großen nacheinander eine Trajanssäule, ein Mausoleum (wie das von Halikarnass) und einen dreistöckigen Turmbau planen, der dem Modell eines von ihm entworfenen Wasserturms folgte. (Ein weiter Weg, in der Tat, vom Totentempel Friedrich Gillys, hoch über dem Potsdamer Platz, bis zur Schinkelschen Variation eines Wasserbehälters.)

Also doch ein Hofkünstler-Schicksal? Schinkel – ein Mann, der nicht neinsagen konnte und sich gegenüber den Wünschen seiner Auftraggeber allzu willfährig zeigte: mit *ihren* statt mit *seinen* Augen das Verlangte anschauend? Wer so argumentiert, könnte sich auf die Briefe an den Kronprinzen Maximilian II. von Bayern und die Kaiserin Alexandra Feodorowna von Rußland berufen – Schreiben, in denen Schinkel, nahezu schlupfwespenartig, jene Lebensweise der Adressaten imaginiert, aus der sich das Charakteristische der geplanten Bauten folgerichtig ergebe. Und trotzdem, so devot, *nolens magis quam volens*, sich der Baumeister Preußens gelegentlich gab: Er konnte auch knurren, dem König Verärgerung demonstrieren und das Geforderte mit Widerwillen und dem Zurschaustellen mürrischen Ekels abliefern: Hinausgeworfenes Geld, ließ er den Herrscher wissen, seien die für den Umbau der Domkirche bestimmten 20000 Taler – nein, aus dieser Kirche ließe sich beim besten Willen nichts machen. Und dann die Zahlung für Charlottenburg: schlichtweg absurd! »Es tut mir leid, daß gerade die Summe, welche Seine Majestät für unwesentliche Dekorationen am Mausoleum, welches dadurch doch nie ein Werk von architektonischer Bedeutung werden wird ... anzuweisen geruhten, hingereicht hätten, dem Museumsbau einen Charakter zu geben, welcher seiner Bestimmung würdig gewesen wäre.«

Kurzum, unter welchem Aspekt immer man Schinkel betrachtet: Der Mann zeigt ein Janusgesicht – gehorsamer Diener und aufsässiger Künstler, ergebener Untertan und unerschrockener, Ignoranz mit gebotener Deutlichkeit anprangernder Partner.

Schinkel, der Goethe verehrte und den Ofenfabrikanten Feilner, ob dessen Kunstfertigkeit, nicht weniger (auch Zelter schätzte er: kein Wunder, der Komponist war von Hause aus Maurer): Welch ein Mann, dieser Artist und Arrangeur, der davon träumte, den Mailänder Dom auf einen Berg zu versetzen, und der zu gleicher Zeit Vorlageblätter für Handwerker und Fabrikanten entwarf, die, strotzend von der Pedanterie des Kunstpädagogen, auf den Erwerb erlernbarer Grundkenntnisse in der Ästhetik abzielten.

Hier der in Kooperation mit seinem Architekturschüler Clemens Brentano und dem Bühnengefährten E.T.A. Hoffmann beförderte Traum vom Gesamtkunstwerk (was Brentano dichtete und Hoffmann komponierte, malte Schinkel aus); hier die romantische Vision, die Schinkel artikulierte, als er in seinen den Entwürfen und Gemälden beigefügten »Regieanweisungen« eine Vereinigung von Wort, Bild und, man denke an die Panoramen, Musik erstrebte, und dort das Planen einer effizienten Ausbildung der Maurer und Stukkateure: Wie, fragen wir, kommt das zusammen? Wie bringt einer es fertig, ein Leben lang Bauten von klassischer Symmetrie zu entwerfen (freilich gibt's Ausnahmen: Charlottenhof) und zu gleicher Zeit, in emphatischer Rede auf »griechische Freiheiten« verweisend, das Hohelied asymmetrischer Konstruktionen zu singen? Wie kann sich jemand auf Volksbelustigung und den Zauber einer flüchtigen Festivität kaprizieren und, in eins damit, eine strenge, auf dem Gedanken der »Unterweisung von oben« basierende Pädagogik betreiben? (Und das als Architekt so gut wie, in Zusammenarbeit mit dem Intendanten Brühl, als Theatermann: Zwar könne man eher eine fette Gans fliegen lassen als das Publikum, erklärte, gut schinkelsch, Graf Brühl, aber einmal müsse man schließlich mit dem Unterricht beginnen und ihm das Fett von den Rippen schneiden.)

Rätselhafter Schinkel! Wie kann ein Mann Stil auf Stil durchexerzieren und dennoch unermüdlich die These vertreten, es käme, freilich in bewußter Auseinandersetzung mit überkommenen Formen, in der Baukunst darauf an, eine eigene unverwechselbare Gesetzmäßigkeit, den mit normativem Anspruch auftretenden Stil der Gegenwart zu entwickeln? (»Jede Hauptzeit hat ihren Stil hinterlassen in der Baukunst«, heißt es im Mammutfragment des ›Architektonischen Lehrbuchs‹, »warum sollten wir nicht versuchen, ob sich nicht auch für die unsrige ein Styl finden läßt? Warum sollen wir immer nur nach dem Styl einer anderen Zeit bauen? ... Nur Mangel an Muth und eine Verwirrung der Begriffe ... eine Scheu vor gewissen Fesseln der Vernunft ... eine Vorliebe für dunkles Gefühl und die Einräumung von dessen unbedingter Gewalt über uns ohne einige Rücksicht auf die Verhältnisse im allgemeinen, die uns umgeben und auf den Fortschritt, welchen wir auf unserem Standpunkte für die allgemeine Entwicklung des Menschengeschlechts zu machen durch die Vernunft verpflichtet werden, kann von solchen Unternehmen abhalten.«)

Ein janusgesichtiger Mann also, dieser Karl Friedrich Schinkel, gewiß – aber auch einer, der, im Theaterentwurf so gut wie im Entwurf von Zweckbauten, *einmal* ganz er selbst gewesen ist: als revolutionärer Verfremder des überkommenen Illusionsspektakels und als

Architekt, der, nach den Erfahrungen seiner England-
reise: wohlvorbereitet durch die Mitarbeit in der staatli-
chen Gewerbeförderung, seine ganz und gar eigenen
Bauten konstruiert und erträumt hat: die Bauakademie,
in der er arbeitete und – sein schönster Entwurf: ein
Wunderwerk zukunftweisender Architektur – das
Kaufhaus Unter den Linden, neben der Universität.

Da, plötzlich, wurde sichtbar, wie souverän ein großer
Baumeister den Klassizismus transzendieren kann; da
zeigte sich, daß Klassizismus für Schinkel kein Dogma,
sondern nur ein entwicklungsfähiger, ins Zweckmäßig-
Schöne, die Anmut des Funktionalen zu erhöhender
Grundstil war: ein architektonisches Neutrum also, mit
dem man durch ein Maximum an Rationalität viel erreichen und wenig verderben konnte. (Es sei denn, später,
in der Pseudomonumentalität des Faschismus.)

Klassizismus als Chance, der beliebigen Neuinszenie-
rung historischer Verfahrensweisen in der Baukunst ein
Ende zu machen und den Eklektizismus durch ein Zu-
endedenken der technischen, auf der zweckmäßigen
Verwendung neuer Materialien beruhenden Variations-
möglichkeiten klassischer Muster zu überwinden: Das
war es, was Theodor Fontane meinte, als er im Schin-
kel-Essay zu dem Substantiv »Klassizismus« das Adjektiv »ausbildungsfähig« gesellte: »Der Eklektizismus
mußte schließlich notwendig dabei ankommen, unter
dem Verschiedenen, das sich ihm darbot, das Einfache-
re, das Stil- und Gesetzvollere, vor allem das Ausbil-
dungsfähigere zu adoptieren.«

Traurig zu denken, daß gerade das *Ausgebildete* unsichtbar ist: Die Bauakademie, dieser Kubus voll Grazie, ein

roter Pfeilerbau aus einheimischem Ziegel (da sage noch einer, Schinkel habe nichts von Farben verstanden!), steht heute nicht mehr; das Kaufhaus, das, wäre es gebaut worden, nicht nur Preußens, sondern Europas einziger Basar geworden wäre, mit gewaltigen Fenstern und einem Geländer aus Tausendundeiner Nacht, mit einem von Lanzen gestützten Zeltdach aus Blech, das wie eine Markise bemalt ist, mit Bäumen, grünen Ruhezonen und einem Springbrunnen – das Kaufhaus ist Papierprojekt geblieben: Entwurf einer Zeit, als der Kapitalismus noch unschuldig war, zumindest in Preußen – in England, das hatte Schinkel erlebt, hingegen schon lange nicht mehr; doch ebendies, die Tristesse der Fabrikstädte mit ihrem schönheitsfernen Einerlei, reizte ihn zu einem Gegenentwurf, dessen Ziel es war, der Zentrale des Industriezeitalters, dem Kaufhaus, jene Grazilität zu geben, die, im Jahrhundert Friedrichs II., der Residenz von Potsdam zukam: Das Warenhaus Unter den Linden, Mittelpunkt künftiger Macht, Seit an Seit mit dem Domizil Humboldtschen Geistes, der Universität, als Pendant zu Sanssouci! Und die Bauakademie als der Sitz einer modernen Unterrichtsstätte, ein Gegenelement zu dem borussischen Ruhmestempel von gestern, dem Zeughaus: Das nenne ich mir realistische Träume!

Keine griechische Maskerade: Was der Verfasser des Architekturlehrbuchs erstrebte, hat er in seinen späten, von Formstrenge und kalkulierter Anmut zeugenden Zweckbauten realisiert – den Entwürfen eines Architekten, der auf die Provokation des industriellen Zeitalters mit der Devise antwortete – Marx hat sie später auf den Begriff gebracht –, es müsse gewährleistet bleiben, daß der Mensch *nach dem Gesetz der Schönheit formiere.*

Je bescheidener Schinkel sich gab: je realistischer und konkreter er operierte, bemüht, durch den Entwurf von Korridoren, Amtszimmern, Ausbildungsräumen, Kaufläden und Grünzonen *die Mühsal der menschlichen Existenz zu erleichtern*, desto verpflichtender sind die von ihm gefundenen Lösungen. Was auf der Akropolis und in den Krimbergen mißlang, ja ins Gegenteil verkehrt wurde: der Versuch, einen verbindlichen Stil zu gewinnen, das wurde in der Bauakademie und, vortraumartig, im Kaufhaus verwirklicht.

Aber janusgesichtig bleibt er, ungeachtet solcher wegweisenden Transzendenz des Klassizismus, darum doch, »unser Schinkel«, wie nicht nur Fontane ihn nannte – janusgesichtig als Autodidakt, der den Posten eines Referenten für Ästhetik in Preußens oberster Baubehörde einnahm; janusgesichtig als ein Spurengänger – immer im Bann des genialischen Gilly –, der dennoch, dank eines Dutzends gewaltiger, auf Anhieb sitzender Entwürfe unter Preußens Baumeistern, Schlüter eingeschlossen, der eigenwilligste war (und der populärste dazu), janusgesichtig, als *uomo universale* bildender Künste, der immer der Bescheidene, von seinen adeligen Kombattanten, den Arnims und Brentanos, mit einer Mischung aus Bewunderung und Nachsicht Betrachtete blieb: »Doch ach die liebe Zeit«, heißt es in Clemens Brentanos Gedicht ›An Schinkel‹, »mit Wortposaunen / Bläst sie dein Bild des Griechenlebens an / Und bleckt bei dem Gewitterdom den Zahn, / Wahrhaftig schön, altdeutsch, recht zum Erstaunen! / Doch Kritiker hört man ins Ohr sich raunen: / Phantastische Prospekte nicht viel dran / im Kolorit hat er noch nichts getan, / Sein Blau will grauen nicht, sein Grün nicht braunen!« Nun, ein Blick in Schinkels Amtszimmer, mit den berühmten kühlen Farben, wird Brentano belehrt haben, daß das Gerücht vom Architekten, der nur in Hell und Dunkel, Schwarz und Weiß zu denken vermöge, ein Ammenmärchen war: fromme Legende wie fast alles, was man zu seiner Zeit über Schinkel, den vermeintlichen »Weltverschönerer« (so Bettine), erzählte – eine Biedermeermoritat, die den Eigentlichen, den Techniker, Funktionalisten und weltzugewandten Ästheten des beginnenden Industriezeitalters mit hehrem Schweigen überging.

Es bedurfte der Erfahrungen zweier Kriege, des Wissens um Zerstörung durch Bombardements und aberwitzigen »Wiederaufbau«, um zu erkennen, was hier einer geleistet hat – im Kleinen und Punktuellen mehr als im Großen und in Gesamtkonzeptionen, im Antihierarchischen, der vorsemperschen Aufkündigung aller zweckenthobenen Feierlichkeit mehr als in dem Insistieren auf Weihe und Würde und einschüchternde Größe.

Jawohl, wieviel hat hier einer geleistet, der im Architekten den »Veredler aller menschlichen Verhältnisse« sah und deshalb vom Baumeister verlangte, daß er, der die »gesamte Kunst« umfasse, zugleich Plastiker, Maler und Raumkünstler sein müsse: womit Schinkel rekapitulierte, was der Ästhetiker und Philologe Karl Wilhelm Ferdinand Solger, neben den Gillys und Fichte der vierte Lehrmeister Schinkels, in den Vorlesungen über die

Ästhetik zum Dogma erhoben hatte: »Die Architektur ist in der neueren Welt die umfassende Kunst für alle übrigen Künste, und bei dieser ihrer hohen Bedeutung müssen die anderen Künste notwendig immer kränkeln, solange nicht die Architektur auf irgendeine Weise wieder hergestellt ist.«

Gesprochen anno 1819 und heute, 1982, noch gültig, ja heute erst recht – heute, wo das Schinkelsche Problem zu einer Frage von Gedeih und Verderb geworden ist: Was trägt Architektur, als die Summe der Künste, dazu bei, die *Bedingungen des sittlichen und vernunftmäßigen Lebens des Menschen*, von denen Schinkel sprach, ein wenig freundlicher zu machen, als sie sind.

Der Vortrag beruht auf einem Studium der zuerst von Alfred von Wolzogen publizierten und neuerdings mehrfach in verbesserter Form edierten Reisetagebücher, Privatbriefe, Amtskorrespondenz und Notate Schinkels sowie des ›Karl Friedrich Schinkels Lebenswerk‹, vor allem der Bände I, III und nicht zuletzt XI, dem Konvolut, das, von Goerd Peschken mit Scharfsinn und kritischer Hellsicht herausgegeben, Schinkels ›Architektonisches Lehrbuch‹ enthält. Wieviel ich von Poeschken gelernt habe – auch aus seinem im Katalog ›Karl Friedrich Schinkel, Werke und Wirkungen‹, Berlin 1981, erschienenen Aufsatz: »Ein Vierteljahrhundert Schinkel-Rezeption: meine« –, sei dankbar bekannt. Außer Hinweisen in den älteren Biographien (Waagen, Grisebach, Rave) bin ich vor allem der kulturhistorisch wichtigen Analyse von Mario Zadow verpflichtet, einer Biographie, die als erste Schinkel ins Kunstambiente seiner Zeit stellte: ›Karl Friedrich Schinkel‹, Berlin 1980. Sehr dienlich waren mir ferner die Kataloge: ›Karl Friedrich Schinkel – Architektur, Malerei, Kunstgewerbe‹, Berlin 1981, und ›Karl Friedrich Schinkel, 1781–1841‹, Berlin 1982. Außerdem: ›Berlin und die Antike‹, 2 Bde., Berlin 1979. An Spezialliteratur habe ich in erster Linie aus folgenden Untersuchungen gelernt: Franz Benedikt Biermann, ›Die Pläne für die Reform des Theaterbaues bei Karl Friedrich Schinkel und Gottfried Semper‹, Schriften der Gesellschaft für Theatergeschichte, Band 38, 1928; Ulrike Harten, ›Die Bühnenbilder K. F. Schinkels‹, Dissertation Kiel 1974; Stephan Oettermann, ›Das Panorama. Die Geschichte eines Massenmediums‹, Frankfurt a. M. 1980.

Last but not least danke ich dem Editor des Schinkelschen Italien-Reisebuchs, Gottfried Riemann, der mich durch die Hamburger Schinkel-Ausstellung führte und der, zusammen mit seinen Kollegen, mir derart die Möglichkeit gab, einige Vortragsthesen zuzuspitzen, zu variieren und abzuändern.

Schwermut und Revolte

Georg Büchner

Nichts als Kunst und Mechanismus ...

Meine Damen und Herren, der Mann, dessen 150. Geburtstag wir feiern: der Schriftsteller, Naturwissenschaftler und Politiker Büchner ist uns so nah, daß der feierliche Epitaph sich unversehens in die Laudatio eines Zeitgenossen, das Preislied auf einen jüngst Verstorbenen verwandelt. Als Poet ein Ahnherr Wedekinds und Brechts; als Mediziner, in Diktion und Optik, Gottfried Benn verwandt; als Politiker von der kalten Klarsicht jenes Emigranten Lenin erfüllt, der, achtzig Jahre später (Max Frisch wies darauf hin), in einer Zürcher Altstadt-Kammer Büchners Nachbarhaus bewohnte; als Szenenpraktiker ein Meister der gestischen Demonstration: so scheint dieser Unzeitgemäße – in gleicher Weise wie sein Wahlbruder Lenz – eher in die Sturm- und Drangzeit unseres Jahrhunderts, in den frühen Expressionismus, als in die ausklingende Goethe-Ära zu passen: ist es glaubhaft, daß die Moritat von ›Dantons Tod‹ im gleichen Jahr, 1835, erschien, als Eckermann in Weimar die Gespräche zu edieren begann? Was aber ist der Grund für solchen Ausnahmerang, und wo liegen die Wurzeln dieser historisch kaum erklärbaren Modernität?

Die Antwort fällt nicht schwer: mit Georg Büchner betritt, hundert Jahre vor Musil, Döblin und Broch, der erste vom Geist der Naturwissenschaften geprägte deutsche Schriftsteller das Podium, ein früher, mit Linnéscher Präzision operierender Poet, dem es gegeben war, die Unbestechlichkeit des Anatomen, Kälte und vivisektorische Klarheit, mit romantischer Leidenschaft und einem Höchstmaß von Parteilichkeit zu vereinen. Büchner, das ist festzuhalten, war zunächst einmal ein Arzt und Ärztekind; das Medizinererbe, von einer Generation zur anderen weiterentwickelt, hat ihn so nachhaltig bestimmt, wie die Rabbiner-Tradition Karl Marx beeinflußt hat. In der gleichen Weise, wie wir uns Schiller im Kindesalter predigend und Goethe Theater spielend vorstellen, müssen wir den Sohn des Amtschirurgus aus Goddelau im Hessischen im väterlichen Naturalienkabinett, zwischen Präparaten und gelehrten medizinischen Zeitschriften suchen. Nicht die Poesie, von der er Ruhm erwartete, sondern die Naturwissenschaft, die ihm ein würdiges Dasein gewährte, war Büchners »Beruf«. Was aber das Sich-Umtun auf dem Feld exakter Forschung, was Anatomie-Studien und morphologische Spekulationen für den Dramatiker bedeuteten, hat schon Gutzkow erkannt: »Seien Sie nicht ungerecht gegen dies Studium (der Arzneikunst)«, mahnte er 1836, als er davon hörte, daß der Autor des ›Danton‹ mit dem Umzug von Straßburg nach Zürich auch eine Berufserweiterung – Naturphilosophie statt Medizin – vornehmen wollte, »seien Sie nicht ungerecht gegen dies Studium; denn diesem scheinen Sie mir Ihre hauptsächliche Force zu verdanken, ich meine Ihre seltene Unbefangenheit, fast möchte ich sagen, Ihre Autopsie, die aus allem spricht, was Sie schreiben.«

In der Tat, die Büchnersche Weltbetrachtung, eine grausame, in den Briefen deutlich erkennbare Reduktion der Wirklichkeit auf ökonomische Tatbestände, ist von unbarmherziger wissenschaftlicher Strenge ... und darf doch, ungeachtet solcher Konsequenz, keineswegs mit der kaltblütigen Passion jenes Malers Jacques Louis David verglichen werden, dessen Praktiken Danton im Kunst-Gespräch mit Camille so grimmig glossiert. Büchner war Arzt im umfassenden Sinn; zur Unbestechlichkeit fügte sich Barmherzigkeit; zur Einsicht kam die große Trauer über das Elendslos der Kreatur, die Knechtschaft der Geschundenen, die Fron des kleinen Mannes. Um aber heilend ändern zu können, ist Erkenntnis vonnöten; eine Diagnose, die, zweckfrei gehandhabt und nur dem Experimentellen dienend, zur Karikatur des ›Woyzeck‹-Arztes führt (der in Martin Walsers Drama ›Eiche und Angora‹ als KZ-Mediziner folgerichtig fröhliche Urständ feiert) ... eine solche Diagnose, das Handwerk des Musilschen Monsieur le Vivisecteur, erscheint bei Büchner sogar dort noch unter therapeutischem Aspekt (»Seht, was hier geschieht!«), wo er die Hoffnung auf eine mögliche politische Umwälzung aufgegeben hatte. Vom Mitleid angerührt, konnte der Autor des ›Danton‹ und des ›Woyzeck‹ dennoch so hilfreich-mitleidlos schreiben wie ein Arzt, der ein Karzinom untersucht. Ja, Gutzkow hatte recht, Büchners Sprache ist wirklich bis in die Nuancen hinein vom Air eines Anatomiesaals erfüllt; kein Wunder also, daß man die Termini der Lehrbücher seiner Straßburger Professoren Lauth und Duvernoy unverwandelt selbst in lyrischen Passagen wiederfinden kann! Schon ein erster Überblick zeigt, wie ergiebig eine Arbeit über ›Georg Büchner und die Medizin‹ sein könnte, in der sich die zeitgenössische Terminologie der Naturwissenschaften verarbeitet sähe – Begriffe wie ›Schädeldecken‹, ›Rückenmark‹, ›Eingeweide‹ und ›Hirnfasern‹, Metaphern wie ›Quecksilberblüte‹ oder ›Sublimattaufe‹ warten darauf, mit zeitgenössischem Sprachmaterial verglichen zu werden. Doch zeigt sich Büchners Autopsie-Blickweise nicht nur in den Termini, sondern auch in der Art, wie er zum Beispiel den physischen Schmerz, die an Symptomen, ›Schweiß‹ und ›Pulsschlag‹, ablesbare Furcht, die Erscheinungsformen des Wahnsinns und, vor allem, immer wieder die leibhaftige Angst, den Tod, die Fäulnis oder – Benns ›Schauhaus‹-Poesie zur Jungen-Deutschland-Zeit! – die Würmer-Verwesung im Grab analysiert: »Und dann daliegen, allein, kalt, steif in dem feuchten Dunst der Fäulnis – vielleicht, daß einem der Tod das Leben langsam aus den Fibern martert – mit Bewußtsein vielleicht sich wegzufaulen!«

Sieht man von Tolstoi und dem ›Tod des Iwan Iljitsch‹ ab, so hat kein Schriftsteller des letzten Jahrhunderts die Folter des Tods, den Grabdunst und das »feine Zeitmaß« des Schmerzes mit einer so mittelalterlichen Inständigkeit geschildert wie gerade Büchner; keiner tat es ihm aber auch in jener kreatürlichen Erfahrung des Leids gleich, die sich auf der anderen Seite sehr wohl mit einem Sinn für das Organische, ja, einer nahezu

Goetheschen, auf die Physiognomie der Erscheinungen gerichteten Betrachtungsweise zu vereinigen wußte. Unter solchen Aspekten ist es verständlich, daß Büchner seine medizinische Betrachtungsweise auch auf andere Bereiche übertrug, den Kosmos wie einen Menschen beschrieb und, mit den Worten Camilles, von der Staatsform verlangte, sie müsse sich wie ein Gewand dicht an den Leib des Volkes schmiegen, und jedes Schwellen der Adern, jedes Spannen der Muskeln, jedes Zucken der Sehnen habe sich darin abzudrücken. So wird die Welt zu einem riesengroßen Präparat; die Erdkugel hat Rippen, das All trägt Haare und die »Nacht schnarcht über der Erde und wälzt sich im wüsten Traum«. Dabei war Büchner, als Duvernoys Schüler, nicht nur ein Anatom, sondern genausogut, in den Bahnen Okens und Lauths, auch ein Physiologe von Rang – ein Forscher, der gerade bei der Betrachtung einfachster Formen jene sinnvolle Repräsentanz fand, die er im Bereich des Sozialen so schmerzlich vermißte. Sehr früh, schon in der Schüler-Analyse des Selbstmords aufklingend, erwies sich die These von der Schlechtigkeit des Künstlerisch-Unnatürlichen als eine Grundmaxime des Büchnerschen Denkens. Vergleicht man die Dramen und die Zürcher Probevorlesung, so erweist es sich schnell, daß hier wie dort aus der Position eines Mannes argumentiert wird, der die – verabsolutierte, praxis-ferne – Frage nach Absicht, Ziel und Zweck für eine Vergewaltigung des Organisch-Sinnvollen hält. Nicht zufällig also sieht sich die teleologische Betrachtungsweise in der Rede Saint-Justs mit der gleichen Voltaireschen Schärfe wie in der Vorlesung

über die Schädelnerven glossiert. Was hier, am Natur-
modell entwickelt, akademisch-abstrakt erscheint, die
Frage der Zweckmäßigkeit, des Höherwertigen, des
Fortschritts bis zum Ziel, gewinnt in der Saint-Just-
schen Formel seinen tödlichen Ernst: »Soll eine Idee
nicht ebensogut wie ein Gesetz der Physik vernichten
dürfen, was sich ihr widersetzt?«

Gegenüber solchen, uns schauerlich vertrauten Spekulationen vertrat Büchner die von ihm als philosophisch
bezeichnete und durch die vergleichende Anatomie er-
härtete These, daß sich in der Natur das gleiche Grund-
gesetz im Simplen wie im Kompliziertesten manifestie-
re, ja, daß vor allem das Einfache, auf das die Vielfalt
jederzeit zu deduzieren sei, das Entwurfsmuster mit
besonderer Vollkommenheit zeige. Das Schlichte als
ausgezeichneter Träger eines »Gesetzes der Schönheit«:
auch diese These wird in der Büchnerschen Poesie
exemplifiziert, und es ist Lenz, der, im Gegensatz zu
Saint-Justscher Argumentation, die Meinung vertritt,
gerade die »einfachste, reinste Natur hinge am nächsten
mit der elementarischen zusammen . . .«

Hier zeigt sich abermals, wie eng die physiologischen
und sozialkritischen Einsichten Büchners zusammenge-
hören, und wie plausibel sich sein oft berufenes Mitleid
mit der Kreatur auch naturwissenschaftlich auszuwei-
sen versteht; was hier »einfacher Riß« und »Urgesetz«
heißt, erscheint dort als »niederländisch«, »real« und
»gemein«. Je weiter sich aber, das ist Lenzens, das ist
Büchners Meinung, der Mensch vom Elementarischen
entfernt und je kleiner sein Entfaltungsraum wird,
desto abgestumpfter und unnatürlicher nimmt er sich

aus. Mit großer Schärfe und Genauigkeit, die Kafkas Optik antizipiert, hat der Dramatiker die sozial bedingte Entfremdung des Menschen geradezu dadurch illustriert, daß er ihn künstlich, un-natürlich, maschinell und höchst schematisch reagieren ließ. Recht betrachtet, haben nahezu alle Büchnerschen Figuren (am wenigsten die Frauen: sie sind dem Wirklichen näher) etwas Gliedermännisch-Artifizielles, bewegen sich ruckartig-steif und gleichen Marionetten. Einerlei, ob ein gräßlicher Fatalismus oder das Bewußtsein hoffnungslosen Elends sie lähmt; einerlei, ob die drückende Not oder eine aufgesetzte Idealität ihre Gesichter starr und maskenhaft macht: sie sind Puppen, die man aufgezogen hat; und es ist sicher kein Zufall, daß die Automaten-Assoziation sich im Werk Büchners zweimal an zentraler Stelle, im ›Woyzeck‹ und in ›Leonce und Lena‹, einstellt; einmal fungiert der Mensch als Maschine; das zweite Mal kopiert die Animalität, ein Pferd, ein Affe, den Menschen. In beiden Fällen wird gezeigt, wie weit man sich von der Schöpfung entfernt hat und wie gespenstisch sich ein solches Leben ausnimmt. Ein Hauch von Bergsonscher Komik gibt den Gestalten, deren steife Grazie an E. T. A. Hoffmanns Musik-Automaten erinnert, Profil und Kontur: Karussell-Figurinen, die zum Takt einer Drehorgel tanzen. Dabei ist es bezeichnend, daß Büchner den Eindruck närrischer Pedanterie nicht durch magische Volten und ein diffuses Verschwimmen, sondern im Gegenteil mit Hilfe einer höchst akriben Überzeichnung der Teile erreichte. Je stärker die Einzelheiten, isoliert, aus dem Kontext herauszutreten beginnen, desto fragwürdiger erscheint die

Totalität; je überzeugender der Ausschnitt, desto vager das Gesamt. Büchner war ein Meister der surrealen Detailschilderung: man denke an die verselbständigten Gelenke, die Finger vor allem, und erinnere sich der schauerlichen Szene im letzten Akt des ›Danton‹, wo Lucile sich auf einen Stein unter die Fenster der Gefangenen setzt und den Geliebten, der am Kerkerloch erscheint, mit den Worten anspricht: »Höre, Camille, du machst mich lachen mit dem langen Steinrock und der eisernen Maske vor dem Gesicht; kannst du dich nicht bücken?«

Beschränkung auf das Sichtbare, Verzicht auf alle Ergänzung, ein Beharren auf dem Ausschnitthaften ... immer wieder hat Büchner diese Praktiken vorexerziert, um so, durch die Überbelichtung signifikanter Details, jenes seelenlose und mechanische Reagieren des Menschen sichtbar zu machen, dessen Gefährlichkeit er am eigenen Leibe erfuhr: »Seit ich über die Rheinbrücke ging, bin ich wie in mir vernichtet, ein einzelnes Gefühl taucht nicht in mir auf. Ich bin ein Automat; die Seele ist mir genommen.« Nun, das sind Woyzecksche Töne, da ist Dantons Marionetten-Philosophie mit im Spiel, da wird nicht beschönigt, sondern der Schmerz herauspräpariert und, wie ein Objekt, aus der Ferne betrachtet. Erst seit Büchner ist es in der deutschen Literatur möglich geworden, geheimste seelische Regungen medizinisch exakt, soziologisch stimmig und poetisch anschaulich zugleich zu beschreiben; und fast scheint es, als wäre diese entscheidende Tat: dorthin Licht zu bringen, wo bisher Nacht war, bis heute noch nicht genügend erkannt. Vielleicht bedurfte es erst der

116

Erfahrung unserer Zeit, um zu bemerken, was Büchner mit der Pathographie des sich selbst entfremdeten Menschen gelang.

Wie aber sieht er aus, dieser Mensch, der mit Chiffren wie »Automat« und »Schatten« nur oberflächlich, genauer dagegen mit dem Wort »Puppe« zu bezeichnen ist, weil »Puppe« als Schlüsselwort des ›Hessischen Landboten‹, am exaktesten die gesellschaftliche Nuance der Vereinsamung angibt: »Könnte aber auch ein ehrlicher Mann jetzo Minister sein oder bleiben, so wäre er, wie die Sachen stehn in Deutschland, nur eine Drahtpuppe, an der die fürstliche Puppe zieht; und an dem fürstlichen Popanz zieht wieder ein Kammerdiener oder ein Kutscher, oder seine Frau und ihr Günstling, oder sein Halbbruder – oder alle zusammen.«

Mit »Puppe« also wird von Büchner – zum Ausdruck der deutschen Misere – vor allem das sozial Fatale und entwürdigend Komische im menschlichen Dasein beschworen, wird der Reigentanz, der ewige Austausch, der leere Lauf der Welt beschrieben, die Wiederholung und das mechanische Spiel. (»Ein Schattenspiel«, heißt es im ›Lenz‹, war »vor ihm vorübergezogen.«) Um Gültigkeit beanspruchen zu können, fehlt der Bezeichnung die Nuance des Schmerzes; die Puppe leidet nicht, und gerade die elementarische Qual, die Höllenpein, die sich im *ennui* so gut wie in der Furcht vor Folterungen äußern kann, ist für den Büchnerschen Menschen signifikant. Einerseits Spielfigur, ohne eigene Mitte, nur an Reflexen in fremden Gesichtern erkennbar, ist diese durchaus passive, von außen geformte Gestalt in bezug auf die Schmerzempfindlichkeit von höchster

Sensibilität, ja, fast sieht es so aus, als wären die wenigen Seiten dieses leicht überschaubaren Werks in Wahrheit Tafeln eines Leidenskatalogs: da ist die Einsamkeit (»Er war allein, allein!«), da ist die Fremdheit der Nähe, die weltenweite Entfernung im Augenblick physischen Beisammenseins; die Schädel berühren einander, aber die Gedanken sind durch Kontinente zertrennt: »Wir wissen wenig voneinander. Wir sind Dickhäuter, wir strecken die Hände nacheinander aus, aber es ist vergebliche Mühe, wir reiben nur das grobe Leder aneinander ab – wir sind sehr einsam.« Da ist, weiter, die Angst, das Stimmenhören: »September!« oder »Die Freimäurer«; da ist die Langeweile, ein »Das wird sich finden« und »Wenn ich das wüßte« ... jener große *ennui* als Krankheit des Jahrhunderts, der nach Kierkegaards Wort im Augenblick des Sündenfalls begann; da ist der Müßiggang, dessen Nuancenreichtum so unterschiedliche Gestalten wie Danton und Leonce bezeugen. Und da ist schließlich – und vor allem – die Melancholie ... jene von Aristoteles als Begleiterin der Genialität entdeckte Traurigkeit, die, in der florentinischen Renaissance neu beschrieben, von Ficino verherrlicht, von Dürer gezeichnet und von den Elisabethanern in Spielen und Traktaten beschworen, sich zu Büchners Zeit, bei de Musset und Chateaubriand, mit neuer Gloriole umgab. Nicht nur Leonce und Danton sind, von des Gedankens Blässe angekränkelt, Saturnier im Sinn der florentinischen Akademie; auch Woyzeck ›denkt‹ zuviel, und selbst Robespierre verfällt, in einem Augenblick shakespearisierender Meditation, melancholischer Nachdenklichkeit: »Und ist nicht unser Wachen ein hellerer

Traum? Sind wir nicht Nachtwandler? Ist nicht unser Handeln wie das im Traum, nur deutlicher, bestimmter, durchgeführter? Wer will uns darum schelten? In einer Stunde verrichtet der Geist mehr Taten des Gedankens, als der träge Organismus unseres Leibes in Jahren nachzutun vermag. Ob der Gedanke Tat wird, ob der Körper ihn nachspielt, das ist Zufall.«

»Die Sünde ist im Gedanken.« »Unser Wachen ist ein hellerer Traum«: wie nah sind wir hier Danton oder Lenz, wie nah all jenen, die in der gleichen Situation wie Robespierre, am Fenster stehend, erfahren, daß nicht allein die Grenzen zwischen Tag und Traum, der Aktion und den Gedanken, sondern auch die Trennungslinien zwischen Ich und Welt sehr dünn und leicht zerreißbar sind. Gerade die Fenstersituation markiert bei Büchner immer jenen Moment, in dem der Mensch, sich selbst »abhanden kommend«, der Andersartigkeit des Universums innewird; wo sich aber auch greifbar Nahes mit Fernstem verschwistert, wo Austausch möglich ist, weil die Konturen nicht mehr solide und sicher erscheinen. Nicht zufällig begreift Robespierre, ans Fenster tretend, die Nacht wie ein schlafendes Wesen, das den menschlichen Träumen begegnet: der Blick durch die Gardinen, ins Offene hinaus, ermöglicht bei Büchner eine große Kommunion – einerlei, ob Robespierre über die Grenze von Wachen und Schlaf philosophiert, ob Danton – betroffen auch er! – das Plaudern der Wände vernimmt oder, an einer anderen Stelle, die schimmernden Tränen der Sterne gewahrt, oder ob Julie, Abschied nehmend, den eigenen Tod mit dem Sterben der vom Licht verlassenen Erde vergleicht. In den Fensterszenen erfährt der saturnische Mensch am intensivsten jene ebenso ersehnte wie gefürchtete Chance der Verschwisterung mit dem All, die ihm, im Augenblick der Vernichtung, die Geheimnisse der Welt eröffnet und – so Danton – seine Gedanken mit den Lippen der Steine reden läßt ... eine Chance des Hinübergehens und der Selbstauflösung, die er sonst, denkend und argumentierend, vertut. Denn der Saturnier, er heiße nun Lenz, Danton oder Leonce, »lebt« ja nur aus zweiter Hand, weil seine Gedanken sich allein aufs Ende richten; Erinnern und Erwarten zerstören das Jetzt; jedes Ticken der Uhr (ein Generalmotiv Büchners) gleicht einem Memento; Windel und Leichentuch sind eins, und die Wiege hat die Konturen des Schreins. Das Grab, die Fledermaus, alchimistisches Gerät und vor allem Gedanken, »für die es keine Ohren geben soll« ... das sind die vertrauten, von der Tradition überkommenen Attribute der Melancholie: Leben heißt Sterben, unsere Hemden und Röcke sind Särge. Der Melancholiker (hier schließt sich der Ring) wohnt in einer künstlichen Welt; die Meteore – man denke an das Dürersche Bild – sind ihm näher als das Sonnenlicht; das Artifizielle und Organisierte, das Kalkulable und Berechenbare ist sein Metier; dem mathematischen Zergliedern gilt die Passion.

In der Zürcher Probevorlesung hat Büchner eine so exakte Analyse jener Maschinen- und Apparate-Welt gegeben, die seit dem Mittelalter als die eigentliche Heimat der Melancholiker gilt, daß man die Beschreibung des teleologischen Philosophierens, Chiffre für Chiffre, mit den Manierismus-Formeln vergleichen könnte, die man am Hofe Rudolfs II. zu entwickeln versuchte. Der Schädel als ein künstliches Gewölbe, die Summe edler Organe als denkbar beste Maschine – kein Zweifel, daß hier Begriffe auftauchen, die dem Arsenal der saturnischen Schwermut entstammen. »Melancholie« und »Puppe« sind Synonyme: Trauer und Groteske gehören so eng zusammen wie, von Nero bis Saint-Just, die Grausamkeit und die Trübsal. Büchner kannte viele Erscheinungsformen des Tiefsinns und der düsteren »Melancholey«: die Lethargie des Regenten, die (wie Benjamin gezeigt hat) ein Topos des Barockdramas ist; die Einsamkeit des geistigen Menschen, die Todessehnsucht, den Traum vom Vergessen, die Wendung zum Abgrund; den Überdruß des Müßiggängers und die Dumpfheit des einfachen Mannes. Früh gealtert, von der englischen Krankheit gezeichnet – »The English Malady« wird die Schwermut genannt –, Stimmen hörend und unfähig, sich wehren zu können . . . als resignierte Rebellen nehmen sich die Büchnerschen Saturnier aus: »Den Frühling auf den Wangen und den Winter im Herzen! Das ist traurig. Der müde Leib findet sein Schlafkissen überall, doch wenn der Geist müd ist, wo soll er ruhen? Es kommt mir ein entsetzlicher Gedanke: ich glaube, es gibt Menschen, die unglücklich sind, unheilbar, bloß, weil sie sind.«

In der Tat, das ist ein Hamlet-Porträt, vor dessen Düsternis sich der Traum vom Organisch-Sinnvollen als Gegenpart der Künstlichkeit wie ein erhabenes, aber in der politischen Realität nicht erreichbares Phantom ausnimmt. Die Wendung zur beobachtenden Naturwissenschaft war, unter solchen Aspekten, für Büchner eine Frage nackter Existenz; welch eine Strecke liegt zwischen den Zürcher Präparationen, jenem heiteren Sich-Umtun auf noch unerschlossenem Feld, von dem der Kantonalarzt Dr. Lüning Zeugnis ablegt, und jenen Schreckensvisionen der Gießener Briefe, in denen die Identität von Schwermut und schnarrender Automatik sich abermals mit schrecklicher Deutlichkeit zeigt: »Das Gefühl des Gestorbenseins war immer über mir. Alle Menschen machten mir das hippokratische Gesicht, die Augen verglast, die Wangen wie von Wachs, und wenn dann die ganze Maschinerie zu leiern anfing, die Gelenke zuckten, die Stimme herausknarrte und ich das ewige Orgellied herumtrillern hörte und die Wälzchen und Stiftchen im Orgelkasten hüpfen und drehen sah – ich verfluchte das Konzert, den Kasten, die Melodie und – ach, wir armen schreienden Musikanten!« Auch diese Stelle beweist noch einmal, wie sehr einander die brieflichen, philosophischen und poetischen Aussagen Büchners ergänzen: die Maschinerie läßt an die Kunst-Welt der Teleologie so gut wie an die abstrakte Idealität der Theater-Figuren denken, deren Schein-Dasein Lenz und Camille glossieren: das hippokratische Antlitz evoziert die »eiserne Maske vor dem Gesicht«, über die sich Luciles Wahnsinn belustigt; das Orgel-Lied schließlich und die ruckenden Wälzchen und Stiftchen – Büchners Diminutive sind meist von grimmiger Bösartigkeit! – kehren in Leonces Puppentraum wieder: »Oder hast du Verlangen nach einer Drehorgel, auf der die milchweißen ästhetischen Spitzmäuse herumhuschen?«

Aber so fremd und unheimlich sich diese Welt, historisch

gesehen, auch ausnimmt – uns, den Nachfahren Kafkas, Dalis und Max Ernsts, ist sie nur allzu vertraut und, dank der expressionistischen Lyrik, bis ins Detail hinein bekannt. Nicht die Unendlichkeit, der riesengroße Weltall-Himmel Jean Pauls, gibt dem Büchnerschen Kosmos, dieser stillen und toten, von einem Riß zerspaltenen Kugel, Profil – die Kleinheit und Enge, ihre Begrenzung gerade, läßt sie so gespenstisch sein. Überall stehen Spiegel herum; man kommt, wie in einer mit Tand und Gerümpel angehäuften Kammer, immerfort ans Ende, stößt immerfort an, kann die Sterne betasten und das Eis des Himmels berühren; wohin man auch geht, stets ist da eine Wand, und die Decke senkt sich herab. (Das Bild des ›Anstoßens‹ wird von Büchner als ein fester Topos gebraucht.) Aber trotz dieser scheinbaren Nähe und hautnahen Berührung, trotz dieses Tanzes in einem überschaubaren, von Spiegeln abgeschirmten Saal, bleibt es (man erlaube mir die Formulierung von Benn) bei jener schrankenlosen, mythenalten Fremdheit zwischen dem Ich und der Welt, die nur im Traum, in der Versenkung oder im Zustand pathologischer Entgrenzung überwunden werden kann. Nur da allein, im Wahnwitz, der Phantasmagorie oder dem Lachen zu Fenstern und Gräbern hinaus (so schrill, daß Himmel und Erde mit einstimmen müssen) – nur da gelingt die Kommunion und jene Erlösung vom Abgesperrtsein, die in der Literatur unseres Jahrhunderts als das Zentralproblem erscheint. (Hofmannsthal spricht vom Moment des Opfervollzugs, Broch vom Schlafwandel-Akt, Musil vom Zustand tagheller Mystik.) Auch Büchner, ich möchte nicht mißverstanden werden, hat das Sturm-und-Drang-Gefühl des All-Eins-Seins beschrieben: »Mein Herz schwoll in unendlicher Sehnsucht; es drangen Sterne durch das Dunkel, und Hände und Lippen bückten sich nieder«; doch bleibt ein so emphatisches Einheits-Empfinden bei ihm auf Rausch-Zustände und febrile Ekstasen beschränkt; ansonsten stehen Dinge und Menschen einander – gerade in den typisch Büchnerschen ›Grenzsituationen‹ – feindlich und fremd gegenüber. Siebzig Jahre vor Hofmannsthal zeichnet sich bei Büchner, zumal im ›Lenz‹, schon die *Lord-Chandos*-Position ab: die Elemente, plötzlich erwacht, beginnen ein Eigenleben zu führen und sich aus der Klammer begrifflicher Definitionen zu lösen. »Es gelang mir nicht mehr, sie mit dem vereinfachenden Blick der Gewohnheit zu erfassen«: was Hofmannsthal nur auf die Menschen und ihre Handlungen bezog, das »den Worten Entgleiten«, trifft im ›Lenz‹ auch auf die Gegenstände zu, Objekte, die keine Objekte mehr sind, sondern mobile Elemente, die sich mit solcher Entschiedenheit wandeln, daß alle Worte, Schreie der Verwunderung und des Entsetzens, sie nicht mehr erreichen. Das Große wird winzig, das Kleine nimmt sich riesenhaft aus; das Stumme öffnet den Mund, und die Abstraktion gewinnt Farbe und Fleisch.

Eine kopernikanische Umkehr also, eine Verwandlung von Subjekt und Objekt, die der Arzt Georg Büchner am Beispiel ausgewählter pathologischer Fälle – Lucile, Woyzeck und Lenz – zu verdeutlichen suchte. Gerade diese Entgrenzten, zu denen man auch Marion in ›Dantons Tod‹ rechnen könnte, haben die Verfügungs-Möglichkeiten über die Dingwelt verloren: ihrer selbst nicht sicher, an der eigenen Identität zweifelnd, sind sie auch der Elemente nicht mehr gewiß, reagieren unangemessen und beantworten die Provokationen der Welt in jener paradoxen Art, die Büchner seinerseits paradox wiedergab. Statt das Grelle gewichtig und das Exorbitante emphatisch zu schildern, beschrieb er – seltsam modern, unterkühlt und verhalten – gerade den Wahnwitz mit der Sachlichkeit des Diagnostikers: »Er ging gleichgültig weiter, es lag ihm nichts am Weg, bald auf-, bald abwärts. Müdigkeit spürte er keine, nur war es ihm manchmal unangenehm, daß er nicht auf dem Kopf gehen konnte.« Kein starkes Adjektiv, kein bildkräftiges Verbum deutet hier an, daß etwas nicht Alltägliches geschieht; im Gegenteil, der Übergang von der normalen zur exzentrischen Lage wird eher verschleiert, durch das einschränkende »nur«, das abschwächende »manchmal« und das bewußt blasse »unangenehm« eng mit dem banalen Kontext verzahnt ... so, als handelte es sich bei dem Bedauern, nicht auf dem Kopf gehen zu können, um die selbstverständlichste Sache der Welt. Wirklich, man muß an Kafkas Praktiken denken, wenn man die nüchterne Gelassenheit gewahrt, mit deren Hilfe Büchner die Entrückung des Menschen wie den »Fall« eines Patienten beschrieb. »Ich betrachtete meine Glieder; es war mir manchmal, als wäre ich doppelt und verschmölze dann wieder in eins. Ein junger Mensch kam zu der Zeit ins Haus; er war hübsch und sprach oft tolles Zeug; ich wußte nicht recht, was er wollte; aber ich mußte lachen« ... auch in diesem Anamnese-Zitat kommt der Analyse der

Schizophrenie keine größere Stilhöhe als der Rede von dem hübschen jungen Mann zu, dessen Tollheit das Mädchen zum Lachen verlockt. Kein Bindestrich markiert einen Einschnitt; kein Wechsel des Tonfalls verrät, daß etwas Neues beginnt.

Büchner war der erste Poet deutscher Sprache, der das uns bekannte Gesetz vom antithetischen Verhältnis zwischen *sujet* und Diktion schreibend befolgt hat: das von Natur aus Starke abschwächend, gab er dem Unscheinbaren in Rhythmus und Vokabular einen pathetischen Ernst. Darüber hinaus hat er, um die gewandelte Subjekt-Objekt-Beziehung zu schildern, zwei Generationen vor Trakl und Heym eine Reihe von grammatischen Formeln entwickelt, die ihm geeignet erschienen, die Bedrohung des Menschlichen, Identitäts-Verlust und Ich-Auflösung, auch im Sprachlichen sichtbar zu machen. Bestrebt, die Lage eines Individuums zu schildern, das, wie Woyzeck oder Lenz, im Wegelosen lebt, bediente sich Büchner, sehr konsequent, vor allem jenes gestischen »so« (»so träg«, »so leer«, »so allein«), das, gerade in seinem Demonstrativ-Charakter, die mangelnde Definitionsmöglichkeit des Subjekts illustriert: an die Stelle exakter Benennung ist eine ohnmächtig-vage, aber sehr dringliche Umschreibung getreten; das heißt: das Bedrohliche wird erfahren, aber nicht mehr gebannt. Eher lallend als fixierend, sucht das gezeichnete Ich, sucht der im Sinn von Karl Marx entfremdete Mensch mit Hilfe dieses »so« auf seine Gefährdung zu deuten und eine Betroffenheit zu artikulieren, die sich bei Büchner grammatikalisch auch in der Versinnlichung des »es« (»es geht etwas«, sagt Woyzeck, »es ist hinter mir hergegangen«) wie an der Aktivierung der Abstraktion (»der Alp des Wahnsinns setzte sich zu seinen Füßen«) ablesen läßt. Doch das ist nicht alles. Im gleichen Maße wie Büchner – die Grammatik beweist es – das Humane häufig ins Passiv und das Elementare ins Aktiv transponierte, um so die Proportionsvertauschung zu demonstrieren, im gleichen Maße hat er durch die Aufgabe des romantischen Vergleichs und die Eliminierung des poetischen »wie« zu zeigen vermocht, daß in der von ihm beschriebenen Welt das Disparate nicht mehr auf ein verbindliches *tertium comparationis* zurückführbar sei.

Mit einer gewaltigen Anstrengung bog er die Gegensätze, Partikel verschiedenster Bereiche, zusammen, um dann, assoziativ fortphantasierend, die Überzeugungskraft des künstlichen, aus Antithesen geschweißten Gebildes zu zeigen und seine plausible Identität zu beweisen. »Du süßes Grab, deine Lippen sind Totenglocken, deine Stimme ist mein Grabgeläute, deine Brust mein Grabhügel und dein Herz mein Sarg«; oder »Die Welt . . . ein gekreuzigter Heiland, die Sonne seine Dornenkrone und die Sterne die Nägel und Speere in seinen Füßen und Lenden«; oder endlich »Der Fürst ist der Kopf des Blutegels, der über euch hinkriecht, die Minister sind seine Zähne und die Beamten sein Schwanz« . . . welches Beispiel man auch näher betrachtet – immer geht es um die große Synopse verschiedenartiger Zeichen, um den Entwurf in sich widersprüchlicher Muster und die Zusammenfügung zeitlich und räumlich getrennter Elemente auf einem einzigen Plan. Auch die Büchnersche Szene gleicht ja einer rotierenden

Bühne, auf der, im wirren Durcheinander – wiederum
ohne Übergänge, Expositionen und Begründungen –
das sonst Unvereinbare, ja, schlechthin Inkongruente,
zusammenprallt. Dem Lyrismus folgt die Zote, der
Parodie die Idylle, der närrischen Tollheit ein Ernst
ohnegleichen. Das Pathos wechselt mit kaustischem
Witz; unvorbereitet sieht sich die Emphase durch eine
satirische Volte, die Haupt- und Staatsaktion durch ein
Volkslied entlarvt; Couplets und Chansons unterbrechen die Handlung, die Abbreviatur dominiert, es gibt
weder Anfang noch Ende: man beginnt mit einem
Salto mortale und endet irgendwo mit einer apodikti-
schen Gnome: »im Namen der Republik« oder »so
lebte er hin«.

Kurzum: sind Büchners Bilder von der Identität der
Kontraste bestimmt, so gilt für seine Dramen das Gesetz der Diskontinuität. Nur keine vorgegebene, ungeprüft übernommene Einheit heißt, hier wie dort, die
Devise, es geht um mehr – um die Projektion des
glühenden, brausenden, leuchtenden Lebens auf das
Theater; nicht um eine idealistisch harmonisierte Ko-
pie, sondern um die Schöpfung einer Wirklichkeit, die
so widersprüchlich-verworren, bunt und kontrastreich
wie das Dasein selber ist. Deshalb der Jahrmarkt neben
dem Hof, das Hochdeutsche neben dem Bänkelgesang;
deshalb Biotisches, gepaart mit hohem Stil, deshalb
der Reigen, dessen Sequenzen niemals berechenbar
sind; deshalb, nicht anders als bei Dürrenmatt und
Brecht, auch die Verschwisterung von Tragischem und
Komischem: mitten im Lustspiel, welch ein schneiden-
der Grimm, wenn die gequälten und ausgebeuteten

Volks-Marionetten ihr Puppen-Dasein mit einem mechanischen Vi-vat, vi-vat illustrieren!

In Büchners Werk steht nichts für sich allein; jedes Bild verlangt nach einem Gegenbild; jede Szene nach Kontrast und Entsprechung. Alles ist anspielungsreich, voller Verweise und geheimer Zitate: man denke an Marie, über die Bibel gebeugt, oder an den Blutmessias Robespierre. Hinter der Wirklichkeit liegt jenes riesige Möglichkeits-Reich, dessen Arsenalen Büchner seine Synästhesien, Oxymora und surrealen Metaphern entnahm: »Deine Lippen haben Augen«, »Das Biegen seines Fußes tönte wie Donner unter ihm«; »Wird der Schall nie modern?«, »Meine Gedanken reden mit den Lippen der Steine«, »Hören Sie denn nicht die entsetzliche Stimme, die um den ganzen Horizont schreit und die man gewöhnlich die Stille heißt?« Diesen Visionen aber, den Lenz-, Danton- und Woyzeck-Ekstasen, die um 1830 schon die Sprache der *Vereinigungen*, des *Rönne* und des *Diebs* präokkupieren, entsprechen auf der anderen Seite das Pathos der Plebejer-Rhetorik und der Agitations-Jargon der Französischen Revolution (»Hure Justiz« und »Zitadelle der Vernunft«), entsprechen die Babeufsche oder Blanquische Sentenz und das Formel-Epigramm von arm und reich, von hoch und nieder, Hütte und Palast. Eine einzige blitzende Antithese: doch welche Fülle plastisch-präziser Variationen gewinnt Büchner dem abstrakten Gegensatz ab: »Des Bauern ... Schweiß ist das Salz auf dem Tische des Reichen« – und wie meisterlich beherrschte er, Deutschlands erster politischer Dichter von Rang, die Syntax der Agitation, das entlarvende Wortspiel, die Abbreviatur der Parole und die schlagende Sentenz. Sieht man von Brecht ab, so gibt es wahrscheinlich keinen anderen Dramatiker, der es derart verstand, das Allertrockenste, die Statistik und den ökonomischen Rapport, so raffiniert in einen poetischen Text einzubeziehen, daß das Rohmaterial nicht mehr als Fremdkörper wirkt, sondern – ein Kontrapunkt zu den Lyrismen – dem Ganzen eine eigentümliche Ausgewogenheit gibt. Büchner – das wurde von Viëtor bis zu Höllerer, Krapp und Baumann immer wieder gezeigt – hatte einen genialen Sinn für die Ergiebigkeit des Zitats und die Strahlkraft leicht veränderter, im fremden Kontext plötzlich auftauchender ›Geflügelter Worte‹. Er kannte die poetischen Valeurs eines Berichts und den geheimen Glanz des Dokuments; läßt sich Ergreifenderes denken als Woyzecks Stammrollen-Litanei: »Friedrich Johann Franz Woyzeck, Wehrmann, Füsilier im 2. Regiment, 2. Bataillon, 4. Kompagnie, geboren Maria Verkündigung, den 20. Juli. – Ich bin heut alt 30 Jahr, 7 Monat und 12 Tage«? Gerade die Verwendung von Reprisen, das Manipulieren mit den Quellen zeigt Büchners rhetorisches Raffinement so gut wie seinen lateinischen Sinn für die Form. Nicht ohne Grund benutzte er mit Vorliebe grammatikalische Termini, Hiat, Periode, Komma, Parenthese und Gedankenstrich als Element seiner Metaphern und operierte so gern mit den Mitteln der Verkürzung und Wiederholung: »Langsam, Woyzeck, langsam« und »immer zu, immer zu« – bemerkt man, wie die Doppelung (das zwiefache »konsequent«, »inkonsequent«!) der Sprache tragikomische Nuancen gibt, und erkennt

man, daß der gleiche experimentelle Elan den Mediziner wie den Grammatiker Büchner charakterisiert?
Wie weit war dieser Vierundzwanzigjährige der Zeit
voraus; wer dächte, analysiert er die Bilder Büchners,
nicht an die Lyrik von 1910! »Das Nichts hat sich er-
mordet, die Schöpfung ist seine Wunde, wir sind seine
Blutstropfen, die Welt ist das Grab, worin es fault« –
könnte das nicht eine Zeile aus der *Menschheitsdäm-
merung* sein? Und wer, wiederum, fühlte sich nicht an
die zu Anfang unseres Jahrhunderts entwickelte Methode erinnert: das Schreckliche kalt und exakt zu beschreiben, wenn er bei Büchner liest: »... und Lenz«
trat herein »mit vorwärts gebogenem Leib, niederwärts
hängendem Haupt, das Gesicht über und über und das
Kleid hier und da mit Asche bestreut, mit der rechten
Hand den linken Arm haltend«? Ist das nicht, damals
und jetzt, die gleiche Manier, auf alle Begründungen
des »weil« und »schließlich« zu verzichten und – Kafkasche Pedanterie – das Seltsamste als etwas ganz Alltägliches zu sehen? Und wem fielen bei der Lektüre
der Dialoge Büchners, jener verkürzten und zarten, von
Untiefen und Löchern erfüllten Gespräche, in denen
Frage und Antwort, Satz und Gegensatz nicht im Sinne
der Logik verknüpft sind (man spricht ja aneinander
vorbei, zu einem Dritten oder zu sich selbst) ... wem
fielen da nicht Schnitzlersche oder Wedekindsche Ge-
sprächsfetzen ein? Wer schließlich dächte – dem Ge-
stisch-Demonstrativen bei Büchner nachsinnend – nicht
zu guter Letzt an Brecht? Die Bilderfolge und die epi-
sche Sequenz; die Verfremdung von Szene zu Szene;
Simultaneität und Shakespearisieren, Dialekt-Spiel und

Imitation: ist der predigende Handwerksbursch im ›Woyzeck‹ nicht wahrhaftig das Urbild eines Brecht- schen Kopisten, ein Vorläufer des Feldpredigers oder des Mönchs?

Wie weit, nochmals, war dieser vierundzwanzigjährige Poet, Soziologe und Anatom der Zeit voraus! Seiner Zeit? Oder unserer Zeit? Ist es möglich, daß künftige Epochen, neue Praktiken entwickelnd, auch diese schon bei Büchner vorgeformt finden? Es könnte wohl sein.

»Ich sitze am Tage mit dem Skalpell und die Nacht mit den Büchern.« Als Büchner diese Zeilen niederschrieb, drei Monate vor seinem Tod, im November 1836, be- gann, wir wissen es heute, eine neue Epoche.

Ein deutscher Jude

Heinrich Heine

Die Geschichte der Juden in Deutschland, zwischen der Französischen Revolution und dem Beginn der nationalsozialistischen Herrschaft – das ist die Geschichte von Menschen, die, mit einer Inständigkeit ohne Beispiel, um ihre Eingemeindung in den deutschen Kulturbereich und die Aufnahme in die Körperschaft der *einen* Nation kämpften – und dafür, sehr selten, Sympathie und Verständnis, öfter kühle, von viel Selbstbewußtheit und ein bißchen Bonhommie zeugende Herablassung und am häufigsten Unverständnis und Befremden – zu schweigen von Haß, Hohn und Verachtung – empfingen.

Nicht daß den Werbenden, Bittenden, Flehenden nur Verstockte gegenübergestanden hätten: national gesinnte deutsche Männer, wie der junge Fichte, der sich mit der Verleihung des Bürgerrechts an Juden nur unter einer einzigen Bedingung einverstanden erklären mochte, daß man den Israeliten in einer Nacht alle Köpfe abschlüge und ihnen andere aufsetze, »in denen auch nicht eine jüdische Idee sei«.

Gewiß, es gab hier und dort martialische Äußerungen (Schleiermacher: »Juden, die sich nicht zum Christen-

133

tum bekennen, sind Franzosen, die nicht deutsch lernen wollen«); es gab verwegene Vorschläge – gelegentlich am Rande der Kuriosität, wie die Überlegungen des Freiherrn vom Stein, die Israeliten kurzweg nach Nordafrika zu transportieren; es gab, 1847 im preußischen Landtag artikuliert, Bismarcks Bekenntnis zu den Vorurteilen, die »die niederen Schichten des Volkes« gegenüber den Juden empfänden. Einen offenen und konsequenten, durch keine Gegen-Aussagen konterkarierten Antisemitismus aber hat es – nehmen wir den einen Richard Wagner aus – bis zur Reichsgründung nicht gegeben: wohl aber Demütigungen, Absagen, Rücknahmen von Versprochenem, unentwegtes Sichtaubstellen und jene perfide Vergeßlichkeit, die sich vor allem darin äußerte, daß man den Wartenden wieder und wieder abverlangte, was sie freiwillig längst zugestanden hatten – die »Euthanasie des Judentums« (Kant), die auf der Preisgabe der Zeremonial-Gesetze und des Glaubens an den kommenden, seinem Volk die nationale Identität zurückgebenden Messias beruhte.

Mit einer Konsequenz, die Methode hatte, wurden bürgerliche Rechte heute gewährt und morgen widerrufen, konnte ein Jude 1812 an einer deutschen Universität lehren, zumindest pro forma, was ihm gefiel, und sah sich fünfunddreißig Jahre später auf die Vermittlung bestimmter, vor allem naturwissenschaftlicher Fächer beschränkt – und selbst das nur mit Bedenken: Ein Blick aufs Hexeneinmaleins des Goetheschen ›Faust‹, wurde im preußischen Landtag erklärt, beweise mit gebotener Deutlichkeit, daß es zwar keine jüdische Mathematik, sehr wohl aber eine jüdische Interpretation des Einmaleins geben könne: »Aus Eins mach Zehn! Und Zwei laß geh'n. Und Drei mach gleich. *So bist du reich!*«

Nadelstiche, Verunglimpfungen, Zurückweisungen, wohin immer man blickt: »In keinem Land«, erklärte der Sprecher der deutschen Judenheit, Gabriel Riesser, 1831 in seiner Schrift ›Über die Stellung der Bekenner des mosaischen Glaubens in Deutschland. An die Deutschen aller Confessionen‹, »stehen die rechtlichen Verhältnisse der Juden mit dem politischen Zustande des Landes überhaupt, mit dem Stand der Bildung und der Ansichten der Bekenner der einen wie der anderen Confession in so grellem Widerspruch wie in Deutschland.«

Kein Wunder, bei solchem Tatbestand, daß die Behandlung der Juden gelegentlich den Charakter eines Katz-und-Maus-Spiels annahm, wo die Regierenden eben das konzedierten, was die Juden selbst um keinen Preis wollten – die nationale Identität. »Das Vaterland der Juden ist Deutschland, nicht Zion«: Dieser Riessersche Satz hatte, beginnend mit dem Tag, da Moses Mendelssohn eine eigene jüdische Gesetzgebung abgelehnt und damit der Herrschaft des Rabbinats Valet gesagt hatte, den Charakter einer unantastbaren Maxime – und dies bis zu den Anfängen des Zionismus.

Was dabei preisgegeben wurde – preisgegeben im Zeichen einer Maxime, die den Juden das Wort *Deutschland* ständig größer und das Wort *Zion* ständig kleiner werden ließ, liegt auf der Hand: Verloren, daran kann kein Zweifel sein, ging das Identitätsbewußtsein einer Gemeinschaft, die ihrem Mendelssohnschen Auftrag,

Juden in Deutschland zu werden, zugunsten des Bekenntnisses »Wir sind Deutsche jüdischer Herkunft« entsagte – und doch keine andere Wahl hatte, als so zu handeln.

Ohne Assimilation keine Befreiung aus dem jüdischen Mittelalter; ohne die Anlehnung an ein Volk, das eben zu jener Stunde, da die Getto-Mauern fielen, auf dem Höhepunkt seiner Kultur stand, kein Ende jener Zwingherrschaft des Gesetzes, dessen Bannkraft – Martin Buber hat wieder und wieder darauf verwiesen – die Juden im Innern nicht minder niederdrückte als die gesellschaftliche Diskreditierung von außen. Das heißt, wenn heute – vor allem, aber nicht nur, in Israel – jene Selbstaufgabe des deutschen Judentums kritisiert wird, die sich in Rathenaus ›Zukunft‹-Pamphlet exemplarisch auf den Begriff gebracht sieht, dann ist zu fragen, ob es für Mendelssohns Erben denn, in irgendeinem Augenblick, überhaupt die Möglichkeit gab, jenen Weg zu verlassen, der – freilich im Zeichen einer unwiederholbaren Sternstunde, mit einem Moses hüben und einem Lessing und einem Dohm drüben, die Juden aus dem Getto herausgeführt hätte – herausgeführt im Zeichen der Nathanschen Reflexion »So ganz Stockjude sein zu wollen, geht schon nicht, und ganz und gar nicht Jude geht noch minder« ... wobei es unverkennbar ist, daß, im Verlauf der Entwicklung, immer mehr Juden den ersten Teil des Satzes zu ihrem Glaubensbekenntnis machten und immer weniger sich zur Pointe der Lessingschen Überlegung bekannten, die da besagte: So schlecht die Rolle des orthodoxen Juden auch sein mag – sie ist auf jeden Fall würdiger als die – unannehmbare! – Position des Renegaten, der mit seiner Herkunft auch sich selber verleugnet.

Wie aber, lautet die Zentralfrage, konnte es einem Menschen gelingen, erstens Deutscher *und* Jude zu sein, zweitens beide Elemente – ich benutze eine Formulierung von Franz Rosenzweig – nicht »lasch« zu nehmen und drittens dieses »und« in jedem Moment zu reflektieren? Nun, *einmal* zumindest ist diese große Synthese zwischen Deutschtum und Judentum als die – freilich ständig bedroht – Summe zweier Identitäten gelungen: bei Heinrich Heine. Da schrieb ein Jude deutsche Verse mit einer Virtuosität und Eleganz – einem Raffinement, das im gleichen Augenblick als nahezu unbegreiflich erscheint, wenn man bedenkt, mit welcher Mühe Moses Mendelssohn, ein halbes Jahrhundert zuvor, seine pedantisch-korrekte Pentateuch-Übersetzung schuf, unter Vermeidung jeglichen Risikos, artig und redlich, dem Jiddischen abgerungenes Lern-Deutsch. Und dagegen nun Heine: mit einer Sprache, die klingt, als hätten, statt der radebrechenden Anverwandten, Generationen von weltgewandten Causeurs um seine Wiege gestanden.

Und dieser gleiche Heinrich Christian Heine, wie er nach der Taufe hieß, blieb dem Jüdischen so sehr verhaftet, daß man aus seinen Werken eine ganze israelitische Kulturgeschichte herausdestillieren könnte: Was ein Jude ißt und trinkt, wie er den Freitagabend verbringt, wie's in der Synagoge zugeht, wie einer sich kleidet und wie er betet – nachzulesen bei Heine! ›Der Rabbi von Bacherach‹: ein Cicerone, mit dessen Hilfe sich ein jüdischer Gottesdienst nicht minder exakt verfolgen läßt als eine katholische Messe dank der Unterstützung des Schott!

Eine jüdische Welt in nuce, diese bei Campe verlegten Heineschen opera omnia, die da strotzen von Schabbesdeckeln und Synagogendienern, von Knoblauch und Meerrettich: Mit Ausnahme der Fontaneschen Oderkrebse und des Thomas Mannschen Plettenpuddings gibt es in der deutschen Literatur keine Speise, die – und das gleich dreimal – so plastisch wie das koschere Ambrosia, der Schalet: »die Suppe mit schwärmerisch schwimmenden Klößchen«, beschrieben worden ist.

Und dann das große »Who is who« der Judenheit, wie es sich in Gedicht, Brief und Essay präsentiert: Moses neben Shylock, Spinoza neben Jehuda ben Halevy, Nathan der Reiche aus dem Haus Rothschild Seit an Seite mit dem bettelarmen, aber quietschvergnügten Moses Lump aus dem Bäckerbreitengang zu Hamburg, der am Freitag seinen Fisch in weißer Knoblauchsauce ißt, dem König David Lieder singt und sich von Herzen darüber freut, daß Nebukadnezar tot ist, während Lümpchen noch lebt.

Wo ist ein zweiter deutscher Schriftsteller – ich sehe ihn nicht –, der wie Heine ein Compendium totius mundi Iudaeorum verfaßt hätte – vom polnischen Kaftanjuden zum »mächtigsten Baron der Christenheit«, von den venezianischen Elends-Gestalten mit ihren »blassen, leidenden Judengesichtern« bis zu James, dem Shylock von Paris aus dem Hause der Rothschild, von den bärtigen Betern im Tempel Jehovas bis zu den Emanzipierten aus dem »Verein für Cultur und Wissenschaft der Juden« zu Berlin, ohne deren Mithilfe Heine es nicht gewagt haben würde, seine Judaica, samt allen maurischen und spanischen Exkursionen, in Angriff zu nehmen: Moses Moser und Leopold Zunz schauen nicht nur dem Autor des ›Rabbi von Bacherach‹, einer jüdischen Moritat hundert Jahre vor Kafka und Roth, über die Schulter.

Harry alias Heinrich Christian Heine: Das ist ein deutscher Dichter, der sich dort, wo es um die Darstellung des Allerheiligsten, des Geistes der Poesie nämlich, geht, mit einem jüdischen Poeten identifiziert, Jehuda ben Halevy, den er »seines Volkes Licht und Leuchte« nennt, wobei im gleichen Atemzug von »wir« und »uns« gesprochen wird: als sei hier einer legitimiert – einer, der, wie Jehuda, ebenfalls in der »Wüste des Exils« lebte –, in deutscher Sprache stellvertretend für ein Volk zu reden, das, so glaubte er, in seiner Existenz von niemandem so sehr wie von Deutschland bedroht sei – jener Heimat, die den Warner um den Schlaf gebracht hat – und das zu Recht: »Zu einer Zeit«, heißt es in der Nachlese zur ›Stadt Lucca‹, der prophetischsten Passage des Heineschen Werks, »wo es keine Nation mehr gibt in Europa ... und wo diese große Wahrheit nirgends tiefer verstanden wird als in Deutschland, in dem Lande, das die Humanität am ersten und tiefsten gefühlt hat, just da entstand eine schwarze Sekte, die von Deutschland, Volkstum und Ureichelfraßtum die närrischsten Träume ausheckte und durch noch närrischere Mittel auszuführen gedachte. Sie waren nicht unwissend ... sie waren gründlich, kritisch, historisch – sie konnten genau den Abstammungsgrad bestimmen, der dazu gehörte, um bei der neuen Ordnung der Dinge nicht aus dem Weg geräumt zu werden; nur waren sie sich nicht einig über die Hinrichtungsmethode ...«

Das ist die Kassandra-Vision eines Schriftstellers, dessen Hellsicht auf der Fähigkeit beruhte, das Deutsche gegen das Jüdische, das Jüdische gegen das Deutsche zu stellen, die Vergangenheit, deren mächtigen Schatten Heine, dieser große Bibel-Leser, um so unmittelbarer erkannte, je älter er wurde, gegen den Tag und die Stunde. Da wurde eins durchs andere erhellt, ergaben sich Widersprüche, aber – mehr noch! – geheime Parallelitäten – der unselige Shylock kehrte wieder im unseligeren Rothschild, und das Zeitalter der Ritualmorde erlebte, 1840, in Damaskus seine Renaissance: »Während wir in Europa die Märchen des Mittelalters als poetischen Stoff bearbeiten ... während bei uns nur noch in Gedichten und Romanen ... von jenen Juden die Rede ist, die zu ihrem Satansdienst das Blut frommer Christenkinder nötig haben, während wir lachen und vergessen, fängt man im Morgenlande an ... sich des ältesten Aberglaubens zu erinnern.«

›Lutetia‹, Kapitel 6 folgende: In erbitterter Auseinandersetzung mit der geschichtevergessenden jüdischen Bourgeoisie, den assimilierten Reichen von der rive droite und rive gauche, evoziert Heine, in einem der für ihn so charakteristischen Akte jäher Epiphanie, das Vergangene als gegenwärtig und, zumindest in verdeckter Rede, auch als zukünftig: Was jetzt im Orient geschieht, so der Neben-Sinn der Berichte über das Damaszener Pogrom, kann sich, mit anderer Motivation, auch in jenen aufgeklärten Ländern ereignen, wo der religiös begründete Juden-Haß, Heine (und mit ihm Marx) zufolge, dabei war, sich unter sozialen und ökonomischen Aspekten neu zu legitimieren.

So betrachtet gibt es in Heines Werk eine Fülle von Sätzen, die sich wie Kassiber ausnehmen: Warnungen eines leidenserfahrenen und in der Geschichte seines Volkes bewanderten Mannes, der sich, ein jüdischer Onkel Tom mit der Bibel, nicht genug tun kann, auf die besondere – die prophetische! – Erkenntnis-Fähigkeit des Angehörigen eines gebeutelten Volks zu verweisen: »Wie kann ich aus meiner Haut heraus, die aus Palästina stammt, und welche von den Christen gegerbt wird seit achtzehnhundert Jahren?«

Erinnerung und Prophetie, Anamnesis und Weissagung, Evokation legendärer Figuren, mythenumwobener Orte, sagenträchtiger Zeitläufe und Beschwörung kommenden Unheils – »jüdische Hälse«, die »abgeschnitten werden«: nur eine Warnungs-Floskel von vielen – gehören für Heine untrennbar zusammen; und die sich aus solchem Wechsel-, Erhellungs- und Ergänzungsspiel ergebende Rede, die, scheinbar von Einverständnis und Geläufigkeit zeugend, in Wahrheit nicht dem kleinen »jetzt«, sondern dem großen »nicht mehr« und »noch nicht« verpflichtet war ... diese besondere Heinesche Rede ist es gewesen, die ihren Autor mitsamt der Fülle der von ihm in die Welt gesetzten Paradoxien – getauft und nun erst recht ein Jude! – bei denen, die sich in der Wirklichkeit, wie sie war, eingerichtet hatten (oder einzurichten begannen), den Deutschen und den Juden, so suspekt gemacht hat. Hier war einer am Werk, ein Poet aus Düsseldorf, der mit Jehuda ben Halevy vertraulicher als mit Goethe umging ...

hier schrieb einer, der die Spannung aushielt, Deutscher *und* Jude zu sein, und dem deshalb die liberale jüdische Intelligenz in gleicher Weise wie die deutschen Poeten mißtraute. (»Er ist ein Dichter ganz und gar«, sagte Mörike über Heine, »aber nit eine Viertel Stund' könnt' ich mit ihm leben wegen der Lüge seines Wesens.« Dazu Kafka, der die Stelle zitiert: »Den Talmud-Kommentar her!« Ein Jude, Heine, als Textgeber, ein evangelischer Pfarrer als Interpret, ein Jude als Exeget des Interpreten: Gibt es am Ende doch eine deutsch-jüdische Symbiose?) Nun, was Heine betrifft, so handelt es sich bei ihm um einen Hebräer, der den Satz formulierte: »Meine Brust ist ein Archiv deutschen Gefühls«, und der sich, sehr konsequent, um der Erhaltung dieser Janusgesichtigkeit willen weigerte, jemals den Eid auf die eine oder andere Fahne zu leisten: unmöglich, die obsolete jüdische Nationalität durch eine modernere – deutsche – Form zu ersetzen.

Ein Mann zwischen den Fronten, der Gegensätze brauchte, um seine Phantasie zu entbinden: mal deutscher Romantiker – »ich bin ein deutscher Dichter« –, mal Hebräer alten Schlags: bewegend, das Kondolenzschreiben an Betty Rothschild vom Winter 1855, das – die Mouche, der Heine den Brief diktierte, urteilt recht – ein *ebenso großartiges wie ergreifendes Bild jüdischer Trauer* enthält. Die Beileidsbekundung zeigt an: hier spricht ein Jude zur Jüdin. (»... wahrlich«, schreibt Heine, »nichts ist mir mehr zuwider wie jene üblichen Kondolenzen, jene grausame barbarische Sitte, wo es dem ersten besten erlaubt ist, zu jeder beliebigen Stunde den Verband von unseren Wunden abzureißen und unsern

Schmerz durch nichtssagende Redensarten aufzusta-
cheln. Solches tröstlich wimmernde lauwarme Trostge-
schwätze ist mir weit fataler als das laute Geheul der
heidnischen Totenklage, und ich sehe hier, wie echt
menschlich, wie gefühlvoll zartsinnig dagegen der
fromme Gebrauch der alten Juden ist, die sich schwei-
gend zu dem Leidtragenden niedersetzen und nach
einer Weile, ebenfalls ohne ein Wort zu sagen, wieder
fortgehen!«)
Jüdisches Ritual, eingegangen in Fleisch und Blut, Vers
und Prosa eines Dichters aus Deutschland, alttestamen-
tarische Rede – die Bibel-Evokation aus Helgoland! –,
geschrieben in einer hymnischen Prosa, wie sie nur
noch Hölderlin zu formulieren verstand: Maßte sich
hier jemand an, fragte die Partei der Reformjuden in
Deutschland, Gabriel Riesser voran, in Israels Namen
zu reden – und das keineswegs immer so feierlich wie
auf Helgoland und in Paris, zur Zeit der Neubegeg-
nung mit dem Alten Testament, sondern zumeist eher
frech, mokant, aggressiv, ein bißchen schnoddrig, ein
bißchen frivol … um derart jene Aufmerksamkeit
christlicher Kreise auf sich, und damit indirekt aufs Judentum, zu ziehen, die, nach Ansicht der Reformjuden, eher der Gemeinschaft ehrenwerter Glaubensge-
nossen als der Rednergabe und dem glänzenden Witz
eines einzelnen zukommen sollte?
Heinrich Christian Heine, der, so Riesser, nichts ver-
träte als sich selbst, sein Talent und seinen Egoismus –
ein legitimierter Sprecher der Judenheit? O nein! Im
Gegenteil! »Ich bin überzeugt«, verkündet Riesser,
»daß Heine ein ganz anderer geworden wäre …, wenn

sein Gemüthsleben in irgendeinem Zusammenhang mit den Richtungen und Bestrebungen der Juden stände«, und daß er »in jene Fehler, welche eine gedankenlose Bosheit dem Juden zuschreiben will, nie und nimmer verfallen wäre; wie denn in der That keiner, in dessen Empfindungen ein jüdisches Element lebt, darin verfallen ist. Ihm aber war das Judenthum nur insofern etwas, als daß es manchen Witz zutage fördern konnte, zu dem einem anderen der Stoff gefehlt haben würde: das war von jeher alle Beziehung, die zwischen ihm und dem Judenthume stattfand.«

Nun, gerecht war sie nicht, jene communis opinio der Juden, die ihre Sache durch Heines »Frivolitäten« bedroht sahen: Erst nach seinem Tod, aus dem Abstand heraus, wurde das spezifisch Jüdische des deutschen Poeten erkennbar: sein Juden-Sinn für die Geschichtlichkeit des Augenblicks – ein Sinn, der Jahre in Jahrzehnte verwandelt (»Bedenken Sie«, schreibt Kafka an Milena, »welche 38jährige Reise hinter mir liegt und da ich Jude bin, eine noch viel längere«: ein Satz, der auch für Heine gilt!), dazu das Verwurzeltsein in älteren, von den Assimilierten preisgegebenen Traditionen; dazu seine Fähigkeit, das Hier und Heute mit biblischen Archetypen zu konfrontieren; dazu sein Spinozismus, der – dies hat Hermann Cohen in seinem glanzvollen Essay ›Heinrich Heine und das Judentum‹ schon 1867 nachgewiesen – den jüdischen Monotheismus nicht revoziert, sondern gut hegelsch aufhebt. (Cohen: »Der Gott des Alls wird Gott, das All.«)

Ein Mann zwischen den Fronten – im jüdischen Lager noch leidenschaftlicher als im christlichen attackiert (seiner Pikanterien wegen vor allem, die selbst Heiligstes nicht verschonten: »Liebster! Rauchen ist verboten, weil es heute Sabbat ist.«). Aber Heine, leiderfahren wie er war und stolz darauf, von Ahnen abzustammen, die nicht zu den Jagenden, sondern den Gejagten gehörten, ließ die Frage kalt, für wen er denn nun eigentlich spräche, für sich oder sein Volk (und wenn ja, welches?). Er fühlte sich wohl zwischen den Nationen und Religionen – so pudelwohl, daß er am liebsten auch die von ihm am meisten Verehrten an seiner Seite hätte Platz nehmen lassen: Wär's nach ihm gegangen, dann hätte jedenfalls Shakespeare, der große Spiritualist aus Moses' weit geöffnetem Palast, ein halber Jude sein müssen.

Welche Gegensätze! Heine, ein kranker Emigrant aus Deutschland, gedenkt in der Matratzengruft der »gewaltigen unbeugsamen Männer«, der »Ahnen aus dem edlen Hause Israels«.

Und zu gleicher Zeit: *Welche kühnen Synthesen!* Mit Hilfe seines »Ostwestspleens«, wie's in den ›Hebräischen Melodien‹ heißt, gelingt es einem Poeten in der Form des Verweises und der spielerischen Annäherung, deutsch-jüdische Kongruenzen zu schaffen, zu deren Widerlegung in der Folgezeit ganze Generationen von Schriftstellern angetreten sind – bis zum heutigen Tag: nein, so märchenhaft wie bei Heine dürften Antithesen nicht als überwindbar dargestellt werden.

Und in der Tat, die Wirklichkeit sprach gegen den Traum eines Dichters, der das deutsche Waldlied und den Legenden-Ton der Haggada in einem Atemzug nannte. Heine – bestätigt in den schlimmsten seiner

Warnungen – mußte folgenlos bleiben. Ein einziges Mal gelang es einem Schriftsteller, älteste jüdische *National-erfahrungen* (ein Heine-Begriff!) auf deutsch erblühen zu lassen: einem Poeten, der das Deutsche brauchte, wie der Fisch das Wasser braucht – «zum Stockfisch müßte ich vertrocknen, wenn ich aus dem Wasser des Deutschtümlichen herausspränge» – und für den ebenso gilt, was er von Spinoza gesagt hat: »Der Geist der hebräischen Propheten ruhte ... noch auf ihrem späten Enkel.«

Natur und Kunst

Richard Wagner und
›Die Meistersinger von Nürnberg‹

»Verhüt' es Gott, was ich begehr',
daß das nicht nach den Gesetzen wär'.«
›Das ist kein Satz des Stadtschreibers und Humanisten
Sixtus Beckmesser, der in Wirklichkeit wahrscheinlich
Sixt Beck geheißen hat und sich zur Zunft der Messerer
zählte. [1] Es ist vielmehr ein Diktum jenes Wagnerschen
Hans Sachs, dessen historisches Vorbild zu Nürnberg
sechs Jahre lang, von 1555 bis 1561, das Amt des Merkers versah.
Sachs, das Idealbild eines auf Einhaltung von Reglement und Gesetz bedachten Merkers: Kein Zweifel,
daß Wagner seinen Protagonisten als Meister unter den
Meistern verstanden hat – einen Meister freilich, der
dem *ingenium* den gleichen Rang wie dem *iudicium* gab,
Talent und Urteilskraft auf eine Ebene stellte und es
der Naturbegabung anheimstellte, den Gesang nach
eigenen Regeln zu disponieren: vorausgesetzt, daß diese
Regeln intellektuell begründbar und durchsichtig seien.
In seinen beiden merkerlichen Lehrgesprächen, im
zweiten Akt mit Beckmesser, im dritten mit Stolzing,
weist Sachs einerseits den Versifikator in seine Schranken, der über *ars* verfügt und von *natura* stiefmütterlich

behandelt worden ist, und macht andererseits dem Poeten Mut, das, was Einfall, Gabe und Spontaneität war, unter dem Aspekt der Kunstfertigkeit in kontrollierbare Leistung zu verwandeln. Während Beckmesser weder als Regelfuchs noch als *poeta insanus* auf der Festwiese zu einer Versöhnung von Kunst und Genie beitragen kann, weil er hier zu pedantisch, dort, und dies macht seine Größe und Tragik aus, zu chaotisch, wirr-besessen und blind ist ... während Beckmesser, wegen seiner Ambivalenz zweifellos die interessanteste Figur der ›Meistersinger‹, im Gemerk zuwenig Genie und auf der Festwiese zuwenig Kunst beweist, gelingt es Stolzing, *ars* und *natura* deshalb miteinander zu verschwistern, weil er, das vermeintliche Originalgenie, in Wahrheit ein prädestinierter Meister ist: Sein Lied in der Katharinenkirche ist sogar schulgerechter als der Festwiesengesang mit der kühnen Improvisation des in Sachsens Stube Erarbeiteten – nur, daß Stolzing, regelkundig, wie er nunmehr ist, das zweite Mal weiß, daß er kraft gewonnener Kunst-Autorität die Vorschriften getrost einmal verändern darf, während er das erste Mal, im selbst gesetzten Rahmen richtig singend, dieses Richtige nur unbewußt trifft – eine *neue*, aber *nicht verwirrte* Weise anstimmend. (Wohingegen Beckmesser am Ende ein neues *und* verwirrtes Lied singt und damit, ins Verwegene ausbrechend, meisterliche Pedanterie nachdrücklicher verhöhnt als Ritter Stolzing im Gemerk.) Unter diesen Aspekten erweisen sich Richard Wagners ›Meistersinger von Nürnberg‹ als ein Traktat in drei Akten über das Verhältnis von Natur und Kunst, Genie und Technik, Begeisterung und handwerkliche

Nüchternheit beim Schaffensprozeß – ein Traktat, der vor dem Horizont jahrhundertelanger, zum ersten Mal von Platon thematisierter Erörterung der Frage gesehen sein will, welche Art von Mitgift ein Künstler benötige, um höherer Weihen teilhaftig zu werden.

Allein der *Enthusiasmus*, so Platon im ›Phaidros‹, die heilige Begeisterung, der Wahnsinn des Entzückten und von oben her Inspirierten sei es, dem die Dichtung ihre Würde verdanke. »Wenn aber einer ohne diesen Musenwahnsinn zu den Pforten der Dichtkunst kommt, in der Überzeugung, er könne auch wohl durch Kunst ein guter Dichter werden, der wird teils selber als ein Ungeweihter erachtet, teils wird seine Dichtung als die des Besonnenen von der des Wahnsinnigen verdunkelt.«[2]

Der Künstler als Genius, dessen Größe nicht Handwerksfähigkeit, sondern Inspiration verbürge: Diese von Platon – übrigens nicht ohne ironischen Nebensinn – formulierte These (»Ich verstehe das nicht«, sagt Sokrates[3]), im Mittelalter immer dort wieder auftauchend, wo es galt, die göttliche Herkunft der Poesie zu legitimieren (der *furor poeticus* verweist auf himmlische Eingebung[4]) ... diese These erfuhr im Zeichen jenes bürgerlichen Genie-Kults ihre Renaissance, der, mit Schiller, den »unsterblichen und unverlierbaren Geist« der Poesie mit der Natur als der »einzigen Flamme, an der sich der Dichtergeist nähret«, identifiziert.[5]

Poesie als gottgegebenes Tun: Unter dieser Firmierung wurde in Deutschland am Ende des achtzehnten Jahrhunderts die Frage der Römer, ob der Dichter geboren werde oder heranreife *(utrum poeta nascitur an fiat)*, zugunsten jenes Genies entschieden, das, naturwüchsig, nicht unter das Diktat des Lehr- und Lernbaren zu bringen sei – womit der Künstler als gottgleicher Schöpfer zum Gegenbild des »mit Pumpen und Röhren« arbeitenden Schriftstellers à la Lessing, des *poeta doctus* so gut wie des politisierenden Literaten, avancierte und jener der europäischen Poetik inhärente Aspekt des »Könnens« und »Machens« aus dem Blick geriet, dem es zu verdanken war, daß die Beschwörung des Genies durch die gleichzeitige Rangerhebung des *kunstverständigen* Talents konterkariert wurde.

»Ob Natur, ob Kunst ruhmwürdige Lieder gebäre,
Fragt sich mancher: mich dünkt, nicht Fleiß
    ohn göttlichen Funken,
Auch nicht das rohe Talent vollbringt's.
    Das eine Vermögen
Fordert das andere heraus und verlangt
    freundwilligen Beistand.«

Diese Sentenz aus der *ars poetica* des Horaz[6] war von der Antike bis zum Zeitalter des Sturm und Drang Gemeingut aller Poetiken, denen es um den Ausgleich von *natura* und *ars* im Bereich der Dichtkunst zu tun war. Eins nicht ohne das andere, Kunst nicht ohne Natur, Natur nicht ohne Kunst: »So gut und fett ein Feld sein mag«, schreibt der Nürnberger Meister Georg Philipp Harsdörffer in seinem ›Poetischen Trichter‹, »so muß es doch bepflüget und besäumet werden, wann es nicht veröden, sondern gute Früchte bringen soll«[7] – will heißen, daß die üppigste Begabung wertlos bleibt ohne kunstgemäße Pflege, so wie, auf der anderen Seite, »die Kunst sonder Behuf der Natur ohnmächtig ist und so

150

wenig ausrichten kann als ein Ackermann sonder Samen und Feld«.[8]

Kein Zweifel, da spricht im siebzehnten Jahrhundert ein fränkischer Sprach- und Kunstmeister in der Weise des Wagnerschen Sachs und zieht zugleich, in weisem Ausgleich, die Quintessenz von Überlegungen, die in weiterem und übertragenem Sinn als »meistersängerlich« gelten können: Natur, lautet, zwei Jahrtausende lang unangefochten in Geltung, der salomonische Spruch, ist die *conditio sine qua non* jeder Kunst – »Auf einem unfruchtbaren Boden«, schreibt Quintilian[9], »kann auch der beste Bauer nichts ernten« –, aber das Naturtalent allein genügt nicht: Unterweisung, die zur Regelkenntnis und der Fähigkeit führt, Eigenes dem Erlernten abzugewinnen und Konventionen produktiv zu machen ... Unterweisung, stufenweises Aneignen des Überkommenen, spielerisch-nachahmende Beherrschung der Tradition und freiwillige Selbstbeschränkung in der Anwendung erlernter Techniken müssen hinzukommen, ehe einer Meister wird und sich in die Lage versetzt sieht, Erfolg nicht durch den Zufallstreffer eines jungen Genies, sondern durch die Erfahrung des geschulten und damit der kunstreichen Abweichung von der Norm fähigen Meisters zu erzielen.

Genie und Handwerkskunst, gleichwertig einander bedingend, friedlich vereint: »Was die Natur anfänget«, schreibt Nürnbergs Harsdörffer, »das kann die Kunst vollenden und zu Nutze bringen.«[10] Ein Meister-Satz, der als Motto Richard Wagners Oper voranstehen könnte: *hommage à Nuremberg* und zugleich dezidiertes Bekenntnis zu einer Poetologie, die, gleich weit

151

entfernt von Genie-Kult und Schulfuchserei, Kunst als Miteinander von Talent und Technik *(techne* in der Bedeutung von *ars)* versteht, wobei, da Talent die keiner Diskussion bedürftige Voraussetzung aller Kunsttätigkeit ist, der Hauptakzent auf der Analyse des handwerklichen Ausbildungsgangs liegt. Das alles ganz nach Wagners Sinn! Denn so gern der Meister im nachhinein von plötzlichen Eingebungen, jäher Erkenntnis und überwältigender Epiphanie zu reden liebte (dabei von Cosima nach Kräften unterstützt) – die Wirklichkeit sah anders aus: Da sichtete ein später Meistersinger, der gleiche Wagner, der in München eine Musikschule einrichten wollte, vielfältige Vorlagen, exzerpierte, schrieb ab, betrieb die hohe Kunst der Kompilation, verwob alt in neu, änderte die Konzeption von Jahrzehnt zu Jahrzehnt, amüsierte sich 1835 bei der Lektüre von Gervinus' ›Geschichte der deutschen Nationalliteratur‹ über die Figur des Merkers und betätigte sich zweiunddreißig Jahre später, mit der Endfassung der Oper beschäftigt, selbst als ein solcher: Richard Wagner im Gemerk, den Originalgenies und den Regel-Pedanten mit Hilfe seines *alter ego* Sachs den Marsch blasend. (Seines *alter ego*, jawohl: Es war kein Zufall, daß der Meister Briefe mit Hans Sachs unterzeichnete – und ein Zufall auch nicht, daß der Eingangschoral von Johannes aus auf einen anderen und Größeren verweist, der nach ihm kommen wird: Wie Christus dem Täufer am Jordan, so folgt Wagner dem Täufer von der Pegnitz. Beide, der biblische Johannes und der nürnbergische Sachs, sind Täufer, die sich auf »Vorläufer« reimen.)

Begonnen 1835, die ›Meistersinger‹, beendet 1867; im

ersten Entwurf skizziert 1845, zur Uraufführung gebracht 1865 – in der Tat, der Ausruf der in der Sing-
schule versammelten Kenner, »Hei wie sich der Ritter
da quält!«, gilt nicht nur für Stolzing, sondern, variiert,
auch für Wagner, und das aus begreiflichem Grund:
Kam es für ihn doch darauf an, das alte horazische oder
harsdörffersche Axiom, daß Natur und Handwerkskunst einander geschwisterlich verbunden seien, zwie-
fach unter Beweis zu stellen: auf der *Wort*ebene durch
den Doppeltriumph des volkstümlichen Artisten Hans
Sachs über den Junker, der glaubt, »im Wald dort auf
der Vogelweid« das Singen erlernt zu haben, und über
den Merker, der, sobald es ans Eigene geht, mit seiner
Stahlharfe nicht zurechtkommt; auf der *musikalischen*
Ebene durch eine Tonsprache, in der sich, wie in Stolzings erstem Lied, das Raffiniert-Kunstreiche als naturwüchsig ausgibt und das beinahe reißbrettartig Auskalkulierte – man denke an die Punkt-für-Punkt-Umkehr
des ersten im zweiten Akt! – den Charakter vermeintli-
cher Frische gewinnt. Was Schiller mit dem Begriff
»Natur, die zu suchen ist« meint, neu gewonnene Ursprünglichkeit, die *nicht mehr*, wohl aber *wieder* volks-
tümlich ist – dies zu inthronisieren und mit einem
Höchstmaß von Artistik der Spontaneität und Improvisation zum Recht zu verhelfen, war die – von Wagner
erreichte – eigentliche Intention der ›Meistersinger‹.
Kunst als Wegbereiterin einer zweiten Natur und neu-
en Naivität einzusetzen – darum war es dem Meister zu
tun: deshalb das Doppelspiel mit dem Reglement, das
er zugleich verwirft und in Kraft setzt, attackiert und
auf höherer Ebene bestätigt, um derart eine Kantsche

Kunstanweisung zu befolgen, die, enthalten in der ›Kritik der Urteilskraft‹, wie eine vorweggenommene Analyse der von Wagner in den ›Meistersingern‹ gehandhabten Technik anmutet: »Also muß die Zweckmäßigkeit der Produkte der schönen Kunst, ob sie zwar absichtlich ist, doch nicht absichtlich scheinen; d. i. schöne Kunst muß als Natur *anzusehen* sein, ob man sich ihrer zwar als Kunst bewußt ist. Als Natur aber erscheint ein Produkt der Kunst dadurch, daß zwar alle *Pünktlichkeit* in der Übereinkunft mit Regeln, nach denen allein das Opus das werden kann, was es sein soll, angetroffen wird; aber ohne Peinlichkeit, ohne daß die Schulform durchblickt, d. i. ohne eine Spur zu zeigen, daß die Regel dem Künstler vor Augen geschwebt und seinen Gemütskräften Fesseln angelegt habe.«[11]

In der Tat, das klingt, als ob Wagner seinem Hanslich alias Beckmesser alias Dr. Eduard Hanslick und Hans Sachs dem Junker Stolzing ein Privatissimum über das Trugspiel einer Kunst hielte, die für Natur angesehen sein möchte. (»Wie fang ich nach der Regel an?« fragt der Junker. »Ihr stellt sie selbst und folgt ihr dann«, antwortet Sachs: grad so, als hätte er Immanuel Kants Ästhetik studiert und zitiere den Satz: »Genie ist das Talent, welches der Kunst die Regeln gibt.«)

Zeigt sich bereits in solchen Meditationen über das Wechselverhältnis von Kunst und Natur und die mögliche Synthese beider Elemente die ungebrochene Kraft einer jahrtausendelang gültigen, um- und umgewendeten Rhetorik-Überlieferung[12], so wird diese nachwirkende Tradition erst recht sichtbar, wenn man bedenkt, daß sich Erfolg oder Mißerfolg der Akteure in den ›Meistersingern‹ danach bemißt, ob sie jenes rhetorische Zentral-Gebot des »Angemessenen« (prepon, aptum) erfüllen, das für bestimmte Situationen ganz bestimmte Worte und für die Erweckung bestimmter Affekte einen ganz bestimmten Tonfall verlangt.

Rhetorischer Schulunterricht, erteilt von Hans Sachs! »Eu'r Lied«, belehrt Stolzing,

>   »das hat ihnen bang gemacht;
>
> und das mit Recht; denn wohlbedacht,
>
> mit solchem Dicht- und Liebesfeuer
>
> verführt man wohl Töchter zum Abenteuer; –
>
> doch für liebseligen Ehestand
>
> man andre Worte und Weisen fand. «

Das heißt: »Einer, der heiraten möchte, gebe sich nicht als kraftstrotzendes, der Konvention und dem Maß abholdes Genie und verfalle damit, unangemessen: weil nicht situationsbezogen handelnd, in den gleichen Fehler wie Beckmesser, der ein Liebesständchen mit einer Kunstdarbietung im Kreis von Handwerksmeistern verwechselt. *Beide*, Beckmesser und Stolzing, »versingen« also, weil sie gegen die Rhetoren-Regel verstoßen, die da besagt, daß ohne eine Berücksichtigung der Umstände – Wer ist der Adressat? Wessen Affekte sollen wie beeinflußt werden? – selbst die schönste Rede vergebens ist. Ein Mädchen wie Eva ist nun einmal nicht durch die Schreibpapier- und Schwarztintenweise, eine Versammlung von ausgepichten Regelkennern nicht durch ein Sturmlied zu gewinnen, das eher nach dem jungen Goethe als nach Walther von der Vogelweide, geschweige denn nach Hans Folz klingt. Um ans Ziel zu kommen, hat Stolzing in Sachsens Schule zu lernen, daß der Gesang, dessen Regeln undurchsichtig bleiben, nicht nur wider den Geist der Kunst als einer zweiten Natur, sondern auch wider die Ordnung der Welt ist: Wer sich, das zeigt Stolzings Verhalten, dem Kanon der Kunst widersetzt, widersetzt sich auch dem Kanon bürgerlicher Moral-Gesetzgebung[13] und handelt derart in doppelter Weise unangemessen, da er der Spontaneität des Augenblicks und rascher Eingebung, mit kühnem Lied und schnellem Griff zum Schwert, mehr als jenem Reglement vertraut, das künstlerische Konvention und bürgerliche Sozialität: Verläßlichkeit im Artistischen so gut wie im Gesellschaftlichen, garantiert.

Wieviel hat hier einer aufzugeben, ehe er schließlich das von vornherein Erstrebte erreicht: den Glauben an die Inspiration als alleinseligmachendes Kunstprinzip, das Pochen aufs Gelingen im Jetzt oder Nie, die Junker-Ideologie, der Mars viel und die Muse wenig gilt. Statt dessen: die Übernahme einer Altmänner-Weisheit, die den Alltag heiligt, auf Nüchternheit über die Jahre hinweg mehr als auf jugendliches Alles-oder-Nichts setzt und das bürgerliche Meister-Sein über die Exzentrizität eines asozialen Burgbesitzers, Dreinschlägers und Teufelskerls von »So ist's mir nun mal ums Herz«-Sängers stellt.

Ehe *ars* sich in die *natura secunda* verwandeln kann, zeigt Wagner-Sachs, muß die *natura prima*, Genie und Zufalls-Gabe, erst einmal *ars* werden, das heißt: Erträumtes, mehr Erahntes als Erkanntes sich in Bewußtsein, Leben, an der Grenze von Tag und Nacht, sich in *gedeutetes* Leben verwandeln.

Eingewiesen von Hans Sachs, dem bürgerlichen Myst-
agogen, stellt sich Stolzing einer Welt, die, um bestehen
zu bleiben, nicht der Originalität, sondern der Originale
vom Schlag der Meister bedarf, mit all ihrer »ehrwürdi-
gen Pedanterie«[14], die immerhin bewirkt, daß einer, der
einmal gedichtet hat, wo's jedermann kann, im Lenz und
in der Liebe, dies auch im Herbst, bei »Kindstauf', Geschäften, Zwist und Streit« noch vermag.

Heimholung eines jungen Genies, das, unbelehrt, als
Künstler schneller als ihm lieb ist, nichts zu beißen haben wird, wenn erst einmal der Rausch verflogen ist:
Darum geht es in dieser Oper – und noch um mehr.
Wer sich zur Kunst und deren Reglement bekennt, so
die Überlegung Sachsens am Johannistag-Morgen nach
dem Pogrom, bekennt sich zum Frieden, zum gesitte-
ten Miteinander und funktioniert den Wahn, ihn kanali-
sierend, ins Heiter-Menschliche um – auf Kosten eines
Einzelnen, Beckmesser, freilich. (Über dessen Opfe-
rung Wagner sich allerdings nicht im klaren gewesen
sein mag. Denn wie erklärt sich sonst der rätselhafte
Satz im Brief an Mathilde Wesendonk vom 3. Februar
1862: »Manchmal konnte ich vor Lachen, manchmal
vor Weinen nicht weitermachen. Ich empfehle Ihnen
Herrn Sixtus Beckmesser. Auch David wird Ihre
Gunst gewinnen.«)

Die Meistersinger-Kunst als Garantin eines Friedens,
den alle, Zünfte, Volk und Junkerschaft, in gleicher
Weise bedrohen: Das ist das Fazit der Oper – eine
Quintessenz, die das Textbuch von 1862 weit unvermittelter als die endgültige Fassung verdeutlicht: Man
höre Sachs, der nicht nur Stolzing die Leviten liest,

sondern allen, die Begeisterung über Vernunft und kriegerischen Rausch über das Sich-Bescheiden einer dem Erinnern, Bewahren und Aufheben verpflichteten Bürgerkunst stellen:

>Verliebt und sangesvoll wie ihr
kommen nicht oft uns Junker hier
von ihren Burgen und Staufen
nach Nürenberg hergelaufen;
von ihrer Lieb' und Fang-Begier
das Volk oft mußten schaaren wir;
und findet sich das in Haufen,
gewöhnt sich's leicht ans Raufen.
Gewerke, Gilden und Zünfte
hatten oft üble Zusammenkünfte
(wie sich auf gewissen Gassen
noch neulich hat merken lassen).
In der Meistersinger trauter Zunft
kamen die Zünft' immer wieder zur Vernunft.
Dicht und fest
an ihr so leicht sich nicht rütteln läßt;
aufgespart
ist euren Enkeln,
was sie bewahrt.
Welkt manche Sitt' und mancher Brauch,
zerfällt in Schutt, vergeht in Rauch,
laßt ab vom Kampf!
Nicht Donnerbüchs' noch Pulverdampf
macht wieder dicht,
was nur noch Hauch!<

Kunst als Arkanum. Kunst als Lebens-Elixier, das dienlich ist, mit Hilfe der Bewußtseins-Erhellung dem allgemeinen und totalen Wahn zu steuern, von dem, vor Wagners Sachs, der andere große Nürnberger, Harsdörffer, gesagt hat, daß nichts wandelbarer, wetterwendischer, unbeständiger, zweifelhafter und verkehrter als geträumter Wahn sei.[15] Kunst als humane Gegenkraft des inhumanen Kriegs. Kunst als Bannkreis, der das Dämonische ausschließt. Kunst als sittliches Element, das, wie es in Wagners Vorlage, Johann Christoph Wagenseils ›Buch von der Meister-Singer Holdseligen Kunst‹, heißt, die Bürgerschaft »gleichsam wie mit einem Band verknüpffet und überall Liebe, Freundschaft und gutes Vertrauen verursacht.«[16] Kunst als Utopie einer Gesellschaft, in der es menschlich und vernünftig zugeht: *Sie* wird in den ›Meistersingern‹ aus der Taufe gehoben – und es ist deshalb konsequent und wohlüberlegt, wenn, im Hinblick auf solche Versöhnungs- und Vermittlungs-Rolle der Kunst, Beckmesser sich in Wolfgang Wagners Inszenierung am Ende nicht im Volk verliert, sondern in den Kreis der Meister zurückkehrt. Sachsens Lehrgespräch mit Stolzing hat bewiesen, daß ein wackerer Merker für die Existenz von Poesie und Musik wichtiger sein kann als ein stolzes Genie mit seinen ungetauften Visionen.

Ohne Beckmesser und seinesgleichen keine Kontinuität, kein Wechselspiel von Tradition und Produktion und, dies vor allem, keine Dialektik von *natura* und *ars*, Paradies und Parnaß, gläubigem Enthusiasmus und städtebürgerlicher Vernunft, von verlorener und mit Hilfe der Kunst wiedergefundener Ursprünglichkeit.

Kunst als Natur: Nicht nur die bescheidene Tätigkeit der von den Meistern unterwiesenen Schüler, Schulfreunde, Singer und Dichter ist eingebunden ins Auf und Ab naturgegebener bürgerlicher Existenz, hat viel mit Arbeit und wenig mit alltagsenthobener Feier zu tun (Wagenseil: »Es ist auch der Meister-Singer-Kunst so ferne den *Rebuspublicis* nützlich, weil sie emsige fleißige Leute verursacht und die Laster, welche von dem Müßiggange entspringen, wenigstens bey einer guten Anzahl der Burger nicht aufkommen lässet«[17]) ... nicht nur die Tätigkeit der nach vollbrachtem Tageswerk »hart und fest« arbeitenden Sänger folgt dem Rhythmus bürgerlicher Leistungsprinzipien: auch auf den oberen Rängen wird – dem junkerlichen Singer zur Ehre! – geschafft und gewerkelt. (David, im ersten Akt, kann ein Lied davon singen.) Und wenn es dann gelingt, das wahre Meisterstück, der Kunst zur Ehre und dem Frieden unter den Bürgern zum Nutzen: wenn, in der Kooperation von Stolzing, dem Naturgenie, und dem Erzmerker und Über-Beckmesser Sachs, Davids gestrengem Lehrherrn, das christliche Paradies auf dem Parnaß der Nürnberger neu ersteht[18] – so wie, für Schiller, das antike Elysium im Parnaß der Kunst wiederkehrt –, dann wird – o Wunder! – zwar Religion zur Kunst, aber das in der selbstverständlichsten naturhaften Weise. Wo Johannes, David und Eva mit von der Partie sind, realiter und als Schattengeber aus dem Alten und Neuen Testament, wo Sachs den Merkhammer in der Hand und den Engel im Himmel hat, da ehrt sich bürgerliche Meisterschaft in der ihr eigenen Manier.

In einer Schusterstube ist ein Meisterwerk entstanden – ein Werk, das, wiewohl exakt auskalkuliert, dennoch, mit Kant zu reden, als Natur angesehen werden kann: Stollen-Stollen-Abgesang, das ist wie Mann und Frau und Kind.

Und was tut man, da das Werk vollendet ist? Das Selbstverständliche, der Meisterkunst Gemäße, höchst Natürliche.

Am Namenstag wird Kindstauf gehalten.

Anmerkungen

1 Vgl. H. Rosenfeld, Der historische Meistersinger Sixt Beckmesser und der Meistergesang, Euphorion XLVII, 1953, S. 271–280

2 Platon, Phaidros, 245 a, übersetzt von Friedrich Schleiermacher

3 Zu Platons Einschätzung der Poesie und Beredsamkeit: Hermann Gundert, Enthusiasmos und Logos bei Platon, Lexis, Band II, 1, 1949, S. 25–46

4 Zum furor poeticus: Ernst Robert Curtius, Der göttliche Wahnsinn der Dichter, in: Europäische Literatur und lateinisches Mittelalter, Bern 1948, S. 469 f.

5 Friedrich Schiller, Sämtliche Werke, Band 5, hrsg. von Gerhard Fricke und Herbert G. Göpfert, München 1962, S. 716. Dazu, auf den Schillerschen Gegensatz von Dichter und Schriftsteller verweisend: Klaus Schröter, Der Dichter, der Schriftsteller, Akzente 20, 1973, S. 168–188, und Karl Otto Conrady, Gegen die Mystifikation der Dichtung und des Dichters, in: Literatur und Germanistik als Herausforderung. Skizzen und Stellungnahmen, Frankfurt a. M. 1974, S. s97–124

6 Horaz, Ep. II, 3, Vers 408–411, übersetzt von Rudolf Alexander Schröder

7 Harsdörffer, Poetischer Trichter III, S. 27 (Nachdruck Darmstadt 1969)

8 Harsdörffer, Poetischer Trichter III, Vorrede, S. 1. – Dazu Joachim Dyck, Tichtkunst. Deutsche Barockpoetik und rhetorische Tradition, Kapitel ›Naturgabe und Kunstlehre‹, Bad Homburg 1966, S. 116–122, und Ludwig Fischer, Gebundene Rede. Dichtung und Rhetorik in der literarischen Theorie des Barock

in Deutschland, Kapitel ›Der poetische Geist‹, Tübingen 1968, S. 37–52

9 Quintilian, Institutiones oratoriae libri XII,II, 19,2, übersetzt von Helmut Rahn

10 Harsdörffer, Poetischer Trichter III, S. 81

11 Immanuel Kant, Kritik der aesthetischen Urteilskraft, § 45, ›Schöne Kunst ist eine Kunst, sofern sie zugleich Natur zu sein scheint‹, Werke in 12 Bänden, hrsg. von Wilhelm Weischedel, Band X, Frankfurt a. M. 1957, S. 405

12 Zum Verhältnis von ars und ingenium in der Rhetorik vgl. Heinrich Lausberg, Handbuch der literarischen Rhetorik, §§ 37–41, München 1960, S. 45 f.

13 Zum Problem der verbürgerlichten Kunst in den ›Meistersingern‹: Peter Wapnewski, Richard Wagner. Die Szene und ihr Meister, München 1978, S. 68 ff., und Egon Voss, Wagners ›Meistersinger‹ als Oper des deutschen Bürgertums, in: Richard Wagner, Die Meistersinger von Nürnberg. Texte, Materialien, Kommentare, hrsg. von Attila Csampai und Dietmar Holland, Reinbek 1981, S. 9–31

14 Vgl. Cosima Wagner, Die Tagebücher I, 1869–1877, ediert und kommentiert von Martin Gregor-Dellin und Dietrich Mack, München/Zürich 1976, S. 654 f.

15 Harsdörffer, Poetischer Trichter III, S. 473 f.

16 Johann Christoph Wagenseil, Buch von der Meister-Singer Holdseligen Kunst, Nachdruck, hrsg. von Horst Brunner, Göppingen 1975, S. 560

17 ebenda

18 Vgl. dazu Hans Mayer, Paradies und Parnaß. Gedanken zu den Meistersingern von Nürnberg, in: Die Meistersinger und Richard Wagner. Die Rezeptionsgeschichte einer Oper von 1868 bis heute, Nürnberg 1981, S. 53–63

Rhetorica contra rhetoricam

Hugo von Hofmannsthal

»Um ein Olympier zu werden, wie Goethe und Victor Hugo, muß man lang leben; jedes Lebensalter der Nachgeborenen muß einen Anknüpfungspunkt im Leben des großen Mannes finden, er muß ganz Jüngling, ganz ein Mann, ganz ein Greis gewesen sein, ja, der Jüngling, der Mann, der Greis seines Volkes«: so lautet, aufgezeichnet am 15. März 1891, das Notat eines siebzehnjährigen Schülers – die Maxime jenes Gymnasiasten Hofmannsthal, der nach seinem eigenen bitteren Wort schon am Ende des Jahrzehnts, nach der Vollendung des Dramas ›Der Abenteurer und die Sängerin‹, eine runde Biographie gehabt hätte. In der Tat, wäre er um 1900 gestorben ... er stünde heute in den Literaturgeschichten an der Seite von Trakl und Heym – ein früh Vollendeter, der mit dem Gedicht ›Südliche Mondnacht‹ das Zeitalter des Impressionismus begrenzt und mit dem Chandos-Brief und der Studie über Victor Hugo die expressionistische Ära, eine Epoche der Zweifler und Redner (nicht der verklärenden Dichter), inauguriert hätte. Wieviel freundlicher würden sich in unseren Tagen die Analysen des Hofmannsthalschen œuvre ausnehmen, wäre er nicht als

163

Anwalt der konservativen Revolution, sondern, auf dem zweiten Lebens-Gipfel angelangt, als Komödienschreiber gestorben: Vom ›Rosenkavalier‹ zum ›Schwierigen‹ ... war das nicht das Präludium der deutschen comédie humaine? Setzte – wenn schon kein Molière, so doch einer aus seiner Umgebung hier nicht die Tradition der europäischen Charakter-Komödie in einer Weise fort, die Poquelins Esprit mit Nestroys realistischem Sinn und Lessings Witz zu vereinigen schien?

Er starb zu spät. Er starb zu früh: Könnte man sich nicht einen Hofmannsthal denken, der, als Emigrant unter Emigranten, Sigmund Freud im Londoner Nordwesten, Maresfield Garden Nr. 20, besuchte – einen Hofmannsthal auch, der, an der Stelle Franz Werfels, zusammen mit Reinhardt Dramatisierungs-Möglichkeiten des Alten Testamentes erwöge und, inmitten eines Riesenzelts, im Grand-Central Park von New York Salzburgs Dom und Salzburgs Jedermann wieder auferstehen ließe? Oder Hofmannsthal in Kalifornien, mit der Korrektur des ›Andreas‹ beschäftigt, eines Exil-Romans vom Rang der anderen Abgesänge, des ›Faustus‹, des ›Mann ohne Eigenschaften‹ und des ›Tod des Vergil‹? Mögen wir dankbar sein, daß ihm ein Hitler erspart blieb, zu dem selbst Karl Kraus nichts einfallen wollte (und wieviel weniger dann ihm!) ... ganz anders stünde heute Hofmannsthal da, wenn auch er einen Brief wie Thomas Manns Schreiben an den Bonner Dekan, ein Sendschreiben wie Einsteins Antwort an die Preußische Akademie oder ein Testament im Stil Stefan Georges hätte aufsetzen können: »Ich wünsche nicht, im Wien Seyss-Inquarts beerdigt zu werden.«

Sein Tod kam zur Unzeit. Von alten Freunden abgesehen, Kessler, Borchardt und Schröder, wagten nur wenige, mit Thomas Mann von einem *Verlust* zu sprechen, *wie er die geistige Welt nicht schwerer hätte treffen können.* (Und selbst der Autor des ›Zauberbergs‹, sonst gewiß kein Freund von Klischees, sah in dem grauhaarigen Mann noch immer das genialische, schon lange gestorbene Kind und schloß seinen Epitaph mit den Worten: »Ein Jüngling wieder, in ewiger Anmut, geht Hugo von Hofmannsthal ins Reich der Unsterblichen ein.«) Nicht allein für die Berliner Rezensenten galt der »Hausdichter eines imaginären Wiener Burgtheaters« damals als Monument aus jener Habsburger Zeit, die Ihering lapidar als »Zeit« bezeichnete, »in der man Hofmannsthal überschätzte«. Selbst der ›Schwierige‹ – nach Siegfried Jacobsohn ein »Totentanz wohl parfümierter Drohnen« – fiel jämmerlich durch; Brecht schwieg, Kafka notierte, bei Gelegenheit eines Vortrags, nur Physiognomisch-Beiläufiges – »Hofmannsthal liest mit falschem Klang in der Stimme. Gesammelte Gestalt, angefangen von den an den Kopf gelegten Ohren«; Musil prophezeite, »übrig bleiben« würden nur »Stellen unwillkürlichen Gelingens«; ansonsten bezeichnete er Hofmannsthals Bemühen, ein großes Glied der Tradition zu sein, schlichtweg als »snobisch«.

Kurzum, die Riesen murrten, und die Zwerge taten's ihnen nach: »Die Frechheit der deutschen Nachrufe war widerwärtig« – diese Formulierung stand nicht in der ›Corona‹, sondern findet sich im Brief eines Marxisten, der, von Hofmannsthal gefördert und ihm in kritischer Anteilnahme verbunden, mit dem Verfasser der Studie über die Entwicklung des Dichters Victor Hugo nicht nur das Schicksal des gescheiterten Habilitanden teilte. Es ist ein Satz jenes Walter Benjamin, des Mitarbeiters der ›Bremer Beiträge‹ und Rezensenten des ›Turm‹, der, elf Jahre nach Hofmannsthals Tod, am 7. Mai 1940, auf Theodor W. Adornos Deutung des Briefwechsels zwischen Hofmannsthal und George einging und, in einem langen Schreiben an den Interpreten, eine These aufstellte, die man schon deshalb ernst nehmen sollte, weil es Benjamin unter dem Aspekt ›mögliche Berührungspunkte mit der Ideologie des Faschismus‹ nicht um die Vernichtung, sondern die Verteidigung des Angegriffenen ging: »Ich glaube, Hofmannsthal hat zu seinen Gaben zeitlebens so gestanden wie Christus zu seiner Herrschaft gestanden hätte, wenn er sie seiner Verhandlung mit Satan zu danken gehabt hätte. Die ungewöhnliche Versatilität geht bei ihm, wie mir scheint, mit dem Bewußtsein zusammen, Verrat an dem Besten in sich geübt zu haben. Darum konnte ihn keine Vertrautheit mit dem Gelichter schrecken.«

Verrat, das heißt für Benjamin: Abkehr von der im Chandos-Brief erkannten Notwendigkeit, sich gegenüber der Realität zu behaupten. Verrat bedeutet: ein Virtuose von d'Annunzios Schlag zu bleiben, ein Mann, dem die Kunst mehr als die Wirklichkeit, Nietzsche mehr als alle Abenteuer des Lebens bedeutet, so daß er (um es mit Hofmannsthals Worten zu sagen) an Begriffen festhielt, denen die lebendige Anschauung schon lange versagt war … und das, obwohl er doch – nach einem letzten Entschluß, einem winzigen Sprung – um 1900 den Weg hätte einschlagen können, den, mit den ›Hochzeitsvorbereitungen auf dem Lande‹, um diese Zeit Franz Kafka beschritt (Musil ist ihm mit dem ›Törless‹ gefolgt); obwohl doch nur – so Benjamin – »ein einziges Element der Hingabe fehlte« ... und die Tore hätten sich aufgetan, hinter denen das Allerheiligste liegt, das Kafkasche Schloß oder, nach anderer Version, das Kunstreich jenes Stefan George, der – Benjamin präludierend – Hofmannsthal schon 1902, im ›Teppich des Lebens‹, der Versatilität bezichtigt (»In alle Seelen einzuschlüpfen gierig / blieb deine eigne unbebaut und öd«) und ihn gleichfalls des Umgangs mit dem Gelichter angeklagt hatte: »Du fandest seltne farben schellen scherben / und warfest sie ins wirre blinde Volk / das überschwoll von preis der dich berauschte«. Man sieht, hier wird im Namen der künstlerischen und der gesellschaftlichen Verant-wortung ein Schriftsteller an den Pranger gestellt, der dort noch an Synthesen glaubt, das *theatrum mundi* oder die ästhetische Erziehung des Menschenge-schlechts, wo rigorosere Geister eine Entscheidung ver-langen: *mundus* oder *theatrum*, ästhetische Erziehung einer Elite oder gesellschaftliche Erziehung des Menschengeschlechts durch Veränderungen der öko-nomischen Basis. Beschuldigt wird der Grenzgänger zwischen beiden Bereichen; ein Artist auf dem Markt und ein Sozialkritiker mit dem falschen Bewußtsein des Virtuosen. Fügt Hofmannsthal, lautet hüben wie drüben die Frage, nicht gar zu unverbindlich Hetero-genes zusammen, stellt Rubempré und Rastignac auf eine Ebene mit Napoleon oder dem Prinzen Eugen, rückt mit Hilfe von Zitat und Montage, dem Anachronismus den Rang eines Stilprinzips gebend, getrennte Räume und Zeiten, das Fiktive und das Reale, nah aneinander, verwandelt die sophokleische Elektra in eine Patientin von Freud und plant eine Zeitschrift, einen neuen ›Spectator‹, in dem sich aus Pflanzen-Beschreibungen, Sinn-Sprüchen, Fetzen von table-talks und Erörterungen über das Wetter so etwas wie ein inspiriertes Pandämonium ergeben sollte? Reimt sich da nicht in der Tat alles auf alles, so daß das Pandämonium zum musealen Arrangement und Ariels Zauberreich zum Puppentheater eines jungen Herrn aus gutem Hause wird?

Nun, so sicher es ist, daß Hofmannsthal *(ein Erinnerungs-Künstler, der wenig von sich ablehnen konnte)* zumal in seiner Jugend häufig einem wahren Bezugs-Wahn verfiel (»Die Nausikaa-Geschichte hab ich wieder ganz trecentistisch im Kopf«) und sich wie ein leibhaftiges Teufelchen Asmodi gerierte: Dächer abhebend, Schädel öffnend, Tote zum Leben erweckend – so unbezweifelbar erscheint es auf der anderen Seite, daß Legende und Mythos gerade mit Hilfe der radikalen Transformation an Anschaulichkeit und Frische gewannen und das Kulturgeschichtliche, übersetzt in die Gegenwart, die Patina des »nur« Geschichtlichen verlor. Hofmannsthal war – weit vor Eliot, Pavese und Pound! – ein Meister der synoptischen Evokation ... ein Artist, dem es gelang, durch überraschende Figurationen den historischen Phänomenen unmittelbare Überzeugungskraft zu verleihen:

ein Arrangeur aber auch, der sich der Gefahren – und Grenzen! – seiner kombinatorischen Schlüsse sehr wohl bewußt war. In der gleichen Weise, wie es ihn reizte, hinter dem Singulären das Exemplarische und hinter der Fläche die Schichten durchscheinen zu lassen, erkannte er doch auch, daß es Zeitläufte gibt, in denen die Forderungen des Tages es dem Menschen nicht mehr gestatten in Ahnenreihen zu denken, weil die Erhellung horizontaler, also sozialer Bezüge (wie es im ›Theater des Neuen‹ heißt) so vordringlich wird, daß demgegenüber der Synopsen-Zauber im vertikalen Bereich der Geschichte als Glasperlenspiel und Flucht vor den Geboten der Stunde erscheint. Zum Thema der Kontemporaneität gesellte sich für Hofmannsthal in den Jahren nach dem Ende des Weltkrieges das Problem der Simultaneität: Ist es möglich, lautet die Frage, sich über die Dissonanzen einer aus den Fugen geratenen Zeit in der gleichen Manier wie über diachronische Widersprüche, Volten und Brüche, zu verständigen? Ist eine Form ironischer Darstellung, eine Shawsche Methode verbindlicher Relativierung denkbar, der es gelingen könnte, das Disparate zusammenzufügen?

Nun, Hofmannsthal sah das Problem und erkannte die Dringlichkeit seiner Lösung; aber während er die ins Ästhetische transponierte *comédie* aus den disparatesten Bauelementen, den Poussinschen Wolken, der Lenauschen Heide oder den Schumannschen Seelenregungen herstellen konnte und mit Baudelaire, Clemens Brentano, der Kaiserin Maria Theresia oder dem Prinzen Eugen wie mit Zeitgenossen umging, wollte ihm die Beschreibung einer Welt, in der es neben Gobelins und Canalettos, schwarzen Schwänen und englischen Parks auch den Jazz, die Straßenbahnen, Förderhalden und Slums, dazu abrupte Übergänge und sekundenschnelle Veränderungen gibt, nicht gelingen ... und das, obgleich schon eine aus dem Jahr 1905 stammende Aufzeichnung zeigt, wie sehr gerade Hofmannsthal befähigt war, antithesenreiche Simultan-Vorgänge ins Blickfeld zu rücken: »Während ich hier in Lueg am Rande des Waldes über dem leuchtenden See sitze und schreibe, ereignet sich in der Welt dieses: In Venezuela läßt der Diktator Castro in den überfüllten Gefängnissen erwürgen und zu Tode martern. In Baku schießen seit acht Tagen die Armenier und Tartaren aufeinander, werfen Frauen und Kinder in die Flammen der Häuser, das Ganze erleuchten auf Meilen die roten Riesenflammen der brennenden Petroleumlager ... Und die Gefängnisse! Die unschuldig Verurteilten! Und die sogenannten Schuldigen! Und die Armenviertel von London und New York!« Man stelle sich vor, Hofmannsthal hätte in der Weise von Joyce – und das wäre ihm möglich gewesen! – sein Kunstreich durch Adaptationen von Wirklichkeits-Blockstücken erweitert, hätte die Arabella, wie es die Entwürfe versprechen, tatsächlich als ein *nihilistisch gesonnenes Mädchen von zynischer Trockenheit* in der Gegenwart und nicht im Wien des letzten Jahrhunderts: nicht in einer imaginären Kontrast-Zeit zur Rosenkavalier-Epoche auftreten lassen ... welche Perspektiven hätten sich da ergeben und welche Beute hätte Asmodi, die Dächer der Gefängnisse lüftend und die Bretterzäune der

Armenviertel durchbrechend, mit nach Hause gebracht! Wenn es erlaubt ist – wir zweifeln daran –, mit Benjamin zu erklären, Hofmannsthal habe Verrat geübt am Besten in sich, dann gewiß nicht wegen seiner virtuosen Versatilität – die Hölle wäre sonst, von Seneca über Hofmannswaldau bis Pound, mit lauter Dichter-Alchimisten, Kombinierern, Hermestisten und Rhetoren gefüllt! –, sondern allenfalls deshalb, weil er seine proteischen Gaben nur andeutungsweise, in Brief, Notiz und Entwurf, zur Darstellung von Bereichen verwandte, deren Ergiebigkeit er sehr wohl durchschaute.

Aber auch dieser Vorwurf erweist sich sogleich als problematisch, wenn man bedenkt, daß Hofmannsthals künstliche Welt ja weder das Georgesche Gegen-Reich, in dessen geweihten Hainen der Geist sich selber genügt, noch der angenehme Wohnbezirk ist, der sich dem höheren Menschen, nach den Geschäften des Tages, als *locus amoenus* der herrschenden Klasse anbietet. Wer so argumentiert, verkennt den *Surrogat*-Charakter jenes Puppenheims, in dem sich zitatreif sprechende Menschen zwischen Faunen und Fontänen bewegen und dabei den Publilius Syrus mit einer Emphase und Kennerschaft lesen, als gälte es, Huysmans Grafen des Esseintes zum Barbaren zu stempeln. Das oft apostrophierte Hofmannsthalsche Kindertheater, auf dem Marionetten agieren und maniriert gekleidete Puppen ihrer Überzeugung Ausdruck verleihen, ein Leben aus zweiter Hand führen zu müssen: dieses künstliche Etablissement bildet, mit Georg Lukacz zu sprechen, »das wirkliche Objekt des Jammers, die unerkannte Struktur der Gesellschaft« deutlicher ab als die sozialkritische Empörung der Naturalisten. Die Klage des Ästheten wird zur Anklage einer verrotteten Sozietät, die den Menschen dazu verdammt, in die Traumgefilde eines Ersatz-Reichs flüchten zu müssen: nur dort allein gibt es noch Freiheit und humanen Verkehr.

Mag also das Arrangement des *theatrum mundi* auch auf ein Wohlgefallen an der Preziosität des Dekors schließen lassen; mag sich der junge Herr aus reichem Hause nicht verleugnen (*ganz* so reich war Hofmannsthal übrigens nicht. Jedenfalls hatte er es, zu Georges Entsetzen, sehr wohl nötig, von Honoraren zu sprechen); mag die Attitude des frühreifen Dichters bisweilen Befremden erregen: dieses Parlieren in vielerlei Sprachen, das Gerede von Erbprinzen, Reichsrittern, Edlen und bürgerlichen Canaillen, an deren Seite man Buttersemmeln und Sardinen verzehre; dieses Ausstaffieren von Romanfiguren (zur Praterfahrt werden weißer Spitzenschirm mit Schildkrötengriff, zur Soiree Boutons und schwedische Handschuhe empfohlen – ohne Stepper natürlich) ... mag Hofmannsthal also, nicht allein in Sachen des Meublements und der Kleidung, oft mehr auf Gothas als auf Goethes Spuren wandeln: an der Tatsache, daß die von ihm – in seiner Jugend – gezeichnete Welt immer als eine zweite, eine Rückzugs- und Ersatz-Welt angesehen sein will, ist nicht zu rütteln. Die bare Verzweiflung – und keine selbstgewisse Ideologie – hat hier die Potemkinschen Häuser erbaut. Die Menschen, Abgesperrte zumeist, sind ihrer Umwelt entfremdet. Ver-

lorenheit spiegelt gesellschaftliche Antagonismen, Elegie und Klage herrschen vor. Statt des Lebens: die Bilder, Gemälde in tiefschwarzen Rahmen, Fenster, hinter denen die Melancholiker Schattenspiele betrachten. Wie Musil, Joseph Roth und Bruno Schulz beschrieb Hofmannsthal mit dem Topos ›Betrachtungen des Saturniers: Ansichten aus einem Kunstreich‹ die Lage von Menschen, die, angekettet an die Vergangenheit und die Zukunft antizipierend, kein Verhältnis zur Gegenwart haben. Einsamkeit hält sie gefangen, Schwermut als Symptom der Entfremdung ... auch das, über die subjektive Klage hinaus, ein Symbol jener gesellschaftlichen Heillosigkeit, in deren Zeichen sich die Menschen in Beherrschte und Herrscher, in Beuteobjekte und Jäger zerteilen. (Ein ergiebiges Thema für die noch ausstehende marxistische Hofmannsthal-Deutung: Die beiden Casanova-Nachfahren Weidenstamm und Florindo als feudalistisch gesonnene Zudringlinge; Kari Bühl als ihr Widerpart: ein österreichisch-juveniler Nachfahr des Dubslav Stechlin – die Symbolfigur des Adels, wie er nicht mehr ist, aber sein sollte; ein Diener als Verfechter einer humaneren Welt: Nein, hier wird keine Ideologie für die *society* entwickelt, sondern im Gegenteil mit Hilfe des traditionellen, aus Herren und Dienern bestehenden Typen-Arsenals eine *Zurücknahme* inauguriert. Die liebenswürdigen Herrscher-Züge sehen sich eliminiert, die Praktiken munteren Zugreifens entlarvt; das »Alles-zur-Ware-Machen« – Arabella! – erweist sich als zentrales Problem.)
Es ist hohe Zeit, die durch Hermann Broch eingeleitete gesellschaftskritische Interpretation des Hofmannsthal-

schen œuvres und der Kultur, die es geprägt hat, energisch weiterzuführen und dabei endlich die Inhalts- durch Funktions-Kategorien zu ersetzen: Mag der ›Schwierige‹ – nicht anders übrigens als der ›Stechlin‹! – äußerlich eine heile, wohl gegliederte Welt evozieren ... es gilt doch die Frage zu stellen, ob nicht das höchst fiktive *ancien régime* (mit treuen Dienern und einem Grillparzerschen Herrenhaus-Schweiger im Zentrum) statt regressiver, in Wahrheit utopischer Art ist, so daß der Rückgriff sich als Antizipation: als ein vorweggenommenes Symbol im Sinne Hermann Brochs erweist! Das Klischee vom erzkonservativen Ästheten, der sich bei der herrschenden Klasse anbiederte, will ebenso auf seinen Wahrheitsgehalt reduziert sein wie das Schlagwort vom genialischen Jüngling und weltfernen Dichter. Hofmannsthal war kein *Erzpriester und Medizinmann* (so Kommerell in einer Notiz über Stefan George), er liebte vielmehr das Kalkül, die mathematisch exakte Szenenstruktur und das Rechnerische der Kunst, sprach lieber von »Winkeln, Brillen und Zirkeln«, haßte alles feierliche Zelebrieren und gab sich – man lese die ›Meerfahrt mit Don Quichote‹ – zumindest Thomas Mann gegenüber eher als ein legerer Handwerksmeister aus Wien denn als Prophet: »Hugo von Hofmannsthal ... sprach mir einmal sehr drolliggeistvoll von den pathetischen Veränderungen, wie sie im Lebensgefühl des Musikers vor sich gegangen seien. Besuchte man, meinte er, damals (gemeint ist das achtzehnte Jahrhundert) so einen Meister, so redete er etwa: ›Setzen's Ihnen! Mögen's einen Kaffee? Soll ich Ihnen eins aufspielen?‹ So war das damals. Heute sehen sie alle aus wie kranke Adler.« Kein Zweifel, auf wessen Seite Hofmannsthal steht: er, der das Aufspielen liebte, hier lyrisch-pathetisch, dort zart und elegisch, einmal den Umgangs-Jargon, ein anderes Mal die hochrhetorische Suade verwendend, da feierlich und dort derb ... ein kranker Adler war er gewiß nicht. »Euch verbietet feige Arschleckerei das Maulaufreißen. Dazu muß man das Maul zuhaben und die Zunge nur herumfahren lassen« ... klingt dieser Satz nicht eher nach der Augsburger Dult als nach Wiens fröhlicher Apokalypse, paßt auf den Plärrer besser als in die Salons des Ersten oder Dritten Bezirks?

Wenn irgendwo, dann war Hofmannsthal auf stilistischem Feld von einer wahrhaft proteischen Vielseitigkeit: Das beweisen (Richard Alewyn hat es gezeigt) die nahezu kopistenhaft im Adressaten-Stil gehaltenen Briefe, wahre Schlupfwespenschreiben; das zeigt das Wechselspiel von tropischer Rede und unmetaphorisch-kargem Jargon, ein Miteinander von rhetorischem Stil – Trikola, Antithesen, raffende Abbreviaturen – und sentenziöser, plaudernd-legerer Beiläufigkeit. »Im Herbst 1888 starb, in freudiger Gottergebenheit, die Worte eines Quäkerlieds auf den Lippen, Laurence Oliphant, einer der außerordentlichsten Engländer des Victorian Age, das nun zu Ende gehen will, ein Gentleman und ein Fanatiker, ein furchtloser Abenteurer und ein verwegener Satiriker, Journalist und Religionsstifter, Gesandtschafts-Attaché, Prophet, Politiker«: dieser Introitus klingt, als ob Thomas Mann zu einem funebren Furioso ansetzte, da werden die Trommeln gerührt, und paarweise – am

Ende, wie sich's gehört, von einer dreigliedrigen Schar eskortiert – ziehen die Sätze ins Feld. Doch es geht auch ganz anders, und ein Essay kann mit den Worten beginnen: »Wir sind nun einmal miteinander da« – frei nach Ernst Bloch, möchte man sagen. Aber *wenn* etwas die Eigenart des Rhetoren ausmacht – und Hofmannsthal war ein Schriftsteller, dessen Begabung und dessen Gefahr im Rhetorischen lag –, so ist es eben die Fähigkeit, das Wort, die Figur und die Trope, den Tonfall und die Satzstruktur jener Adressaten-Situation anzupassen, die der Verfasser der Studie über die Entwicklung des Dichters Victor Hugo am Beispiel republikanischer und restaurativer Beredsamkeit analysierte: Hier die Rede der Herrscher und dort die Rebellen-Diktion, die allein im treffenden Wort den höchsten Machthaber sieht.

Victor Hugo und, in späterer Zeit, Schiller – Hugo, der selbst dem Unbelebten, Flüssen und Wolken, die Macht seiner Beredsamkeit lieh, und Schiller: als Rousseaus und Euripides' Schüler ein Meister der philosophischen Rede – sind Hofmannsthals Lehrer gewesen ... große und gefährliche Lehrer. *Wie* gefährlich, das erweist sich vor allem im Spätwerk, wenn Schillersches Pathos selbst bescheidene Aussagen in barocke Phrasen verwandelt, oder wenn das von Loris analysierte Grundelement der Syntax Hugos, Symmetrie und Antithetik, in den Dramen nicht mehr von Konversations-Arabesken und individuellem Jargon überdeckt wird, sondern, gehandhabt als starres Prinzip, den Arien, Rezitativen und Stichomythien etwas Ausgeklügelt-Regeltreues und Pedantisch-Steifes gibt. Hier zeichnet sich eine Beredsamkeit ab, die, gelehrt von Hugo und erbeten von Strauss, auf nichts als auf sich selber verweist. Ein Vergleich zwischen dem ›Rosenkavalier‹ und der ›Ägyptischen Helena‹ macht das Routinierte der Librettisten-Wohlredenheit deutlich, zeigt die Gefahren an, die in der Verpflichtung liegen, ständig Entsprechungen oder Kontraste, ständig symmetrische Kola schaffen zu müssen, und veranschaulicht die Ersetzung des Konversations-Elements durch den Tonfall der Proklamation: Wie meisterlich verstehen im ›Rosenkavalier‹ die rhetorischen Trikola – »ein Grasaff, appetitlich, keine fünfzehn Jahr« – sich im volkstümlichen Bummeljargon zu verbergen und wie isoliert, auf den ersten Blick als Mechanismus erkennbar, sind die Figuren und Tropen im Spätwerk! Da fehlt der Kontext; es gibt keine Tarn-Möglichkeit für die *colores rhetorici* mehr; der »journalistische Hamlet«, ein Artist, der die Versteck-Spiele liebte – Andeutungen, Abbreviaturen, rasche Verweise – hat sich in einen Propheten verwandelt, dem es auf Eindeutigkeit ankommt, auf direkte Beschreibung und feierlich-affirmative Verkündung. Im Zeichen einer angestrebten Renaissance des barocken Theaters versuchte Hofmannsthal mit dem Weltbild des siebzehnten Jahrhunderts auch Thematik und Stil dieses rhetorischen Säkulums für die eigene Zeit nutzbar zu machen. Aber es blieb bei der Absicht, Salzburg wurde nicht Breslau; der ›Turm‹ zeigt sehr deutlich, daß die Neubelebung der barocken Märtyrer-Tragödie eine Unmöglichkeit ist; und was Syntax und Wortwahl angeht, so mutet Hofmannsthals letzte Tragödie wie eine Verdeutlichung des alten Rhetoren-Axioms an, daß dem hohen der geschwollene Stil in gleicher Weise verwandt sei wie der flatterhafte dem niedern. »Seine Sprache ist Zutagetreten des inwärts Quellenden – wie beim angehauenen Baum, der durch seine Wunde einen balsamischen Saft entläßt«: der Satz Julians denunziert einen Schriftsteller, dem alle Feierlichkeit zeitlebens verhaßt war – deshalb die Absage an die Blätter für die Kunst Stefan Georges und die Weigerung der *costümierten philiströsen Vereinigung* des Kreises Ehrfurcht zu zollen – und der doch am Ende seines Lebens mehr und mehr zum Verkündiger wurde.

Verrat am Besten in sich? Gewiß nicht in Benjamins Sinn! Die Versatilität, das Alles-Vermögen, die Fähigkeit einmal wie Bossuet, ein anderes Mal wie Voltaire, einmal wie Sheridan und einmal wie Gentz, einmal wie de Maistre und einmal wie Hugo: aufgeklärt-republikanisch so gut wie konservativ schreiben zu können ... gerade das gab der späte Hofmannsthal auf, weil er der Ansicht war, nicht »Konversation«, sondern »Publikation«, strenge, zielgerichtete Eindeutigkeit, sei das Gebot der Zeit. Der Politiker kämpfte gegen den Künstler; der – tief verzweifelte – Verfasser des ›Turm‹ stritt mit dem Artisten, der sich sehr wohl bewußt war, daß unmittelbare Darstellungen nur die eine Seite der Dinge erhellen und, als satirische Überzeichnungen, mit der Dialektik die Wahrheit verfehlen. Versatilität oder freiwillige Beschränkung der Mittel, artistisch-ergiebiges Spiel im Elfenbeinturm oder verbindlich-sozialer Appell: das war die Frage, vor die der Autor der späten Sendschreiben sich in seinen letzten Lebensjahren gestellt sah. (Es sollte später auch Hermann Brochs Frage werden.) Da eine Synthese unmöglich war, entschied Hofmannsthal sich gegen die Versuchung, als Künstler »so weiterzumachen«, und für den Appell. Der Artist wurde zum Redner, und damit schloß sich der Kreis. Loris war Rhetor mit gutem Gewissen, Magier und Wortkünstler gewesen; der Verfasser der Rede vom ›Schrifttum als dem geistigen Raum der Nation‹, ein Interpret des unberedten Landes und damit ein Nachfahr jenes Adam Müller, der schon hundert Jahre zuvor – in Wien über den Verfall der Redekunst sprechend – den Unterschied zwischen dem geselligen Frankreich und dem ungeselligen Deutschland veranschaulicht hatte … dieser späte Hofmannsthal war ein Rhetor mit schlechtem Gewissen.

Ars rhetorica im fin de siècle, *rhetorica contra rhetoricam* in den zwanziger Jahren, dazwischen die Kampfansage an die Beredsamkeit: so stellt sich, unter oratorischen Aspekten, Hofmannsthals Entwicklung dar. Der Chandos-Brief, die Attacke gegen die Rhetorik, die nur noch für Frauen und Gemeine nutzbringend sei, markiert den entscheidenden Einschnitt. Was ist das Schreiben an Philip Bacon, mit seiner Absage an die überschätzten Machtmittel der Redekunst anderes als ein feierlicher Widerruf der Studie über Victor Hugo und darüber hinaus ein Ausdruck der Entschlossenheit, mit einer zweieinhalbtausendjährigen Tradition zu brechen, die sich zwischen griechischer Sophistik und dem Spätbarock von dem Glauben bestimmt sah, daß es für jede Sache ein passendes Wort gäbe und daß die *verba* zureichend seien, um die *res* in signifikanter Weise zu kleiden? Nicht ein Theorem zweiten Ranges also, sondern die Zentral-Maxime der europäischen Rhetorik wurde von Hofmannsthal im Chandos-Brief in Frage gestellt: von nun an galt es, eine neue Ausdrucksweise, die Rhetorik am Rande des Schweigens, zu suchen. Deshalb die Hinwendung zu Pantomime und Stummfilm; deshalb die Wichtigkeit von körperlicher Beredsamkeit und gestischer Schau, das Tischdecken, Kartenspielen und Kerzenanzünden; deshalb die Antithese von stummer Wahrheit und wortreicher Lüge: Furlanis Triumph über Neuhoff; deshalb der Sieg der Leisen über die Lauten, die selbstgewissen Rhetoren und Schwadroneure Ibsenscher Art. Vom ›Mitterwurzer-Essay‹ bis hin zum ›Schwierigen‹ variiert Hofmannsthal die Sentenz: »Je besser einer reden kann, desto weiter ist er von den Anfängen des Lebens entfernt«; der ›Timon‹ rekapituliert nicht zufällig die Chandos-Brief-Thesen; Rhetorentum – das Wort bezeichnet den Versuch, einen längst nicht mehr brauchbaren Betrieb mechanisch weiterzuführen, *strengste Urzeitformeln* als Gegenwarts-Gebote zu deklarieren und einen Kultur-Jargon zu entwickeln, mit dessen Hilfe man eine Übereinkunft fingiert und sich zu verständigen vorgibt, obwohl in Wahrheit die Worte schon längst nicht mehr den Sachen entsprechen, die sie benennen. Unter solchen Aspekten sah es vor allem der Komödienschreiber als Aufgabe an, mit der Dreistigkeit der maîtres grandparleurs von Weidenstamms, Florindos, Ochsens (eines travestierten Bakchos') oder Neuhoffs Schlag auch die Praktiken jener Rhetorik an den Pranger zu stellen, die noch immer daran glaubt, sie könne in der selbstverständlichsten Weise über die Dinge verfügen.

Über die Dinge, über die Menschen: Hofmannsthals Sprachkritik ist, recht betrachtet, immer Gesellschaftskritik; die Rede bringt es an den Tag: Wer im Stil der drei Arabella-Grafen drauflosschwadroniert, beweist damit auch, daß er über Personen so leicht hinweggehen wird wie über die Sachen. Es ist die Zwingherrn-Manier, die leichtfertige Entschlossenheit, alles Begegnende zum Beuteobjekt und zur Ware zu machen, die Hofmannsthal am Beispiel der allzu forschen Rhetoren entlarvt. »Eure Worte sind hurenhaft«, heißt es im ›Timon‹, »sie sagen alles und nichts. Man kann sie heute zu dem brauchen und morgen zu jenem. Das Leben aber, von dem ihr schwatzt ... ist in Wahrheit ein Mimus ... Ihr habt eine Gaunersprache, eine schwindelhafte Übereinkunft – die nennt ihr den Ruhm, das Gedächtnis der Welt! Schwätzer verleihen Schwätzern Ruhm – aus Worten, für Worte, das ist alles! O ihr Wortkünstler!«

Kein Zweifel, hier wird nicht nur jenen Rhetoren ein Valet zugerufen, die – mit Kafka zu sprechen – sich noch immer als Kuriere aufführen, obwohl die Könige, denen sie Botschaften zutragen sollen, schon längst nicht mehr leben: hier, im ›Timon‹, einem bösartig radikalen Scherbengericht über entleerte Konventionen, rechnet – zum zweitenmal nach dem Chandos-Brief – ein Rhetor mit seiner stärksten und gefährlichsten Begabung ab. *Rhetorica contra rhetoricam*, das heißt: Laß deine Figuren nicht reden, sondern andeuten, was sie verschweigen; mache sie lächerlich, die Monologe haltenden kleinen und großen Herrscher mitsamt ihrem Advokaten-Geschwätz, entlarve ihre Redensartlichkeit und fade Konvention; laß sie durch Kleinbürger, Clowns und Schweiger durch komische oder zynische Redner besiegen; schaffe Konstellationen, mimetische Korrespondenzen, Ballett-Arrangements; stelle Entsprechungen her zwischen deinen Akteuren, Entsprechungen, die wichtiger sind als die Handelnden selbst: Pierre *und* Jaffier, Ochs *und* Faninal; decouvriere die Hauptpersonen durch Nebenpersonen, beleuchte von der Peripherie aus das Zentrum; hüte dich vor dem allzu Direkten; häufe Beiläufigkeiten, die sich am Ende als unabdingbar erweisen; folge Lessings und Shakespeares Rezept: spare aus, gib Ketten von Reizen und Andeutungen, laß »das Letzte halluzinieren«. Der Aufsatz über die dramatische Technik Eugen O'Neills – einer der wenigen kritischen (und darum doppelt aufschlußreichen) Bemühungen Hofmannsthals –, verteidigt folgerichtig die These, daß es für den wahren Theatraliker nicht auf Mitteilungen ankäme, mit deren Hilfe die *dramatis personae* das jeweils Szenenwichtige sagten, sondern auf Anspielungen: eine niedrige rhetorische Form also, die, auf Logik, Vollständigkeit und Tiefsinn verzichtend, gerade dadurch – im Mutmaßungs-Stil – jene Nuancen und Zwischentöne einfangen könne, die im Tonfall des *genus grande* nicht darstellbar seien. Wieder und wieder hat der Dramatiker Hofmannsthal, dem es, im Unterschied zum Propheten, auf das *docere* weniger als auf das *delectare* ankam, seine Überzeugung verdeutlicht, daß der Künstler, um die Phantasie des Zuschauers zu entzünden, indirekt vorgehen und die Sauce höher als den Braten schätzen müsse: von der Bande her habe er das Spiel durchzuführen – so Theodor im ›Unbestechlichen‹ – und statt der Phänomene selbst die objektiven Korrelate zu zeigen, an deren Beispiel sich der Vorgang gleichnishaft abbilden ließe: »Schildern willst du den Mord? So zeig mir den Hund auf dem Hofe: Zeig mir im Aug von dem Hund gleichfalls den Schatten der Tat.« Hofmannsthal wußte sehr wohl, wie nötig es für den Dramatiker sei, nicht alles auszusprechen, sondern freie Stellen zu lassen und Hohlformen zu finden, die erst durch den Akteur auf der Bühne ausgefüllt werden. Freiwillige Selbstbeschränkung hieß die Devise: Versage dir die Gabe der Omnipotenz; bedenke – es gibt Zeiten, in denen das Vollkommene lügenhaft und epigonal ist und nur das Fragmentarische die Wahrheit zu spiegeln versteht; erkenne, daß niemand *so sehr mit Eigenschaften überlastet ist, die er alle durch das Wort castriert hat* (ein Zitat aus dem ›Timon‹) wie gerade der Rhetor.

Das Problem der Kaiserin aus der ›Frau ohne Schatten‹ – Preisgabe einer allzu großen Macht – war auch das Problem des Schriftstellers Hugo von Hofmannsthal. Er wollte seine Teufels-Gaben nicht und erkannte die Gefahren der Versatilität nicht minder deutlich als Benjamin und George. So souverän er die Spielarten der Rhetorik, die Plauderei auf den unteren Rängen und den Tenor der Edikte beherrschte und so sehr er darunter litt, in einer Zeit leben zu müssen, der die beiden Voraussetzungen einer blühenden Beredsamkeit fehlten: der Habsburger Sinn für die Valeurs der

Geschichte und die französische Komponente des geselligen, Geist und Macht vereinenden Austauschs … so klar erkannte er auf der anderen Seite, daß, wie die Dinge nun standen, ein Bruch mit der rhetorischen Tradition erforderlich sei. ›Der Schwierige‹ mit seinem Helden, *dessen Schwächen sich in Vorzüge verwandeln*, diesem Kari Bühl, *dessen schönster Zug die von Herzen kommende Humanität* ist, die sich mit einer *Verachtung von Überheblichkeit und Dünkel* paart (wie genau treffen die Charakteristika des preußischen Pendants eines Adelsherrn, die Eigenschaften Dubslavs von Stechlin, jenen österreichischen Nachfahren, der auch *hinter alles ein Fragezeichen zu machen beliebt!*) … ›Der Schwierige‹ also, dazu der ›Rosenkavalier‹, der ›Timon‹, die Briefe, und eine Reihe von Fragmenten, Notizen und Skizzen zeigen aufs Schönste die Möglichkeiten der Hofmannsthalschen *rhetorica nova*, dieser Plauder-, Andeutungs- und Anspielungs-Beredsamkeit, dieser Rhetorik des Mimetischen – man denke an die Telephon-Szenerien! Hier, im Indirekt-Beiläufigen, sieht sich jene Versatilität »aufgehoben« – überwunden und bewahrt zugleich –, die der späte Hofmannsthal so verzweifelt niederzukämpfen versuchte. Man vergleiche Graf Karis Beschreibung seines Zirkus-Besuchs mit Herrn Mandrykas Preislied aufs einfache Leben: der Unterschied zwischen Konversations-Rhetorik und befremdlich-direkter Proklamation bietet sich geradezu an! (Wie frech und graziös, wie plapperhaft-spaßig wirken die Parallelismen am Schluß des ersten ›Rosenkavalier‹-Aktes, wenn die Lakaien durch kurze Sätzchen ihre Atemlosigkeit zeigen: »Gleich beim Tor sind aufgesessen.« »Gleich beim Tor sind aufgesessen wie der Wind.« »Waren um die Ecken wie der Wind.« »Sind wir nachgelaufen.« »War umsonst.« Und wie ausgeklügelt und mechanisch präsentieren sich auf der anderen Seite, mit diesem mimetischen Kabinettstück verglichen, die Entsprechungen der ›Arabella‹ – Libretto-Symmetrien ohne gestische Funktion: »Kommen meine Verwalter: Was ist mit unserem Herrn? Kommen die von den Meierhöfen: Was ist mit unserem Herrn? Kommen die von den Fohlenhöfen: Freut unsern Herrn kein Pferd mehr? Kommen meine Förster: Freut unsern Herrn kein Jagen?«)

Verrat, nochmals, am Besten in sich? Wiederum nicht in Benjamins Sinn! *Wenn* Hofmannsthal »sich selber verriet«, dann allein deshalb, weil er von jener mimetischen Rhetorik, der Beredsamkeit am Rande des Schweigens abließ, deren Notwendigkeit er theoretisch so exakt demonstriert hatte und deren Fruchtbarkeit er als Komödienschreiber *in praxi* vorexerzierte. Nicht der ›Turm‹ und die ›Ägyptische Helena‹, sondern der Chandos-Brief und die Auseinandersetzung mit Harry Graf Kessler über die dem Ochs von Lerchenau angemessene Suade, nicht der Salzburger ›Jedermann‹, dessen vom Erzbischof genehmigte Inszenierung Karl Kraus zum Austritt aus der katholischen Kirche bewegte, sondern die frühen Essays – welch ein gewaltiger Rhetor war doch der Mann, der am Beispiel der Chiffren Sebastian Melmoth, Oskar Wilde und C 33 die Stadien eines Menschenlebens beschrieb! –, die Balzac-Studien, die Shakespeare-Deutungen und die erzählende Prosa zeigen, neben den großen Komödien,

Hofmannsthal in seinem wahren Metier. Als Lustspiel-Schreiber, Prosaist und Epistolograph wird er dauern: ein unfeierlicher Poet, der die Stilisierung durch die Gemeinde so wenig verdient hat wie die Pauschal-Verdammung durch Gegner, die ihre Kafkas, Musils und Brechts schwingen, um dem konservativ-katholischen Popanz Nadlerscher Prägung für alle Zeiten den Garaus zu machen. Man schaue sie getrost mit Kafkas Augen an, die Hofmannsthalschen Prosa-Fragmente! Erscheint nicht auch in der ›Reitergeschichte‹ das Exorbitante als das einzig Normale, die Groteske als Realität, das Paradox als wichtigstes Stilmittel der Pathographie? »Zum letzten Mal Psychologie« . . . gilt dieser Kafkasche Satz nicht auch für das ›Märchen der 672. Nacht‹ und den ›Andreas‹? Ist es nicht an der Zeit, endlich einmal die *Unheimlichkeit* dieser Prosa-Skizzen zu zeigen und eine Szenerie zu analysieren, die, eher an Büchners ›Lenz‹ als an Schnitzlers Etuden erinnernd, von Doppelgängern, von Gliedermännern und von Seiltänzern erfüllt ist, die auf Dächern spazieren?

Eine Rattenwelt tut sich da auf, ungeheuer und ohne feste Konturen; der Mensch hat die Verfügungsgewalt über die Dinge verloren; das Büchnersche *so* (*so* leer, *so* unheimlich, *so* still) markiert die Ortlosigkeit. Der Schrecken wird sichtbar, und mit dem Schrecken ein Terror, der sich – Motiv des Jahrhunderts! – dem Ästhetizismus verschwistert. Die Kehrseite der Kunst zeigt Entsetzen und Brutalität; plötzlich wird das Sinnentleert-Ornamentale des höheren Lebens erkennbar, und der Schein-Charakter einer zum Untergang verdammten Epoche gewinnt Anschaulichkeit. Wie lächerlich, dieses Drapieren mit Möbeln und Bildern, wie fratzenhaft das gesellschaftliche Arrangement im Zeichen einer sich absurd gebärdenden, auf keine festen Normen mehr reduzierbaren Welt! Übereinstimmungen mit dem ›Törless‹ oder den ›Vereinigungen‹ ergeben sich ganz wie von selbst: der Prosaist Hofmannsthal – ich spreche nicht von der ›Frau ohne Schatten‹ – hat es verdient, einer würdigeren Phalanx zugeordnet zu werden als den fin-de-siècle-Impressionisten; und auch – verzeiht, Rodauner Getreue! – der Journalist und der Meister des Mimus, der charakterisierenden Pointe und des blitzartig erhellenden Porträts will endlich den ihm gebührenden Ehrenplatz haben. Die Beschreibung Diltheys oder – zwei Beispiele die für hundert andere stehen – die Porträts aus den ›Vienna Letters‹ zeigen einen Artisten am Werk, der, im Essay ›Der Schatten der Lebenden‹, nicht zufällig – im Zeichen der Rhetorik! – die enge Verwandtschaft zwischen der physiognomisch-biographischen und der theatralischen Schule betonte: »Das mimische Theater des Altertums war die Schule des Rhetors; unser Theater, Burg und Vorstadt, das Theater Lessings und das Theater Nestroys … mußte die Schule unserer mimischen Biographen werden. Ums Theater herum, je näher dem Theater je besser, sind sie gewachsen.«

Hören wir auf, Hofmannsthal immer nur am Maßstab Grillparzers oder Goethes zu messen und ihn dann einen Epigonen zu schimpfen, sprechen wir vielmehr, auf der einen Seite, von Kürnberger und Speidel, von Nestroy mit Lessings Verstand (oder auch von jenem Lessing, der in Rom dem Papst seine Aufwartung machte) und erinnern wir uns auf der anderen Seite der *poetae docti* Musil und Broch, wenn wir über Hugo von Hofmannsthal reden. Nur so werden wir einem Künstler gerecht, dessen Schicksal es war, in zwei Zeitaltern leben zu müssen – in einer Epoche, die nach seinen Worten von der Gegenwart so weit entfernt ist wie die Märchenzeit, in der es einen Nimrod gab, und zugleich in der Ära jenes Bert Brecht, dessen Wiener ›Baal‹-Aufführung er mit einem Vorspiel bedachte. Die Schiffe in seinem Rücken waren verbrannt; eine verbindliche Tradition gab es nicht mehr; das Bild des Verschütteten, der sich in einer fremden Welt mühsam zurechtfinden muß, beweist deutlich, daß Hofmannsthal sich über seine Lage nicht im unklaren war, ja, daß er sie, wie der Plan einer ›Amor und Psyche‹-Oper verdeutlicht, vorausgeahnt hat: »Nicht sich abspielend während die Götter noch im Olymp residieren, sondern während sie schon im Exil leben, im dritten und vierten Jahrhundert nach Christi – sie leben als herabgekommene Grandseigneurs in einem einsamen Dorf im armenischen Hochland, Schatten ihrer selbst, während aus allen Thälern die Kirchenglocken heraufklingen und die schwarzen Mönche des Hosios Loukas ihren Schlupfwinkel umschleichen –, eine zauberhafte Atmosphäre wie von verwelkenden nie mehr wiederkehrenden Blumen«.

Hofmannsthal konnte ohne Götter nicht leben – und sah doch ein, daß die Götter zu seiner Zeit tatsächlich nichts anderes mehr waren als die Schatten ihrer selbst; er erkannte, daß der alte Adel, an den er einmal geglaubt hatte, verrottet, dekadent und untauglich sei.

(»Ich erwarte nichts mehr von ihm«, heißt es schon 1913, in einem Brief an Andrian). Da er es aber nicht ertrug, ohne die Herrscher nur mit den Kurieren zu leben, machte er schließlich die Diener zu Göttern, wiederholte die Phantasmagorie des alten Fontane und stellte, als ein Symbol antizipatorischer Art, dem Adel wie er war, den Adel wie er sein sollte, entgegen.

Ein Reaktionär also? Hofmannsthal, der in ein Europa fliehen wollte, das es nie gegeben hat: ein Europa ohne Reformation und Renaissance – ein Reaktionär? Man sagt es gern heutzutage, und die Rede vom ›Schrifttum als dem geistigen Raum der Nation‹ spricht, so scheint es, in der Tat für sich selbst. Aber hätte ein Reaktionär die ergreifende Szene entwerfen können, in der Defoes Armesünderkarren von den Proleten mit Blumen bekränzt wird – im Stil von Rosa Luxemburgs erstem Spartakus-Briefs geradezu? Hätte ein Erzkonservativer geschrieben, er wünsche sein Drama, ›Das gerettete Venedig‹ nicht in der Renaissance, sondern in einer *konservativ-reaktionären Epoche* angesiedelt, der Atmosphäre des vormärzlichen Wien? Hätte ein Reaktionär so unbarmherzig wie es Hofmannsthal – aus welcher Perspektive auch immer – im ›Timon‹ tat, mit einer erlauchten europäischen Tradition abgerechnet und sich dabei – das ist entscheidend – für Bakchis ein Zitat von Rudolf Pannwitz notiert: »Konservativ sein hilft nicht mehr, weil es nichts mehr zu erhalten gibt, was nicht schon sich selber preisgegeben hätte«?

Ein Unentschiedener war er, ein Österreicher, der erklärte, daß er zwar eine Heimat, aber kein Vaterland hätte. Ein Aristokrat, der im Konfusionsmacher das Ideal eines Adligen sah. Ein vornehmer Redner, der die eigene Position relativierte, indem er Standespersonen die Sätze eingab: »Reden ist die Teufelskunst des Gesindels« und »Man degradiert sich mit Reden«. Ein Sohn aus gutem Hause, der in Ahnenreihen dachte und doch – im öffentlichen Streitgespräch der beiden Hofmannsthal-Seelen, in dem Prolog ›Das Theater des Neuen‹ – den Gedanken des geschichtslosen Menschen durchdachte. Ein Schriftsteller, der den Diener Theodor, den Schankwirt Timon – ihn, der das Unterste nach oben kehrt! – und den Schauspieler Waldau zu euripideischen *dei ex machina* machte und derart zu verstehen gab, daß er an gar keine Götter mehr glaubte. Ein Dramatiker, der eine Konversations-Beredsamkeit höchsten Ranges erfand – und sie preisgab. (Vielleicht weil er in den zwanziger Jahren an einer möglichen Übereinkunft der Gebildeten, einem *sensus communis* in Geschmacksfragen – als der Voraussetzung einer solchen Rhetorik – zu zweifeln begann.) Ein Schriftsteller, der von Rätsellösern, Propheten und Antwort-Gebern, von lauter Georges, Straussens und Borchardts umgeben war und selber mit den Achseln zuckte und keine Antwort wußte, und wenn er sie doch einmal wußte, sie alsbald wieder verwarf.

... Und hätte es so leicht gehabt, als Epigone seiner selbst, ein alter Loris zu werden: ›Das Theater des Neuen‹ beweist, daß auch der Fünfzigjährige noch die Grazie des Gymnasiasten besaß. Aber er wollte nicht, sondern riskierte es lieber, immer aufs neue zu scheitern. Er hat versucht, was vor ihm keinem Schriftsteller gelang: die Vergangenheit so nah an die Gegenwart zu rücken, daß legendäre Ereignisse jene Anschaulichkeit wiedergewinnen, die der Nachricht von Christi Kreuzes-Tod zukommt ... der Nachricht, die in dieser Sekunde – so, als ob die Wunde noch blute – einen unendlich weit entfernten Stern erreicht. Er hat versucht, eine Sprache an der Grenze des Schweigens zu sprechen – mit Timon wünschte er der Zunge leichtfertiger Redner Geschwüre –, um so die Rhetorik des Niemandslands zu entdecken. Aber er ist gescheitert. Er, dem so vieles gelang und dessen Werk den nach uns Kommenden immer neue Aspekte darbieten wird, hat dort versagt, wo er am weitesten ging – aber gerade das macht ihn groß, hebt ihn heraus über die Antwortgeber und Proklamatoren, die ihm ihren Willen aufzwingen wollten, gibt seinen Versuchen Gewicht und Glaubwürdigkeit und läßt ihn heute lebendiger sein als zur Zeit seines Todes.

Sein Leben zeigt: wenn er die Satansgaben je nahm – benutzt hat er sie nie. Er wußte nämlich und hat es geschrieben – und wenn man es liest, klingt es, bei aller subjektiven Beiläufigkeit, wie ein Vermächtnis, *daß das Chaos sich nicht frisiert.*

Dies ist kein Satz eines genialischen Jünglings, kein Satz eines konservativen Ästheten.

Der Hundertjährige

Emil Nolde

Nah ist er uns und sehr fern. Als er geboren wurde, Emil Hansen aus dem Dorfe Nolde, erschien der erste Band des Marxschen ›Kapital‹, Bismarck war Kanzler des Norddeutschen Bundes, Alfred Nobel begann mit der Herstellung von Dynamit, und Dostojewski schrieb am ›Idioten‹. Als Emil Nolde starb, begannen die Schatten des Stalinismus zu weichen, die Kanzler hießen Adenauer und Ulbricht, in Ost und West wurden Wasserstoffbomben gezündet, und Pasternak vollendete den ›Doktor Schiwago‹. Dazwischen lagen für den Maler Nolde neun Jahrzehnte, in denen er mit den jüngeren Gefährten vom ›Blauen Reiter‹ und von der ›Brücke‹ in bescheidenem Ausmaß den Ruhm (er kam spät und half wenig), in voller Stärke die Verfemung, ganz und gar nicht die Würde des Klassikers teilte. Während andere längst zu Olympiern wurden, Künstler, deren Werke Objekte von Deutungen, aber nicht mehr Gegenstände von Wertfragen sind, bleibt der nur zwei Jahre nach Toulouse-Lautrec geborene Nolde bis heute umstritten. Enthusiasmus und Verdammungs-Urteil stehen unmittelbar nebeneinander; der Fall ist strittig; Kritiker, wie Hausenstein, und Freunde, wie Klee, haben Schulen gebildet; während man hier den großen Einzelgänger, einen anderen Rouault verehrt, bleibt dort die Vokabel »barbarisch« in Kraft. Zudem tadeln die einen, was die anderen loben – und langsam nur tritt das Janusgesicht des großen Malers hervor, allmählich erst beginnen die Betrachter das Entsprechungs-Spiel von Naivität und Raffinement zu durchschauen, dem, einem eigenen frühen Wunsch entsprechend, Noldes Malweise folgt.

Naivität: Dieser Mann kannte das Geheimnis des Mythos, das Präfix »ur« war ihm ein Qualitätsausweis, dem Unzivilisierten, Archaisch-Vorweltlichen galt seine Passion, und Alben und Mahren standen ihm näher als hellenistische Götter. *Raffinement:* Doch er verstand sich auch – man hat das oft nicht erkannt – auf die Nuancen der Psychologie, schätzte die Kunst des Edvard Munch und hatte einen Sinn für die zartesten Nuancen seelischer Valeurs: welche Spiegelung von Übereinkunft, Entzweiung, Entsprechung, Polarität und Disharmonie in den ›Doppelporträts‹, welche Bezugs-Systeme, ein Hin und Her und Überkreuz, ein Gruppieren und Trennen in den Bildern mit vielen Figuren, dem ›Abendmahl‹ zum Beispiel oder dem Gemälde ›Christus und die Kinder‹. Hier wird der Mythos – in der Weise Thomas Manns (Nolde hätte dieser These mit Entschiedenheit widersprochen, aber sie scheint mir unwiderlegbar zu sein) – hier wird der Mythos ins Humáne umfunktioniert, hier findet das Dämonisch-Rüde seinen Kontrapunkt im Reich der Seele und des Gedankens: welche Dialoge, welche Argumentier-Lust unter den Zöllnern und Fischern von

Alsen und Jerusalem – und wie seltsam, daß man jenes psychologische Raffinement des Noldeschen œuvres zugunsten mythischer Einsinnigkeit so sehr unterschätzte, ein Raffinement, das den legendären Vorgängen mit dem Glanz des Spirituellen auch das Zeichen einer vom Gesetz der *fausse naïveté* geprägten Modernität gibt: Die Verdeutlichung seelischer Konstellationen – man denke an den ›Verrat Christi‹ von 1911 – kommentiert den archaischen Text, macht ihn lesbar und gewinnt ihn zurück.

Ja, Nolde war Mythengaukler und Psychologist, ein Dämonomane und ein Maler der zartesten Geste zugleich; seine Kunst zielt aufs Typische ab und ist erfüllt von Sinnlichkeit. Ein Protestant, der seine Bibel kennt, schafft Farbvisionen von solcher Ekstatik, daß man meinen könnte, er sei vom Geist des südlich-paganen Katholizismus geprägt. Er gibt sich grüblerisch – Kierkegaards jütische Heide ist nah –, ein rechter Spökenkieker von der Marsch ... und ersinnt Aquarelle von franziskanischer Anmut und Durchsichtigkeit. Er geht seinen eigenen Weg und kämpft doch ein Leben lang den Schattenkampf mit den Meistern, mit Rembrandt, Tizian und Grünewald. Er verherrlicht das bäurische Dasein und skizziert in Berliner Cafés, in Kabaretts und in Logen die Kokotten, Herrchen und Mimen, die Trinker und Tänzer ... und er tut es mit jener tollkühnen Neugier, die, vom »Fremden« fasziniert, die verwegensten Abenteuer nicht scheut und dabei zu Bildern führt, denen provinzielle Sozialkritik so fremd wie dreistes Karikieren ist. Ein friesischer Möbelzeichner, ein Bauernsohn, der noch für Theodor Storm tätig war, malt

Großstadt-Szenen von der Perfektion der Lautrec-
schen Montmartre-Skizzen oder des Kurfürstendamm-
zyklus' Ernst Ludwig Kirchners.

Ein seltsamer Mann: janusgesichtig als Maler, zwie-
spältig auch als Erzähler. Sein Schreibstil ist holprig,
die Wortstellung unorthodox, hölzerne Partizipia stehen für Nebensätze (»Lovis Corinth, heftig und aus-
fällig redend gegen mich eiferte«), es fehlt an Gliederung und logischer Definition; Umgangssprachliches
verbindet sich mit hochpathetischer Rede (»Tragik
geht gemessen ihren Gang«); Termini technici, wie
Noldes Lieblingsbegriff »Höchstleistung« stehen neben
sentimentaler Naturschilderung ...; aber plötzlich beginnt dann der Maler zu schreiben, Heterogenes fügt
sich zu höherer Einheit, und assoziativ aneinanderge-
reihte Details erweisen sich als Bestandteile einer pla-
stischen Grundkonzeption: »Christian Grau, unser
nächster Nachbar, war kleinbäuerlich schlau ... der
Schinken hing hinter seinem Stuhl ... sein Pferd hieß
Lise, seine Frau Katrin, in seinem Brunnen schwamm
ein totes Huhn und von der Dunggrube rieselte Jau-
che in den Brunnen hinunter.« Hier zeigt sich jener
Wirklichkeitssinn – gepaart mit dem Willen, die Rea-
litäts-Elemente allein nach dem Diktat der Phantasie
zusammenzukoppeln –, der die Dichtung der Früh-
expressionisten, vor allem die Prosa Ernst Barlachs,
bestimmt; hier ist ein Maler am Werk, der mit einem
einzigen Blick Disparates vereint, kühne Collagen
schafft, Collagen aus Namen, Genre-Elementen und
Partikeln des Ekels – ein Maler, der in seinen Büchern
immer dort ein Künstler bleibt, wo er sich ans Sicht-

bare hält, im Bezirk des Sinnlichen verharrt und nur sparsam, plastisch und gegenständlich akzentuiert: »Christian Mommsen, rank, mit rostrotem Vollbart und schnarrendem ›r‹, selbstherrlich mit wirtschaftlichen Neuerungen seine beiden Höfe Wraagaard und Quernholz verspekulierend; Jürgen Lorenzen, tüchtig, geldklug, reaktionär, er wurde der Käufer von Wraagaard; Philipp Boucka, vornehm, hager, eigenwillig«. Drei Adjektive legen drei Figuren fest; Ergänzungen schaffen Bezüge zwischen den ersten beiden Gestalten: dem selbstherrlichen Spekulanten tritt der tüchtige Reaktionär, der Physiognomie das Abstraktum entgegen; A wird sinnlich, B gedanklich, C gedanklich und sinnlich zugleich beschrieben; A gibt primär sein Äußeres, B seinen Charakter, C mit der Statur auch die Eigenschaft preis ... kein Zweifel, daß der Betrachter die Interpretation mühelos in Noldesche Farben verwandeln und sich ein Bild ›Die drei Könige‹ vorstellen könnte. Der Schriftsteller wertet hier als Maler, er koloriert und zeichnet nicht schwarzweiß; die Adjektive (tüchtig, reaktionär) sind, als Oxymoron, aufeinander wie streitbare Farben bezogen. Ein Beispiel für den optischen Duktus der Erinnerungsbücher, ein Beispiel großer, mit Hilfe dreier paralleler Trikola vorgeführter Figurationskunst, ein Beispiel freilich, das man suchen muß. Im allgemeinen, das sei mit Nachdruck betont, lassen weder die vier Autobiographien noch die späten Maximen die Klaue des Löwen erkennen. Im Gegenteil, der Mann, der sich auf diesen Seiten präsentiert, ist eher Dilettant als Artist. Dem ungefügen Stil entspricht die antithetisch-rohe Ideologie: das Deutsche gut, das Französische böse, Leibl kernig, süßlich Renoir, das Einfache edel, das Technische (Eisenbahn, Zeitungen, Rundfunk oder Autos) ein Element der Zerstreuung; suspekt der Intellekt und segensreich der Instinkt, Glauben stärker als Wissen, Macht besser als Recht, nützlich die Tat, die Rede ohne Belang; wichtig das natürliche Recht, unnütz Advokatenklügelei – die Gegensatzpaare ließen sich beliebig erweitern (sogar die Ingenieure, Widerstreiter der natürlichen Ordnung, werden in den späten Notizen zitiert); das Antizivilisatorische, eine Feindschaft gegen Aufklärung, Klassizität und Rationalismus markiert noch die Sätze des Greises; die Ideale der Reinrassigkeit triumphieren (»Auch in der Kunst gibt Rassenvermischung Widrigkeiten«), wölfisch hat sich die deutsche Malerei, angesichts der drohenden Überfremdung, gegen die Machenschaften der alles beherrschenden Presse, gegen skrupellosen Geschäftsgeist und den lauten Kunstbetrieb zu behaupten – sie, die Kunst der Zukunft, sie, von der es heißt: »Eine wirklich innerliche, herzhaft durchtränkte Kunst gab und gibt es nur in germanischen Landen, in Deutschland, und fast alle Nichtgermanen, in rundlicher Formenschönheit befangen, stehen verständnis- und sprachlos diesem Phänomen gegenüber ... Deutschland in Glut und Wehen, ein Traumland in Musik, in Dichtung, in Farben. Und deine Jugend in sich tragend alle schönsten Zukunftskeime.« In der Tat, das sind deutliche Worte, und deutlich sind auch die Akzente in der Auseinandersetzung mit allem Widerdeutschen gesetzt, deutlich ist die Karikierung fremdartiger Typen, des Engländers zum Beispiel – immerhin doch eines Angehörigen der »hochgewachsenen Völker«! –, der im Südsee-Buch auftaucht »mit einer Zigarette, lässig an den Lippen hängend, stand er da«, oder des Herwarth Walden mit seinem »grauen Zigarettengesicht«, der jungen Herren mit geschminkten Lippen und Wangen oder des stadtmüden Sängers mit brauner Haut, mit lila Strümpfen und weißer Jacke. Aber der gleiche Emil Nolde, der so oft die Thesen eines reaktionären Nationalisten vertritt, erklärt auf der anderen Seite, es sei gut, daß Deutschland den Krieg nicht gewonnen habe, und er sagt es zweimal, nach 1918 und nach 1945; und der gleiche Emil Nolde, dem es ein Leben lang um die Dominanz des Instinkts und die Entlarvung des Intellekts ging, formulierte als sehr alter Mann die Sentenz: »Dem deutschen Volk ist Niedrigstes und auch Höchstes gegeben, grausamer Instinkt und edle Geistigkeit!« Der Blick war schärfer geworden; die Einsicht, daß gerade die Nationalsozialisten – statt jene Künstler zu fördern, die Nolde als urdeutsche Meister ansah – die gefällige Gipskunst, Canova und nicht Rembrandt, goutierten, zwang den einsamen Mann von Seebüll zu der Einsicht: »Innerliche, schöngeistige Menschen verehren nur die allerstärkste Kunst, grobschlächtige huldigen der süßlichen und zimperlichsten.« Plötzlich scheint Erkenntnis aufzublitzen; der Leser beginnt neue Hoffnung zu schöpfen. Verwirrt von all den Ungereimtheiten und gefährlich-schrulligen Sätzen atmet er auf – aber vergebens. Auch die spätesten Notizen nehmen im Grunde nichts von dem zurück, was sich vor aller Welt als falsch und gefährlich herausgestellt hatte.

Aber war er überhaupt nötig, dieser Widerruf? Hatte Nolde die eigenen Thesen nicht schon seit Jahrzehnten ad absurdum geführt, Thesen, die er in seinen Erinnerungsbüchern mit so viel Trotz und Torheit vertrat? War nicht mit jeder Zeichnung und mit jedem Aquarell übermalt worden, was im ›Eigenen Leben‹ und in den ›Jahren der Kämpfe‹ als Chamberlainscher Dogmatismus erscheint? Standen nicht Tausende von Bildern gegen diese Doktrinen, ziehen sie der Lüge und löschten sie aus? In der Tat, die Geschichte der Kunst sieht sich im Fall Emil Nolde um einen weiteren Beleg für die Gültigkeit des Gesetzes bereichert, das da besagt: »Es ist möglich, daß ein Schriftsteller« – Engels und Lenin haben diese Theorie am Beispiel von Balzac und Tolstoi aufs schönste bewiesen –, »in seinem Werk die eigene Ansicht indirekt in einer Weise korrigiert, daß die hintergründige Tendenz des œuvres der erklärten Überzeugung des Verfassers radikal widerspricht. Es ist möglich, daß ein bildender Künstler seine weltanschauliche Position, im Akt des Bildens und Malens, preisgibt, ja, daß er die theoretisch begründete Position als Praktiker in ihr Gegenteil verkehrt«.

Wie hat Emil Nolde zum Beispiel in seinen Büchern und Briefen gegen die Großstadt gewettert, wie hat der einsame Bauernsohn die »graden, langen, neblichten Straßen und das elende Publikum« gehaßt (»Ich mag nicht sein hier ... Lasse mich fliehen, fort von hier, weit fort!«), wie hat er sich gesehnt nach der Natur, dem Wind und den Wellen und der Kälte des Winters, wie ingrimmig, als ein sehr kleiner Nietzsche, hat er, zehn Jahre bevor Heym seine Berlin-Hymnen schrieb, die gewaltige City befehdet: »Dort liegt jene Großstadt, wo hinter Kalkmauern die Menschen versimpeln. Nach Parfüm stinkt's, sie haben Wasser im Gehirn und leben als Bazillenfraß und schamlos wie die Hunde. Gebt Sandseife und eine Drahtbürste, damit Politur und Schminke verschwinden.« Wie hat er sie *beschrieben*, diese City – und wie hat er sie *gemalt*! »Wir gingen auf Maskenbälle, in die Kabaretts, in den Eispalast. Und dann gings in öffentliche Lokale, wo fahl wie Puder und Leichengeruch impotente Asphaltlöwen und hektische Halbweltdamen in ihren elegant verwegenen Roben saßen, getragen wie von Königinnen ... Ich zeichnete und zeichnete, das Licht der Säle, den Oberflächenflitter, die Menschen alle, ob schlecht oder recht, ob Halbwelt oder ganz verdorben, ich zeichnete die Kehrseite des Lebens mit seiner Schminke, mit seinem glitschigen Schmutz und dem Verderb. Viel Augenreiz war allenthalben. Diese Menschen waren mir nicht wichtig, sie kamen, tanzten, saßen da ... schwül war es manchmal in dieser Tiefe zwischen all den leichtsinnig glücklichen und unglücklichen Menschen. Ich zeichnete und zeichnete.«

Man sieht, an der Grenze zwischen Theorie und Praxis, dort, wo der Ideologe seinen Platz dem Maler überläßt, beginnen sich die Akzente unmerklich zu wandeln; noch ist von Impotenz und Verderb, von Schmutz und Schminke die Rede, aber die Faszination überwiegt, wie Königinnen tragen die Halbweltdamen ihre elegant verwegenen Roben, die Dogmatik weicht der Neugier, die nichts von Vorurteilen weiß, *placet experiri* heißt die Devise, im Reich der Farben und Formen, der Boas,

Roben und Fräcke gibt es keine präfigurierten Wertungen mehr, ein offener Blick sieht die Unglücklichen Seite an Seite mit den Glücklichen und die Schlechten neben den Rechten. Und endlich, abermals einen Schritt weiter, die Gemälde selbst! ›Herr und Dame im roten Saal‹, ›Publikum im Cabaret‹, ›Slovenen‹, ›Am Weintisch‹: Glanz und Spuk, Flitter und Glück, das Laster und die Menschlichkeit – ein nächtlicher Bezirk, gemalt mit der gleichen Inständigkeit und dem gleichen Willen, aus der flüchtigen Impression ein synthetisches Konzentrat von der mythischen Bannkraft der religiösen Bilder oder, später, der Gemälde des Kampener Sommers zu machen. Mochte der deutschtümelnde Schreiber Fremdrassiges mit scheelen Augen betrachten – den Maler kümmerte das nicht; ihn lockte das Unbekannte, ihn reizten Exzentrizität und Absonderlichkeit: »Die Liebe zum Außergewöhnlichen ist mir immer geblieben. Mein Interesse für das Fremde, das Urweltliche und Urrassige war besonders stark, ich mußte das Unbekannte kennenlernen, ja selbst der nächtliche verdorbene Großstädter erregte mich wie eine Fremdnatur, und die jüdischen Typen meiner späteren religiösen Bilder mögen neben anderem, diesem Trieb folgend, entstanden sein.«
Wie bezeichnend, daß das Fremde hier fast als ein Synonym für das Urrassige erscheint: beides faszinierte den Maler, beides, das Vorweltliche so gut wie das scheinbar Konträre: Kaschemmentanz und Rabulistik, war ihm, in verborgenen Schichten seiner alten Seele, in abgelegenen Erinnerungsgängen bekannt, und es bedurfte nur eines flüchtigen Reizes, damit Nolde – in einem Anam-

nesis-Akt: von jener großen Begierde ergriffen, die Platon im Phaidros beschreibt – das Versteckte ans Licht hob und als ein Fremdes beschrieb, was in Wahrheit längst zu Hause in ihm war. Wäre es anders, hätte er die Demimonde von Berlin, diese Joyceschen Kirken und Döblinschen Hiobs rings um den Alex wie mythische Archetypen malen und, nachtwandlerisch-sicher, Bezirke darstellen können, die zu gleicher Zeit auch Ensor und Kirchner, Heym und Trakl erhellten? Emil Nolde war nicht nur der Einzelgänger und nicht nur der »einsame Mann im Nebel«, der in seinen Selbstdarstellungen gern mit der Rolle des geschmähten Außenseiters posierte – er hatte auch einen Sinn für den Kairos und wußte die Gunst der Stunde zu nutzen. An seinem Beispiel läßt sich, deutlicher als an anderen, das Geheimnis des »Zeitgeists« entschlüsseln; seine Berliner Meister-Bilder – 1911, nicht 1904 oder 1918 gemalt – beweisen mit schöner Anschaulichkeit, daß »Kontemporaneität« kein leerer Begriff ist. Drei Jahre vor dem Ersten Weltkrieg begannen die Maler den Schleier zu lüften; eine Fassaden-Welt gab ihre Geheimnisse preis; der Hades tat sich auf; Vorstadt und Kneipe, die Slums und Kabaretts wurden für die frühen Expressionisten, unter die sich einen Augenblick lang auch Emil Nolde einreihte, zu Schauplätzen einer visionären Antizipation.

Es wäre sehr reizvoll, die Bezüge im einzelnen sichtbar zu machen, Noldes ›Gemälde am Weintisch‹ mit dem zwei Jahre später entstandenen ›Potsdamer Platz‹ Ernst Ludwig Kirchners Detail für Detail zu vergleichen, die exzentrischen Federboas der Totenvögel einander gegenüberzustellen und Kirchners V-förmig

202

schreitende Herren – schwarze Tänzer, die die Dirnen umkreisen – vor der Folie Noldescher Assistenzfiguren – Puppen und Masken im Hintergrund – zu analysieren. Wie wird hier scheinbar Abseitiges zum Gleichnis einer morbiden Gesellschaft, wie spiegelt da ein Unteres das Obere – und wie gleichnishaft hat gerade Nolde diese Bezirke gemalt: sehr weit entfernt von antizivilisatorischer Pathetik zeichnete er Kokotten und Trinker als Menschen des Jahres 1911, Schlechte und Rechte, Täter und Opfer, und zugleich als Typen von symbolischem Glanz: die große Hure Babylon, eine Zentralfigur des frühen Expressionismus', schwingt ihre Geißel; das Schlüsselbuch Heyms, Trakls und Döblins, die Apokalypse, erweist auch bei Nolde ihre inspiratorische Kraft. Die Beziehungen zwischen den Berliner Studien und den religiösen Gemälden, dem Abendmahl oder der Maria Aegyptiaca bieten sich an: ›Am Weintisch‹ und der ›Tanz um das goldene Kalb‹ könnten Bestandteile eines einzigen Triptychons sein – Komplementär-Bilder, die Noldes Fähigkeit demonstrieren, den Mythos zu re-präsentieren und der Sekunden-Impression die Kraft des Typus zu geben: das rote Haar der Kalbtänzerin und die Boa der Dame, die ihre Robe wie eine Königin trägt, der Sektkelch und der Kelch Christi, die Masken der Faschingstänzer und die Masken der Hohenpriester und Pharisäer sind für den Maler Attribute *einer* Welt. Nolde kennt keine Distanz zwischen Präsens und Plusquamperfekt; der Maskenball von 1911 und die biblischen Maskenszenen gehören zusammen – auch wenn ihr Schöpfer selbst das bestreitet. »Masken und Maskentänze«, heißt es in den ›Jahren der Kämpfe‹ – »Kult und Freude aller Naturvölker. Erst bei uns Zivilisierten werden auf den Festen die Masken rosig, häßlich und ordinär, allem Kunstempfinden fremd«. Wiederum zeigt sich: was der Maler – rosige Pharisäermasken und flammend-moderne Masken ersinnend – vereint, zerteilt, vom Gegensatz zwischen Kultur und Zivilisation besessen, der Ideologe, ein gefährlicher Selbstinterpret, mit dem konfrontiert der Leser sich nur allzu bereitwillig der Gedanken Otto Friedrich Bollnows über die Maxime erinnert: »Was es bedeutet, einen Künstler besser zu verstehen, als er selbst sich verstand«, denn der Versuch, den Künstler vor dem gefährlichsten Zugriff, der Eigen-Deutung, zu schützen, ist gerade im Fall Nolde eher ein Akt der Pietät als dreiste Indezenz. Es scheint mir sogar höchst gefährlich zu sein (und pietätlos dazu), wenn Kunsthistoriker einen Maler, der für uns Heutige immer mehr zu einer europäischen Figur wird: einem Gefährten von Ensor und Rouault, Kirchner und Klee, einem Erben Rembrandts und Goyas – es erscheint unter dem Aspekt des Nachruhms als sehr problematisch, wenn Wissenschaftler noch im Jahre 1967 Nolde mit Noldes (oder Sauerlandts) Kategorien betrachten und über seine »urdeutsche Kunst« oder die »nordische Natur« meditieren.

Hier, meine ich, haben die Nationalsozialisten schärfer gesehen – ihnen galten Theorem und Biographica nichts; sie interessierte nicht der Mann, ein Parteigenosse, der die Behörden bis zum Krieg mit seinen Querelen verfolgte, sie schauten aufs Werk, und das dünkte ihnen so bedrohlich zu sein, daß sie ausgerechnet den, der gern ihr Palladin gewesen wäre, mit besonderer Tücke verfolgten; denn seine Kunst sprach gegen ihn, auf dieser Art von Malerei waren keine Throne zu bauen; und wenn es auch Parteikreise gab, die Nolde und Barlach ein Sonderrecht zubilligen wollten – die Fanatiker siegten und bewahrten den großen Maler davor, mit dem Kainsmal des Söldlings gebrandmarkt zu werden – entehrt und vielleicht bis zu dieser Stunde geächtet.

Stellen wir uns einmal vor, das Leben Emil Noldes sei uns unbekannt, es gäbe weder Schriften aus seiner Feder noch Zeugnisse anderer Menschen – einzig die Bilder sprächen von ihm. Was würden wir antworten, wenn uns jemand die Aufgabe stellte, anhand der Gemälde die Nationalität, vielleicht gar die völkische Eigenart des Künstlers zu definieren? Könnten wir anderes sagen als: hier war ein Maler am Werk, der, wenn die Sujets nicht trügen, wahrscheinlich aus Norddeutschland oder aus Dänemark stammte, ein weitgereister Mann mit offenem Blick, zu Hause in den mannigfachsten Räumen und Zeiten, in Tempeln und Kneipen, in Bauernstuben und den Hainen der Südsee, ein Zeitgenosse der Expressionisten, raffiniert und naiv, ein Künstler, der weder auf russischen Bahnstationen noch am See Genezareth den hermetischen Wegführer brauchte, ein Artist, den das Exorbitante zu immer neuen Abenteuern verlockte – aber das Außergewöhnliche lag für ihn nicht in der Exotik der Objekte begründet, sondern Halligabende konnten ihm so fremdartig wie die Tänze der Eingeborenen sein. Spricht alles das für deutsche Kunst, ist signifikant für einen nordischen Maler? Nolde, meine ich, ist nicht ohne seine Heimat zu denken, Seebüll und Alsen, die Marsch und das Meer sind Elemente seiner Kunst, mobile, vertauschbare, Schatten anziehende, zur Typisierung bereite Partikel; Nolde war Regionalist wie Joyce, wie Barlach oder William Faulkner – aber um deutsch zu sein, war seine Kunst zu eng, zu nordschleswigisch, und zu weit, zu sehr vom Geist unseres Jahrhunderts geprägt, dessen Konturen er dargestellt hat, gebannt zurückschauend und seiner Zeit weit voraus, ein Legendenerzähler und ein Künstler, der, zumal in den ungemalten Bildern, Praktiken vorwegnahm, deren Fruchtbarkeit man erst heute zu realisieren beginnt.

Nehmen wir also Abschied von einem deutschen Maler, erkennen wir die Größe eines Artisten, der nicht unter Kategorien betrachtet sein will, die einer Epoche entstammen, die er, Emil Hansen aus Nolde, durch seine Kunst zur Vergangenheit machte. Begnügen wir uns mit der schlichten Notiz, daß er aus Norddeutschland stammte und ein Protestant gewesen ist, der das Sakrale ohne alle Vermittlungen anging (die Heiligen fehlen, man spürt den Geist des Turmerlebnisses eher denn den Geist der Exerzitien) und als ein freier Christ, in Luthers und Kierkegaards Zeichen, das Vordergründige zum Vorwand nahm, um mit Hilfe der Farbe seelische Valeurs auszudrücken und jenen Punkt zu erreichen, wo hinter der Oberflächenwelt die Region des Spirituellen beginnt. Reisend und schauend verlor sich Nolde nie ans Objekt, sondern benutzte das Gegenständliche zur Weckung von Imaginationen, die, in ihm schlummernd, nur eines kleinen optischen Reizes bedurften, um von der Latenz zur Aktion zu gelangen. Seine Skala war groß; sie reichte vom Genre bis zu monumentaler Archaik, von der Ekstase zur verspielten Impression. Nur zum Klassischen war ihm der Zugang versperrt, Nolde fehlte der Sinn für den mit dem Begriff der Klassik verbundenen Optimismus, der Glaube an jenen möglichen Ausgleich der Extreme in einer bannenden Mitte, der nicht nur das perikleische und augusteische Zeitalter prägt.

Die Antike hinterläßt keine Spuren in diesem Werk; dem Maler, der in Granada, auf Sylt, in der Südsee oder auf Hooge das Seinige fand, war Italien zu harmonisch, zu ausgewogen, rund und spannungsfremd, so daß er allenfalls die Blumen und Faschings-Szenen, ein wenig Schleswig und ein wenig Karlsruhe also, in Taormina goutierte, dazu das Mittelmeer, den Ätna und ein paar Menschen. »Künstlerisch hatte das Land mir nichts gegeben, in keinem Jahr vorher hatte ich so wenig gearbeitet wie in diesem« – diese Notiz beweist, daß Nolde, angespornt allein durch den Momentan-Reiz, die ständige Provokation der Natur nicht vertrug. Seine Visionen bedurften, auf der Objekt-Seite, des Wechselspiels von Ebbe und Flut, der sinnlichen Lockung hatten Phasen zu folgen, in denen, angesichts der grauen Welt, nur die Vorstellungskraft farbgebend wirkte – und diese Phasen wurden im Laufe des Lebens länger und länger, bis schließlich, erschütternd zu sehen, die Gegenstands-Welt immer mehr ihre Konturen verlor – »Gemälde, mit Augen des Bildhauers gesehen, sind nicht gut« –, die Hellsichtigkeit zur Hellsichtigkeit des Inneren wurde (draußen ist es dunkel: es herrschen Alter, Krieg und Verfemung) und die Malerei, phantasievoll und meditativ wie ein Glasperlenspiel exerziert, sich – Werner Haftmann hat das gezeigt – der Musik zu nähern beginnt: »Die Farben sind meine Noten, mit denen ich zu- und gegeneinander Klänge und Akkorde bilde.« Fanden sich vormals Innen und Außen, die Phantasie-Region und das Reich der Objekte, in vollkommener Harmonie zueinander, waren die Jünger leibhaftige Fischer, bildeten die Bauern am Tisch eine Abendmahlrunde, erfolgte später, nach Noldes eigenen Worten, von 1909 an »die Wende vom optisch äußerlichen Reiz zum empfundenen inneren Wert«, so dominiert in der Verfemungs-Zeit der aus Phantasmagorien und siebzigjähriger Erinnerung gebildete Traum. Aber im Gegensatz zu vielen anderen Künstlern, bei denen im Alter, im Zeichen einer großen All-Bezüglichkeit, die Konturen *plötzlich* verschwimmen, Details zurücktreten und nur noch, hintergründig und zart, das Atmosphärische herrscht, griff Nolde auf eine längst erprobte Methode, die Technik seiner Aquarelle aus der Zeit des Ersten Weltkriegs zurück, jene Technik, die er nun, im Sinn der Abkehr von der Außenwelt, intensivierte: auf winzigem Raum eine Dialektik – Entsprechung und Zugleich, kein Nacheinander mehr – von Begrenzung und Fluß, von tuschiger Auflösung und Zeichen-Kontur! Welch eine Konsequenz über Jahrzehnte hinweg, welch eine Fülle von Motivbeziehungen, Kontrasten und Parallelen, in diesem riesigen Werk, welche rigorose Verfolgung einiger weniger, immer wiederkehrender Sujets und Strukturen, welch ein Wille zum Vollenden, zum Anders-, Neu- und Bessermachen, zur Ausführung von Entwürfen und Skizzen, zur Transposition – mit Koordinaten-Hilfe – vom Kleinen ins Große! Wie bewegend ist es – ein Beispiel, das für viele andere steht –, wenn der Betrachter in dem blonden Jungen – um 1940 aquarelliert, 1951 ausgeführt – plötzlich den kindlich-ergriffenen Leser aus dem Jahre 1911 wiederentdeckt, den zwölfjährigen Christus, von den Pharisäern umringt, eifernden und fratzenhaft grinsenden Männern mit breiten Mündern, bleckendem Zahn und starrer Maskenhaftigkeit, grotesken Figuren, deren Verwandlung im Alterswerk die Entwicklung des Malers verdeutlicht. Die grelle Dramatik, ein Köpfedrehen und Münderverziehen, ist innerer Bewegung, der Farbtanz verhaltener Gestik gewichen: wie Patriarchen sehen nun die Pharisäer aus, behutsame Lehrer, die sich geduldig dem Kinde zuwenden und mit geöffneter Hand, nicht mehr – man vergleiche, hier und dort, die beiden linken Figuren – mit abgespreiztem Daumen, dem Symbol der Rechthaberei, argumentieren. Das Kind, auf jenem frühen Bild in seiner Welt befangen: ein kleiner Klosterschüler, der sich nicht um die feixenden Besserwisser und Zyniker kümmert, hat sich im Spätwerk zum Partner gewandelt ... aufmerksam lauschend, die Augen ins Weite gerichtet, läßt er sich ein auf das Gespräch mit den Alten; aber Farbe, Blick und Gestik verraten, daß er nicht zu ihnen gehört, sondern auserwählt und gezeichnet wie jener Joseph ist, den in vergleichbarer Figuration, eine frühe Noldesche Graphik unter den Brüdern hervorhebt. Detailvariationen (die Fratze in der Mitte fällt fort, nicht schrille Akzente, sondern zartere Zeichen verdeutlichen die Unterschiede zwischen dem Kind und den Männern – das Kind mit dem Blondschopf, die Alten mit Tüchern und Hut) und Detailkonstanten (die kleine helle Figur umrahmt von den dunkleren Farben) lassen die Wandlung eines Malers erkennen, der, je älter er wurde, mit immer feineren Mitteln immer weitere Bezüge herzustellen verstand: während das Bild von 1911, Beschreibung eines schroffen Kontrasts, im Momentanen verharrt, weist die Beschreibung des beteiligten und unbeteiligten Kindes von 1951 über die Sekunde hinaus, zeigt im Knaben mit den gefalteten Händen schon den gefesselten Mann und macht aus dem aktuellen Geschehen, der Phantasie des Betrachters vertrauend, einen zeitlosen Vorgang. Gerade die Sujet-Wiederholung gibt dem Maler Gelegenheit, die Veränderung seiner Position zu bezeichnen; Variationen lassen den Perspektiven-Wechsel anschaulich werden – und deshalb ist es sehr konsequent, daß Nolde die Methode des Sich-Abhebens von Früherem, eine Praktik, die den Vergleich zwischen Damals und Jetzt, dem Urbild und dem Abbild, provoziert, nicht nur angewandt hat, indem er *eigene*, sondern vor allem indem er *fremde* und sehr berühmte Darstellungen mit Hilfe eines Gegenentwurfs »korrigierte«: erst vor dem Hintergrund des Leonardoschen Abendmahls, dieser großen, harmonisch gegliederten Fuge, gewinnt das Noldesche Seelendrama seine schroffe Kontur, wird die Interpretation der Eucharistie in paradoxer Weise zu einem grelleren Vorgang (Christus über dem Kelch ist schon Christus am Kreuz) als Leonardos Deutung der Verrats-Ankündigung Christi: nicht die grauenvolle, sondern die segenbringende Prophetie erhält hier farblich einen stärkeren Akzent.

Und dann, ein Leben lang geführt, die Auseinandersetzung mit dem Riesenschatten Grünewalds, die Neuakzentuierung von Elementen des Isenheimer Altars, und dann der Wettstreit mit Rembrandt, die Wiederholung des Gemäldes ›David vor Saul‹, gemalt um 1656 »wo die Träne der Schwermut« – so Nolde in den ›Jahren der Kämpfe‹ – »dem unglücklichen König, es war kein schönerer unter den Kindern Israels, auf der Wange lastet und so seelisch und unbegreiflich herrlich gemalt ist, wie nur Rembrandt es konnte«. Rembrandt – und Nolde: er, der es wagte, den biblischen Vorgang, die Geschichte vom Saturnier Saul und seine Heilung durch die Zauberkraft der Musik, in einer Graphik als Exerzitium zwiefacher Melancholie darzustellen. Nicht nur der König, auch der Junge mit dem von Schatten beinahe ausgelöschten Gesicht, zeigt tiefe Besorgnis (da ist nichts vom gelassenen Spiel des schönen Rembrandtschen Jünglings); der Fürst der Schwermut und der musizierende Knabe, Saul und David, sind mit geometrischer Strenge aufeinander bezogen; die Lanze des Königs korrespondiert mit der Harfenumrahmung (Sauls klammernde Hand und Davids geöffnete Hand, die Hand um den Schaft und die Hand um die Saiten wurden von Nolde in strenger Korrespondenz angeordnet) – und den Parallelen entspricht der Kontrast: Lichtgesicht, Schattengesicht, offener Mund, geschlossener Mund ... eine mathematisch auskalkulierte Umdeutung der Rembrandtschen Szene, und zugleich ein

Musterbeispiel jener Zweifiguren-Bildnisse, die – meist antithetisch gegliedert, bisweilen aber auch auf eine höhere Einheit verweisend – das Schaffen des Malers von der Frühzeit bis zu den fünfziger Jahren bestimmten: »Die Zweiheit hatte in meinen Bildern und auch in der Graphik einen weiten Platz erhalten. Mit- oder gegeneinander: Mann und Weib, Lust und Leid, Gottheit und Teufel. Auch die Farben wurden einander entgegengestellt: kalt und warm, hell und dunkel, matt und stark«, und dazu die kluge und die törichte Jungfrau, Bruder und Schwester, Russin und Russe, Männer und Frauen, die Trauernden und die Würfelnden unter dem Kreuz, Maria in leuchtender Farbe und, dunkler gekleidet, in ihrem Rücken, der Zimmermann Joseph – ein Spiel der Kontraste, der winzigen Nuancierungen und bedeutungsvollsten Variationen, ein unermüdliches Inszenieren von Bezugs- und Gegensatzfronten, die Nolde der Welt aufoktroyierte – ohne doch die Dialektik zu verabsolutieren. Immer bleiben Widerstände erkennbar, hier spielt einer nicht mit, dort kehrt jemand sich ab. So narrativ die Bilder erscheinen – sie weisen über das Dargestellte hinaus, evozieren die Phantasie des Betrachters und veranlassen ihn, das Angedeutete auszuführen und hinter dem scheinbar Selbstverständlichen, ja, Krud-Plakativen, geheimere Spannungsverhältnisse offenzulegen. Christus, an der Schwelle von Leben und Tod, heimgehend in den Schoß seiner Mutter ... Golgatha verweist auf Bethlehem, der letzte auf den ersten Schrei. Ein Bild, das als Spätwerk der europäischen Kunst, Ausdruck der Zurücknahme ist: Die *conceptio secunda* zu zeigen und eine kreißende Pieta auf die Leinwand zu bringen – das konnte nur ein Visionär wagen, der sich mathematischer Proportionen bediente, und ein Farbmeister des Spirituell-Imaginativen, der kompositorisch zu konstruieren verstand, als wäre er auch unter diesem Aspekt ein Weggefährte Paul Klees.

Das will deshalb mit Nachdruck betont sein, weil manche Interpreten in der Frage künstlerischer Rationalität den Selbstdeutungen des Malers, seinen Invektiven gegen den Kubismus und die kommende jüdische Kunst wiederum allzu bereitwillig folgen – womit sie in Gefahr geraten, die formalistischen Strukturen dieses Werks in gleicher Weise wie die psychologischen Valeurs zu verkennen und es so bei der Betrachtung der einen, sich auf den ersten Blick anbietenden Seite bewenden zu lassen. Deshalb erscheint es mir wichtig – selbst auf die Gefahr hin, ins andere Extrem zu verfallen –, in dieser Stunde neben dem Maler jener Friesenhäuser, auf denen der Glanz von Pharaos Wohnungen ruht, auch den Maler der Großstadt, neben dem Mythenbildner den Zeitgenossen, neben dem Legendenzeichner den Munchschen Psychologisten, neben dem Originalgenie den traditionskundigen Künstler, neben dem Autodidakten den Handwerker, der sich auf technische Raffinessen verstand, und neben dem Traumtänzer, einem im Zustand halluzinatorischer Hellsicht schaffenden Maler den konstruierenden Nolde zu zeigen, einen Artisten, der mit leuchtenden Farben klare und begreifbare Kontraste herstellte, die Bilder gliederte und Strukturen erfand, die rational verifizierbar sind.

Wir haben, so hoffe ich, Abschied von dem deutschen,

dem faschistisch verfälschten, dem allzu Noldeschen Nolde genommen, nehmen wir nun Abschied auch von dem Maler, der ein genialischer Visionär, und nichts anderes, gewesen sein soll. Seien wir Nolde gegenüber gerechter als er selbst es war; bringen wir *beide* Seiten ans Licht, Naivität und Raffinement, das Konservative und die Modernität, Phantasterei und kompositorisches Kalkul, die Vision und das Berechnen der Antithesen, der Gebärden-Bezüge und Winkel-Korrespondenzen. Bedenken wir: da ist, auf der einen Seite, der Tanz; Tanz des Südseemädchens, Tanz der Paare in den Berliner Kaschemmen, der Kerzentanz und der Tanz um das goldene Kalb, der Totentanz und der Zigeunertanz, der Schlittschuhtanz und das wiegende Tanzen der Dschunken, die Tanzbewegung, mit der Judas sich an seinen Meister preßt, und endlich die Tanzgeste des auferstandenen Herrn – wie die Zigeunerin aus Granada, der sanfteste Tänzer, so hebt er die Hände –; und da ist, auf der anderen Seite, neben ekstatischem Taumel und orgiastischem Rausch, da ist auf der anderen Seite – ich trenne Zusammengehörendes, um Noldes Bipolarität zu erweisen –, da ist die strenge Intentionalität, nicht Wirbel und Spiel, sondern demonstrativer Bezug, die Vereinigung aller Elemente auf einen Fixpunkt, ein straffes Ausrichten der Bewegungsakzente auf ein gemeinsames Ziel hin, konzentrische Ordnung und Koordinierung disparater Partikel: man blickt auf den Kelch, auf den Säugling, auf den lesenden Jungen im Tempel; Haupt- und Nebenfiguren, Zuschauer und Akteure folgen *einer* Bewegung: wie sehr, das zeigt im Abendmahl jenes Auge, das sich, in gegenrhythmischer Weise, dem Fixpunkt des Kelchs und der Hände zu entziehen versucht und im Augenblick der Meditation zu tanzen beginnt. –

Emil Nolde, den man allzulange nur im Bannkreis des Dionysos sah, eines Dionysos dazu mit der Fratze des nordischen Nachtmahrs – dieser Maler, dessen Werk aus einer Fülle von Antithesen besteht und der, zumal am Ende seines Lebens, auch Bilder von einer vollkommenen Harmonie zu malen verstand (man denke an das alte Paar, Mann und Frau, mit einem einzigen Leib und einer einzigen doppelwurzligen Hand – eine sehr zarte und elegische Illustration des Worts »... bis daß der Tod euch scheide«) – dieser Nolde war auch dort zu Hause, wo Apollon die Nebeldämpfe zerteilt.

Die ihn verfolgten wußten das und fürchteten ihn sehr zu Recht. Ein deutscher Maler, der Jahrhunderte nach der Dürerzeit eine zweite germanische Renaissance einleiten wollte, wurde der Todfeind der Nationalsozialisten: Er, der Mann des Landes, der zeitlebens gegen die »süße Sünde der Rassenmischung« eiferte, er, der Gegner jener »frechen geschniegelten Halunken«, die seiner Meinung nach den heiligen Tempel der Kunst in ein Bordell verwandelten, er, dem die Demokratie so verächtlich wie Wissenschaft, Intellekt, Kritik und Buchwissen war (»Scheffels ›Eckehart‹ war das einzige Buch, das ich jemals gelesen habe«) ... dieser Nolde, der einen Max Liebermann mit den Chiffren »ohne Wärme« und »nur ätzende Säure« beschrieb und sich noch 1940 nach repräsentativen Aufträgen sehnte, hat keinen Augenblick daran gedacht, seinen Privatfrieden mit den großen Herren zu machen. Statt sich anzupassen, ließ er es auf einen geheimen Zweikampf ankommen, antizipierte den Tag der Befreiung, maß ein Reich, das sich für tausend Jahre eingerichtet hatte, an der bescheideneren Lebensspanne eines aus deutsch-dänischem Grenzgebiet stammenden Malers, malte – Schweyk in Nordschleswig! – »für später« und führte dann aus, was er sich auf kleinen Papieren vorgemerkt hatte ... und diese winzigen Kassiber aus Seebüll, in einer Einsamkeit entworfen, die nur mit jener zu vergleichen ist, die Nolde in divinatorischer Voraussicht als die Einsamkeit Rembrandts beschrieb (sie sollte seine eigene werden) – diese Kassiber sind, mit Peter Hacks zu sprechen, ein Beispiel für jenen *ewigen Streit der Kunst gegen die Großen, den immer der Künstler verlor, immer die Kunst noch gewann.*

Während man in München noch die heroischen Bilder ausstellte, wurde in Seebüll, auf Japanpapier, bereits die kommende Währung verteilt, markierte das Noldesche »später einmal« schon die Hinrichtung der Herrschenden.

Der Rhetor Thomas Mann

»Ein Stern ist untergegangen, und das Auge des Jahrhunderts wird sich schließen, bevor er wieder erscheint«: so vernahm man es, am 2. Dezember 1825, aus dem Munde eines Frankfurter Polizeiaktuars, so eröffnete Ludwig Börne im Museum seiner Vaterstadt die Rede auf Jean Paul, und so möchte auch ich, zu Ehren des Redners Thomas Mann, beginnen, wohl wissend, was es bedeutet, eines hanseatischen Rhetors zu gedenken, der sich auf die Sainte-Beuvesche Kunst kritischer Seligpreisung nicht minder gut als der ehemalige Frankfurter Beamte verstand.

»Ein Stern ist untergegangen«, das heißt in unserem Fall: Mit Thomas Mann endete das große, von der romantischen Trinität, der Wissenschaftslehre Fichtes, dem Wilhelm Meister und der französischen Revolution eingeleitete Jahrhundert, dessen letzter und bedeutender Anwalt er war. Wie der kleine Hanno mit einem Strich: »Ich dachte, nach mir käme nichts mehr«, die Familienchronik abschließt, so zog der Autor des ›Faustus‹ das Fazit eines Säkulums, als dessen Repräsentanten er sich immer empfand: ein deutscher Schriftsteller, der, ungeachtet aller Weltbürgerlichkeit, noch

als Siebzigjähriger mit seinem Vaterland so sehr verbunden war, daß er Deutschlands Ende mit der Endzeit
einer Epoche und die politische Apokalypse einer Nation mit der Apokalypse der Kunst schlechthin identi-
fizierte. Der Blick war rückwärtsgewandt, Nietzsche,
Schopenhauer und Wagner hatten die Muster geschaffen, mit deren Hilfe der Erbe die Forderung des Tages
bewältigen konnte. Das Vergangene zitathaft ins Präsens geleitend, dem Abgestorbenen im Akt der spielerischen Identifikation neue Lebenskräfte verleihend,
das Gestern auf sich selbst, sich selbst aufs Gestern
beziehend, hat Thomas Mann die Kluft zwischen der
Gegenwart und dem Perfekt zeitlebens geleugnet, die
Klassiker zu Kon-Autoren gemacht und die Totenbeschwörung in Gespräche verwandelt, die Altersgefähr-
ten betrafen. Goethe war ihm kein Olympier, sondern
ein intim vertrauter Verwandter: ein Zeitgenosse jenes
Johann M. Buddenbrook, der anno 1813, um Getreide
aufzukaufen, nach Süddeutschland fuhr. Die Atmosphäre des Hirschgraben-Hauses entsprach, wie die
Rede ›Goethe als Repräsentant des bürgerlichen Zeitalters‹ lehrt, dem Stil der lübischen Mengstraßen-Villa
bis ins Detail; Familiarität war im Spiel: Weltgröße
als Kind der Bürgerlichkeit; man hatte ein gemeinsames Schicksal, man lebte, hier präludierend, dort das
post mortem anstimmend, in der gleichen Epoche, und
beschwor einen Zeitabschnitt, der durch die Zukunfts-
visionen der ›Wanderjahre‹ und Serenus Zeitbloms
Rückschau begrenzt wird ... jene hundertjährige
Phase, die mit einem Donnerschlag (dem zweiten Donnerschlag) zu Ende ging, als die Elternhäuser in Frank-

furt und Lübeck unter ähnlichen Zeichen in Schutt und Asche versanken. Vergessen wir nie, daß der zeitliche Abstand zwischen der Etude ›Gefallen‹ und dem zweiten ›Faust‹ nicht sehr viel größer als die Distanz ist, die uns vom frühen Expressionismus, dem Beginn der eigentlichen Moderne, von Else Lasker-Schüler und Ernst Stadler trennt!

Im Jahre 1898, als Thomas Mann dem Publikum seinen Novellenband ›Der kleine Herr Friedemann‹ vorlegte, hatte Theodor Fontane den ›Stechlin‹ gerade beendet, Nietzsche war noch am Leben, Wilhelm Raabe publizierte die Erzählung ›Hastenbeck‹: diese Konstellation muß man im Auge behalten, um die Manier der Rückschau, des Spurenjagens, der Nachfolge-Spiele und des parodistischen Zitierens recht zu verstehen. Es ist Thomas Manns Schicksal gewesen, in einem Augenblick beginnen zu müssen, als die von ihm bewunderten Riesen verstummten … jene Schriftsteller, auf deren Schultern er, weiter sehend als sie, die Konturen einer zu Ende gehenden Epoche beschrieb, das Antlitz einer Welt, die nach 1930 nicht mehr seine Welt war: ›Krull‹, ›Buddenbrooks‹ und ›Zauberberg‹ spielen vor 1914, die ›Betrogene‹ und der ›Mario‹ in den zwanziger Jahren; was danach kam, entzog sich dem direkten Zugriff und konnte, vom ›Faustus‹ abgesehen, nur mit Hilfe mythischer Analogien und historischer Parallelen, auf einem Umweg also, anschaulich werden. Von Lübeck ging es nach Weimar, von Davos nach Ägypten, von München ins fiktive Flandern; seit früher Jugend am Typisch-Repräsentativen interessiert, verließ der Romancier um 1930, 100 Jahre nachdem Goethe gestorben war, die Bezirke einer Gesellschaft, die sich nicht mehr in ausgezeichneten Individuen stellvertretend zu manifestieren verstand. Die Novelle ›Mario und der Zauberer‹ bezeichnet die Grenze; vor der politischen Emigration begann die Emigration aus der fremdgewordenen Realität: Joseph und Goethe traten an die Stelle Thomas Buddenbrooks und Frau Chauchats; dem Exemplarischen und Immerwährenden gilt von nun an der mehr und mehr auf Verweise, Relationen und Spiegelungen achtende Blick; kommt man auf Wilhelminisches oder Republikanisches zurück, dann bleibt es bei der Wiederholung vorgebildeter Muster: Krull, Schönredner und liebenswerter Ganove in einer Person, transponiert das plappermäulige Hochstaplerchen Joseph ins Komisch-Legere; Rosalie von Tümmler läßt an Aschenbach, Ken Keaton an Tadzio denken; das Marienbader Grundmodell – ein alternder Mensch, dem Zauber schöner Jugend verfallen – schimmert ein zweites Mal durch.

»Ein Stern ist untergegangen«, das heißt: Thomas Mann war wahrscheinlich der letzte europäische Autor, dem es gelang, eine Zeit, deren einzige Wirklichkeit aus einer Summe von Möglichkeiten zu bestehen scheint, wenigstens mittelbar, durch die Umfigurierung klassischer Exempel, zu beleuchten. Im klaren Bewußtsein, daß en-face-Analysen in Augenblicken gewaltiger sozialer Veränderungen problematisch sind, entschloß sich Thomas Mann, die literarische Evokation zum Fundament eines schwebend-indirekten Erzählens zu machen ... und dies bei gleichzeitigem Verzicht auf die kreative Erfindung, die ohnehin seine Sache nicht war, und dies, indem er, seit eh und je ein Meister der höheren Abschreibekunst, dem realistischen Zitat zeitliche Tiefenschärfe verlieh und, von Fontane zu Joyce gehend, die Vorbilder nicht mehr aus dem Leben, sondern aus den Arsenalen der Historie, des Mythos und der Literaturgeschichte entlieh. Kein Wunder also, daß ihm die Parodie allmählich als die einzig mögliche Kunstform erschien: Bekanntes kühn variierend, wiederholte er die Praktiken glanzvoller Epochen der Dichtung, die Praktiken Shakespeares und der griechischen Tragiker, deren Kunst ja in eben jener spielerischen Verwandlung der als vertraut vorausgesetzten Vorlage bestand, die Thomas Mann so meisterlich beherrschte. Dabei ist freilich zu bedenken, daß ein solches Spiel mit Autoritäten: daß dieser alchimistische Zauber, dieser Nachfolge-Spaß nur dann gelingen kann, wenn ein Publikum da ist, das den Allusionen, Abbreviaturen und eleganten Ausschmückungen wirklich zu folgen versteht: ein Publikum von Kennern, die begreifen, daß der Text – als Kommentar gelesen werden will. Wer hingegen nicht versteht, daß, um den ›Joseph‹ zu zitieren, der Erörterung des »Wie?« soviel Lebenswürde und -wichtigkeit zukommt wie der Überlieferung des »Was«, wer in Settembrinis Positur, dem Stock und den gekreuzten Füßen, nicht unverzüglich die Pose des hermetischen Totengeleiters und kundigen Mittlers erkennt, wird die Bezugs- und Durchblickstechnik der ›Lotte‹, des ›Joseph‹ oder des ›Zauberberg‹ nicht aufschlüsseln können.

Thomas Mann, es sei in aller Schlichtheit gesagt, ist ein Autor für gebildete Leute. Mag man den Reiz der Grünlich-Episode auch ohne Schopenhauer-Lektüre

ermessen – dem Verständnis des Lesers, der, von Nietzsche, Lou und Rée nichts ahnend, die Werbungs-Passa-
ge im ›Faustus‹ wie einen Kriminalroman liest, sind
denn doch Grenzen gesetzt . . . und gerade diese zum
Genuß der Werke erforderlichen Prämissen lassen
Thomas Mann den jungen Schriftstellern unserer Tage
so fremd sein. Man müsse zuviel wissen, heißt es, müsse eine alexandrinische Geheimsprache lernen und bei
der Lektüre Lexika wälzen, um die Beziehungen und
die Beziehungen der Beziehungen richtig zu deuten;
überdies sei dieser Schriftsteller gerade dank der ihm
eigenen Gabe, alles ordnen und etikettieren zu können,
einer Generation suspekt, die, im Ungereimten lebend,
des Sinns für Kontinuitäten und feste Literatur-Tra-
ditionen durchaus entbehre. Nun, daran mag etwas
Richtiges sein, doch scheinen mir die Kritiker nicht zu
bedenken, daß die gegen Thomas Mann erhobenen
Vorwürfe genausogut für Joyce oder Pound gelten . . .
und was die angeblich nicht existente Kontinuität angeht, so beweisen Werke wie die ›Blechtrommel‹, daß
erlauchte Formen, wie der Schelmen- und Erziehungs-
roman, jedenfalls dann, auch heute noch, lebensfrisch
sind, wenn man das zugrunde liegende Muster in paro-
distischer Weise verändert . . . womit denn Oskar, der
Zwerg und musenbeflügelte Trommler, sich unversehens als Krull redivivus erweist. Was für den einen
Schimmelpreester und Madame Houpflé, sind für den
anderen Frau Greff und Matzeraths zweite Gemahlin:
Rousseau in jedem Fall wird auf den Kopf gestellt. Das
erzählende Ich, hier wie dort ein omnipotenter Tau-
sendsassa, stellt augenzwinkernd Beziehungen zu sei-

nen illustren Vorfahren her; am Rhein spricht man von Phidias, von Parzival in Danzig; der Marquis de Venosta, Rasputin und Goethe fungieren als Säulenheilige eines makabren Erziehungs-Prozesses, der, statt zur Überreichung des Lehrbriefs, zur Inhaftierung im Kerker und in der Heilanstalt führt.

Man sieht, ganz so voraussetzungslos läßt sich auch die Poesie der Jüngsten nicht lesen: wobei nicht vergessen sein soll, daß ihr, bei manchen Parallelen im Detail, eben jener Aspekt des Stellvertretend-Überindividuellen fehlt, das dem Thomas Mannschen Stil, diesem schalkhaften Rühmen und ironisch beredten Zitieren, Pathos und Würde verleiht. Erst das Gefühl der Repräsentanz in Goethes Sinn gab seiner Prosa den rhetorischen, sich mit Hilfe einer festen Topologie entfaltenden *effort* und machte ihn zu einem Redner in vielfältigem Sinn. Ein Meister der Laudatio ist er gewesen und ein Kenner der Aischrologie, groß im Schelten, größer im Rühmen, einer der wenigen noblen Demagogen unserer Nation, bei der es sonst, nach Goethes in ›Dichtung und Wahrheit‹ zitiertem Wort, nicht viel zu reden gibt, so daß der Rhetor, um nicht zu verstummen, sich des Vehikels der Dichtung zu bedienen hat. Ein Schriftsteller war Thomas Mann, der die Techniken der klassischen Rhetorik, von der Dreistillehre und deren parodistisch-verfremdender Umkehr bis zur Dialog-Nuancierung, mit einer Kennerschaft ohnegleichen beherrschte, ein Rhetor höchsten Ranges, ein Rhetor wie Schiller, den Adam Müller in seiner Schrift über die Beredsamkeit und deren Verfall in Deutschland als den größten Orator der deutschen Nation etikettierte. –

Der Rhetor Thomas Mann, der Schöpfer wohlartiku-
lierter Sentenzen, kunstvoller Formeln, erlesener Fi-
guren und nach klassischen Mustern entworfener Pe-
rioden, der Anwalt einer Sprache, die um ihre soziale
Verantwortung weiß, der Meister des heiter-sittigenden
Worts: es ist fraglich, ob der »Zauberer« sich über diese
Bezeichnung sonderlich erfreut gezeigt hätte. In seiner
Jugend zumindest empfand er der Rhetorik gegenüber
allenfalls Haßliebe-Gefühle. Der ›Versuch über das
Theater‹, ein 1908 publizierter Essay, der mit großer
Hellsicht die episch-undramatischen Elemente, die
Handlungs-Armut des klassischen Dramas analysierte
und damit Brechts antiaristotelische Poetik dreißig
Jahre vor ihrem Entstehen als problematisch erwies:
diese Studie pries zwar das rhetorische Zeremoniell des
antiken und französischen Theaters, lobte den luziden
Dialog, den geistigen Vortrag und die hochstilisierte
Rede, pries, zuungunsten naturalistischer Buntheit und
kruder Schausteller-Handlung, das Oratorisch-Erzäh-
lende der alten Bühne, doch diese Hochschätzung arti-
stischer Valeurs der Rhetorik paarte sich mit einem
tiefen Mißtrauen, einer moralischen Skepsis gegenüber
den demagogischen Zügen der Rede. Mochte Poliziano
im Drama ›Fiorenza‹ künstlerisch angeordnete Zitate, bedeutende Sentenzen, die Reinheit und Eleganz
der Sprache, den meisterhaften Bau der Perioden und
den harmonischen Silbenfall als Vorzüge der beredten
Predigt bezeichnen: Thomas Mann, der sich, wie der
Humanist, einbilden durfte, ein wenig von Beredsamkeit zu verstehen (wie sehr, das zeigen Imma Spoel-
manns »geschliffene Redensarten« in Anführungszei-

chen!) – Thomas Mann kannte auch den Standpunkt Savonarolas, jenen ethischen Rigorismus, der alle Redner-Floskeln als Larifari verdammte ... und dennoch Florenz durch das Wort unterwarf.

Später, in den Jahren, als der ›Fiorenza‹-Verfasser die ›Betrachtungen‹ schrieb, schienen ihm beide Positionen in gleicher Weise suspekt, die Jakobiner so verachtenswert wie die – ihnen wesensgleichen – Humanisten mit der rhetorischen Suada. Im Zivilisationsliteraten, so glaubte er damals, feierten Polizian und Savonarola (friedlich vereint) fröhliche Urständ ... und das Ergebnis dieser Vereinigung, das Produkt einer makabren Symbiose von Ästhetizismus und Aufklärung, war jener Pakt zwischen dem Aufwieglertum und der Wohlredenheit, gegen den Thomas Mann, in Deutschlands Namen, im Namen von Tiefe und Wortlosigkeit polemisierte. Rhetorik, das war die Unität von sprachlich-artikuliertem Geist und mörderischer Doktrin, von scholastisch-literarischer Formel und brutalem Jakobinismus. Rhetorik war Zivilisation, gallische Pose, soziale Verbindlichkeit, kommunikable Manier und unverbindliches Geplapper. Rhetorik war Eleganz, entleerte Konvention und Oberflächlichkeit, war Advokaten-Sprache, unpersönliches Operieren mit vorgeprägten Formen und gesellige Konversation. Rhetorik, mit einem Wort, war der stilistische Ausdruck seichten Tugend-Gewäschs, war der Punkt jenes politisierenden Rhetor-Bourgeois', in dem Thomas Mann zur Zeit des Ersten Weltkriegs seinen Erzfeind erblickte, einen Gegner, den er nicht zuletzt deshalb so vorzüglich darstellen konnte, weil er selbst schon auf dem Wege war, ein Rhetor-Bourgeois, im positiven Sinne des Wortes, zu werden.

Zu werden? In der Republik von Weimar: als Mahner, Citoyen und Tugendanwalt, als politischer Redner – ein Versöhner und Werber in vielfachem Sinn? Zu werden? Oder, als Nietzsches Erbe, schon immer zu sein? »Overbeck«, heißt es in den ›Betrachtungen‹, »nannte seinen großen Freund im Vergleich mit Pascal und Schopenhauer einen Rhetor im üblen Sinn; und es ist wahr: eine gewaltige Verstärkung, ja eigentlich erst die Legitimierung des prosaistisch-rhetorischen Elementes in Deutschland stammt von Nietzsche – wir erkannten das Hauptelement der Demokratie darin, und wir sehen wohl, daß Nietzsches Rhetorentum der Punkt ist, an dem der westlich-politisierende Literat mit deutschem Geistesleben sich allenfalls berührt.« Politisch ausmünzbar war ferner Nietzsches genialer Hang zur Satire – vor allem aber, was damit zusammenhängt, sein karikaturistischer Spätstil *in psychologicis*: Nietzsche als Kritiker war zuletzt durchaus Karikaturist und »Groteskkünstler« – nun, wenn das kein Selbstzitat, kein ironischer Hieb gegen die eigene Rhetorenbrust ist: was sollte dann wohl ein Selbstzitat sein? Thomas Mann, so will mir scheinen, hat Nietzsches Meister-Prosa, den Rhythmus der scheinbar ungebundenen Rede, wie es 1924 im Vorspruch zu einer musikalischen Nietzsche-Feier heißt, zu oft enkomiastisch gepriesen, als daß man ihm die Vokabel rhetorisch, auch in den ›Betrachtungen‹, unbesehen als ein Schimpfwort abnehmen könnte, das ganz frei von ironischem Hintersinn ist.

So sehr ihm, gerade im Fall des späten Nietzsche, das Marktschreierisch-Laute, die schrille Possenreißerei der Rhetorik, das Zarathustra-Pathos, zeitlebens mißfiel: so früh hatte er doch, anfangs noch scheel und den Romantikertraum von deutscher Innerlichkeit träumend, die offizielle Rolle der Rhetorik erkannt, ihr soziales Element, das ihn zu beschäftigen anfing, als er, unter dem Aspekt der Pädagogik, den Weg antrat, der ihn von Rousseau zu Goethe führte, vom Autobiographischen zum Objektiven: als er erkannte, daß auch das Politisch-Soziale einen Teilbezirk des Humanen darstelle – als ihm bewußt wurde, wie absurd die Trennungen von ästhetisierender Spekulation und gesellschaftlicher Verantwortung, von Marx und Hölderlin sei. Totalität hieß das Stichwort der zwanziger Jahre, Ausgleich der Extreme in einer ordnenden Mitte: weder Vereinzelung noch würdeloses Aufgehen der Persönlichkeit im Allgemeinen; Totalität des Humanen; nicht Verabsolutierung des Individuums oder des Staats, sondern, wie es in der Rathenau-Ansprache heißt, »organische und unfehlbare Zusammengehörigkeit von Bekenntnis und Erziehung, von Selbst- und Menschenbildung«.

Kein Wunder also, daß, im Zeichen solcher, der Sphäre des Sozialen geltender Meditationen, sich auch Thomas Manns Bewertung jenes vielgeschmähten Rhetor-Bourgeois verändern mußte, der, von Leo Tolstois antihumanistischer, antiliterarischer, antirhetorischer Auffassung in gleicher Weise wie vom Idealbild des soldatischen Typs abgehoben, sich noch anno 22 als Spottgeburt aus Dreck und Feuer präsentierte: »Ich schwöre, es gibt nichts Komischeres als seinen Advokaten-Jargon, seine klassische Tugend-Suada – man sollte es ausprobieren in einem Drama, einem Roman, worin man ihn etwa gar mit einer Sphäre lasterhafter Romantik kontrastierte. Man sollte ihn auf die Szene stellen, den Mann der Zivilisation, den mediterranen Freimaurer, Illuminaten, Positivisten, libre-penseur und Propheten der bürgerlichen Weltrepublik ...; man sollte ihn ›reden‹ ... lassen – und vielleicht würde es gelingen, diesem Petrefakt ein wenig von der lebendigen Liebenswürdigkeit mitzuteilen, mit der Goethe den Famulus Wagner auszustatten wußte.« Man sollte ihn auf die Szene stellen – das heißt, man war bereits kräftig dabei, und der Illuminat und Rhetor-Bourgeois war unter dem Namen Ludovico Settembrini längst eine Figur aus Fleisch und Blut.

Doch als dann der ›Zauberberg‹ zwei Jahre später erschien, hatte sich Famulus Wagner entschieden zu seinem Vorteil gewandelt; denn statt des schellenlauten Toren betrat ein janusköpfiger Redner die Bühne, der zwar die Attitude eines bourgeoisen *grandparleur* niemals verleugnete, aber auf der anderen Seite, ein hermetischer Mittler und gewinnender Bote, doch auch als früher Vorfahr Josephs und Krulls, als kunstreicher Dosierer jener Ironie erschien, die, als klares und gerades Mittel der Beredsamkeit, das Pathos der Mitte besaß: ein Cicerone also, dem sich Hans Castorp leichteren Herzens als dem suspekten Romantiker Naphta anvertrauen konnte, jenem Terroristen, der im Roman die Thesen vertritt, die Thomas Mann in der Rathenau-Rede als gefährlichen Obskurantismus entlarvte.

Kurzum, der eloquente Advokat verdeutlichte die politische Wandlung seines Verfassers nicht ohne Charme: ursprünglich nach dem Bild des Zola-Essayisten geformt, ein Rhetor-Bourgeois vom Scheitel bis zum Fuß, vertrat er nachgerade Thesen, die Thomas Mann in den zwanziger Jahren durchaus als die seinen, des Autors Thesen, ausgab: ein Propagandist der Republik und des schönen Stils jedenfalls war er um 1924 gewiß. Mit einem Wort, Naphtas Repliken, so entschieden sie in einer Hinsicht auf den Essay ›Goethe und Tolstoi‹ pochen durften, warfen den hermetischen Drehorgelmann beileibe nicht um; Spenglersche, in ›Preußentum und Sozialismus‹ zitierte Gedanken reichten auch in jesuitischer Suada nicht aus, um die humanistische Position zu erschüttern ... denn mochte an Settembrini, diesem vergilianischen Weltstadtliteraten und Prunkrhetor noch soviel Komisches, noch soviel Flitter aus der Zeit des Rückzuggefechts haften; mochte der Schüler des lübischen Katharineums, im Sinn der Tolstoi-Studie, den rhetorisch-literarischen Geist des europäischen Schul- und Erziehungswesens und seinen grammatisch-formalen Spleen tatsächlich wenig goutieren: als einen Hanswurst des *estilo culto*, wie Naphta sich auszudrücken beliebte, hat er Herrn Settembrini im Jahre 1924 gewiß nicht gesehen, eher schon als einen Windbeutel und Schönredner ... doch Windbeutel und Schönredner sind auch die liebenswerten Glückskinder Joseph und Krull.

Nein, es kann kein Zweifel bestehen, daß Thomas Mann, beim Kampf zwischen rednerischem Humanismus und analphabetischer Barbarei auf seiten desjenigen stand, der redend das Knie vor dem humanistischen Hermes, dem Meister des Palästra, beugte, jenem Gott, dem die Menschheit das Hochgeschenk des literarischen Wortes, der agonalen Rhetorik verdankte ... der agonalen, wie es im ›Zauberberg‹, der demokratischen Rhetorik, wie es in dem Essay ›Meine Zeit‹ heißt – an einer Stelle, wo Thomas Mann im Zusammenhang mit jener Beredsamkeit, im Zusammenhang mit dem politischen Belcanto Herrn Settembrinis den Ausdruck ›humoristische Distanzierung‹ verwendet – und das klingt in der Tat viel freundlicher als die frühe, vom Geist der ›Betrachtungen‹ getragene Deutung, von der allein die drei Wörtchen rührend, liebenswert und lebendig Herrn Naphtas tapferen Antipoden angemessen bezeichnen; nur sie werden einem Rhetor gerecht, der weniger Wagner als Hermes gleicht. In einer Haltung verharrend, die Lessings Schrift ›Wie die Alten den Tod gebildet‹ dem freundlichen Thanatos zuweist, erinnert er mit seinen Gesten an den Possenreißer aus dem ›Tod in Venedig‹ – und das läßt ihn gewiß etwas zweideutig sein; auf der anderen Seite aber ist es nicht nur ein Schlapphut-Bettler, sondern eben doch ein Zwilling der hermetisch-bevorzugten Kinder: ein Plastiker nach Goethes Art, ein Ausgezeichneter wie Gregorius, der spätere Papst ...

Schaut man genauer hin, dann ergeben sich die Beziehungen ganz wie von selbst, und zumal die Rhetorik erscheint, unter humanen und sozialen Aspekten, in einem Glanz, den kein antizivilisatorisches Mäkeln mehr trübt. Welch eine Wandlung von den ›Betrachtungen‹ bis zur Tetralogie! »Spricht die Seele, so spricht, ach, schon die Seele nicht mehr«: dieses, von dem Traumbild eines unartikulierbaren Gedankenreichs ausgehende Schillersche Diktum könnte als Motto über den ›Betrachtungen‹ und auch noch über dem in französischer Sprache geführten Karneval-Gespräch des ›Zauberberg‹ stehen, der Kommentar hingegen, den Adam Müller, im Vorwort seiner zwölf Reden, dem oft als typisch deutsch zitierten Satz anfügt, liest sich wie eine Interpretation der politischen Sinnesänderung Thomas Manns, in deren Folge sich auch die Einschätzung der Beredsamkeit notwendig veränderte: »›Spricht die Seele‹ sagt Schiller, ›so spricht, ach, schon die Seele nicht mehr‹. – Das ist in wenigen Silben das Unglück einer Nation wie der deutschen, die, lange in sich und auf ernste und ewige Dinge gekehrt, nun auf einmal gewahr wird, daß sie das äußere Leben, Vaterland und Gesellschaft, versäumt hat; daß ihre Gedanken weiter reichen als ihre Sprache; daß die Fähigkeit, ihn auszusprechen, den Gedanken erst zum Gedanken macht und die eigentliche Ewigkeit des Sinnes nur darin liegt, daß er sich mit dem bürgerlichen und gesellschaftlichen Leben verträgt«.

In der Tat, das nimmt sich fast wie eine Exegese josephinischer Beredsamkeit aus; denn was einst für Thomas Mann das Verpönteste war, geläufige Artikulation und rednerisches Engagement, elegante Suada und politisches Plädoyer – Joseph beherrscht diese höhere, dem Sozialen in angemessener Form dienende Rhetorik auf vollendete Weise, ist witzig und mitteilsam, weiß die Worte zu fügen und – als luxuriöser Spätling, der er nun einmal ist – jene Kunst des Blümelns, Gottfried von Straßburgs Technik, zu meistern, deren Geheimnis der elegante Ornat ist, der vor dem Hintergrund der Strenge und Würde des sterbenden Jaakob um so aparter erscheint ... wobei man nicht vergessen darf, daß auch der Patriarch in seiner Jugend die gebildete und blumige, in Satz und Gegensatz, Gedankenreim und mythischer Anspielung sich bewegende Rede beherrschte. Mit dem Instrumentarium der Rhetorik zu spielen, das heißt im Sinn der Tetralogie soviel wie wahrhaft menschlich, dem Politischen verpflichtet und sozial im höchsten Sinn zu sein. Nur der Rhetor kennt die Geheimnisse jener höheren Verständigungsweise, die mit dem Eigentlichen zugleich das Metaphorische meint, genau und zweideutig ist und, als Mittlerin, die Beziehungen regelt, die zwischen krudem Verständigungsstreben und einem Zitieren auf den oberen Rängen, zwischen dem Wortwörtlich-Nehmen und jenem magischen Parlieren bestehen, das sich nur im Geiste einer ironischen Konzession auf die Alltagswirklichkeit einläßt. Kein Wunder also, daß Joseph, der gegenüber Potiphars Weib den *schönen Überfluß der Rede unseres Mundes* preist, sich beim Vorlesen von Schriftwerken vorzüglich bewährt, deren Schwergewicht auf den Reizen des Stils, der Seltenheit und Eleganz der Redeform liegt ... und was für Joseph zutrifft, gilt in gleichem Maße auch für Krull: beide, zwischen Schein und Sein beheimatet, sind Akrobaten des Worts, plaudernde Improvisierer, die dem Geheimnis sorgfältig disponierter Sätze nachsinnen. Beide beherrschen die reine und heitere Rede *(wohlgewählt und in reizendem Tonfall)*, beide, mit Witz und Weisheit gesegnet, schreiben eine *schmuckhafte Hand*; beide sind polyglotte Naturen, die – der eine vor den Ägyptern, der andere vor Herrn Stürzli – ihre abenteuerliche Begabung in barer Münze realisieren: Krull schwadroniert auf italienisch, französisch und englisch, Joseph verliert sehr schnell seine *sandige Intonation*. Nun, auch das Süßholzraspeln, das Papperlapapp und Nach-dem-Munde-Reden gehört schließlich seit alters her zur Kunst der Rhetorik. Ein wenig Hochstaplerisches ist immer dabei; und in so leuchtenden Farben Thomas Mann das Rednerisch-Elegante des Krullschen Briefstils, die gefällige Flüssigkeit seiner Rede oder Josephs polierten Ausdruck auch ausmalt, so nachdrücklich er, mit den Worten des Abtes, Gregorius' Suada als *wahrhaft erstaunlich* hinstellt, so liebenswert er den Silbenstecher Shridaman, in den ›Vertauschten Köpfen‹, oder das Schwätzerchen Castorp mitsamt der *Artigkeit seines kleinen Wortes* auch sein läßt und so selbstironisch er Krull als *Zauberer* apostrophiert: ganz geheuer scheinen ihm diese Spätlinge nicht, auf die das mosaisch Bündig-Bindende so herzlich wenig paßt.

Die Rhetoren sind feine Vermittler, Meldegänger des Geistes, Diminutiv-Träger, Hochstaplerchen, unsichere Komplizen, deren Charakter mit ihrer Eloquenz – *parla benissimo* heißt es im ›Mario‹ – nicht in jedem Fall übereinstimmt. Aus der Perspektive einer Persönlichkeit jedenfalls, die gegen Wasserfälle anzusprechen versteht, bleiben sie Schönredner, *maîtres grandparleurs*, wie Madame Chauchat auf französisch bemerkt. Und dennoch sind sie es – und nicht der in Abbrevia-

turen stammelnde Peeperkorn –, die der höheren
Gesittung dienlich sind und eine Humanisierung zwi-
schenmenschlicher Beziehungen bewirken, die sich nun
einmal nur im Zeichen der janusgesichtigen Zweideutigkeit zu entfalten versteht, während die krude Einsinnigkeit mit den Nuancen auch das Wechselspiel von
Metaphorik und Eigentlichkeit unterdrückt, das in-
sonderheit den Reiz der Thomas Mannschen Rhetorik
ausmacht. Sehr zu Recht haben neuere Untersuchungen, vor allem Reinhard Baumgarts Arbeit, erwiesen,
daß die Genauigkeit, die den Beschreibungen des großen Romanciers und Essayisten angeblich zukommt,
in Wahrheit die Exaktheit der Durchblicke, Verweise,
Vorbehalte und Relativitäten ist; nicht die Einhelligkeit, sondern die polysemantische Vielfalt: die Luzidität einer Bezugssumme, die Sicherung möglichst vieler Aspekte in einer einzigen Formel, verleiht der Prosa
den Reiz; deshalb die Herrschaft der Oxymora, die
Koppelung zweier Adjektive, die ein Bindestrich aus
Wechselmördern zu Mitstreitern macht: quälend-be-
glückend, gesegnet-mühsam. Beziehung heißt das
Schlüsselwort: die rhetorische Zweideutigkeit, eine Art
von wechselseitiger Erhellung, fungiert als Prinzip ...
und es bedarf vielfacher Lektüre, um dem Autor auf
die Schliche zu kommen, die Zitate zu verifizieren, den
Symbolwert von Partien zu bestimmen, die auf den
ersten Blick vordergründig erscheinen, und die Struk-
tur-Relationen richtig zu deuten: wer schließlich denkt
schon daran, wenn er liest, Aschenbach möchte nicht
gerade bis zu den Tigern reisen, daß eben aus dem
Tigersumpf die tödliche Cholera steigt? Wer erkennt

den rothaarigen, vor der Aussegnungshalle wartenden Wanderer im Gondoliere und im Straßensänger, ja, im Faustus-Höllenfürsten wieder? Wer durchschaut sogleich die Signifikanz der Extremitäten, das Leitmotiv der schadhaften Zähne, der Schläfenadern und Sternenaugen; wer erinnert sich, hört er davon, daß Frau von Tümmler sich die Haare färben will, ohne zu zögern an Aschenbach und die josephinische Mut? Es braucht seine Zeit, bevor man im ›Tristan‹, wenn Gabriele Ekhof Isoldens Liebestod intoniert, wenn die Schellen klingeln und der Schatten der Pastorin Höhlenrauch naht, die Präsenz des dreifachen Todes bemerkt. Bei Thomas Mann steht nichts für sich allein; ein sorgsames Vergleichen tut not, um das Beziehungsnetz zu entwirren und, ich nenne ein beliebiges Beispiel, im ›Tod in Venedig‹, im ›Zauberberg‹, im ›Joseph‹, im ›Faustus‹ und im ›Krull‹ Variationen des klassischen Bildungsromans zu erkennen: Aufbruch und Initiations-Ritual, ein doppeldeutiger Abstieg, eine Totenfahrt von geographischer Zweideutigkeit (hinab und hinauf sind relative Begriffe, die tief gesunkenen Schatten leben auf den Bergen), eine Reise zum Lido und nach Davos, in Labans Reich, nach Ägypten, eine Expedition in den Brunnen oder in die Höhle eines Museums; die Topen dieser parodierten Bildungsfahrten sind fixiert, nur der Ausgang ist offen – je nachdem, ob es sich um ein Lustspiel oder eine Tragödie handelt.

Dabei ist es charakteristisch, daß Thomas Mann, immer auf Doppelaspekte und die Herstellung vielfacher Bezüge bedacht, das Tragische mit Vorliebe in komödiantischer Weise erhellt, um so (der Brechtsche Ausdruck sei erlaubt) jenes Verfremdungs-Spiel von hohem Stil und niederem Sujet, von Haupt- und Staats-Aktion und angelsächsisch-legerem Parlando, von hochpathetischem Vorwurf und zurücknehmender Darbietung zu inszenieren, das auf der parodistischen Umkehr des klassischen Dreistil-Schemas fußt. Während man von Aristoteles bis Gottsched zwei Jahrtausende lang die Ansicht vertrat, daß Inhalt und Form einander adäquat zu sein hätten, entwickelte Thomas Mann, den großen Romanciers der Romantik nachfolgend, aus diesem Prinzip eine konsequente Gegentheorie, indem er, die Lehre von der Angemessenheit, die *prepon*- und *aptum*-Doktrin auf den Kopf stellend, die Unangemessenheit zur Kardinal-Tugend erklärte. »In der Kunst«, heißt es in der Grillparzer-Huldigung, »reizt am feinsten, was Maske und Mystifikation, sublime Irreführung über Geist und Wesen durch die Ausdruckmittel ist. Es gibt Plauderei, die heimlich Hochgesang, gibt das Pasquill, das in der Tiefe Verherrlichung ist, Feierlichkeit, unter der es kichert.« Inkongruenz als ein poetologisches Prinzip, bewußte Norm-Abweichung, ein Gegen-den-Strom-Schwimmen, ein Zerbrechen der als bekannt vorausgesetzten Literatur-Tradition (die sich Feierliches nur feierlich, Erhabenes nur stilisiert und Biotisches nur drastisch porträtiert vorstellen konnte): diese rhetorisch so ergiebige Aufhebung der klassischen Rhetorik läßt übrigens nicht nur Beziehungen zwischen Thomas Mann und Brecht sichtbar werden (zwei Autoren, die man schon auf Grund ihrer wechselseitigen Nichtachtung sonst nur ungern miteinander vergleicht), sie ebnet vielmehr auch den unseligen Graben ein, den man, Georg Lukacs folgend, zwischen Trave und Moldau glaubte erkennen zu müssen. Doch entspricht nicht gerade die Erhellung *e contrario*, eine komische Zeichnung des Tods, ein Humanistengeplauder über Höllenfahrt und Teufelspakt, ein chronikalisch-nüchternes Beschreiben pathetischer Szenen: entspricht nicht dieses Spiel der Inkongruenz der Kafkaschen Praktik, das Numinose – statt es zu glorifizieren – als etwas Schäbiges und, wortwörtlich, Unmenschliches wiederzugeben, so daß die beiden großen, scheinbar weltenweit voneinander getrennten Autoren plötzlich unter dem Aspekt der Satire und des Humors als nahe Verwandte erscheinen? Thomas Mann selbst hat, in seiner Deutung des ›Schlosses‹, eine solche Familiarität durchblicken lassen – und in der Tat bleibt hüben und drüben zumindest das eine gemeinsam, daß man aus der Diskrepanz zwischen Sujet und Präsentation skurrile Effekte gewann und mit der von Bergson als Voraussetzung des Komischen bezeichneten Kategorie der Unangemessenheit operierte.

Un-angemessen, das heißt: dem Eigentlichen, dem Üblich-Vertrauten in keiner Weise entsprechend – unangemessen ist es, wenn Johann Albrecht III. sich über amniotische Fäden ergeht, wenn Tony Buddenbrook die ›Rheinische Zeitung‹ empfiehlt oder wenn Krull über alt-iberisches Blut mit keltischem Einschlag sinniert: wenn man Erwägungen anstellt, die *eigentlich* nur einem anderen, Dr. Sammet, Morton Schwarzkopf oder Professor Kuckuck zustehen und damit in komischer Weise ein Grundpostulat der auf Kongruenzen bedachten Rhetorik mißachtet – jene der Angleichung von *res* und *verbum* geltenden Forderung, die zweitausend Jahre lang in Kraft, von einem Schriftsteller widerlegt worden ist, der dazu als Nachfolger der romantischen Ironiker wie kein zweiter prädestiniert war, weil er die tragische und komische Rede, das hohe Pathos und die Satire in gleicher Weise beherrschte.

So betrachtet, ist Thomas Mann wirklich der letzte große Rhetor gewesen, ein Schriftsteller, der im Laufe seines Lebens immer mehr die sozial-sittigende Wirkung des artikulierten Wortes, das Zivilisatorisch-Kommunikable und Urban-Politische, betonte: ein Redner, der mit den Mitteln der Beredsamkeit die klassische Rhetorik entthronte; der jüngste Erbe einer sehr illustren Tradition, über die zu verfügen, die zu vollenden und die zurückzunehmen sein Schicksal war ... das Schicksal eines wahrhaft gesegneten Menschen, dem mit der Rekapitulation auch die Vorwärtstreibung deutscher Sprachzustände und Ausdrucksmöglichkeiten deutscher Prosa gelang.

Die nach uns Kommenden werden entscheiden, ob der letzte einer zu Ende gehenden Epoche, der Rhetor und Rekapitulierer, zugleich der erste eines neuen Zeitalters war. Es könnte wohl sein, es ist möglich – sicher scheint nur mit Börne zu sprechen, daß das Auge des Jahrhunderts sich schließen wird, bevor der Stern, der unterging, zum zweiten Male erscheint.

Portrait eines Moralisten

Albert Einstein

Als Fünfzehnjähriger verließ er die Schule, gab seinen Paß ab, trat aus der jüdischen Religionsgemeinschaft aus und stellte, in dreifacher Weise, seine Sache auf Nichts; als Vierundfünfzigjähriger fragte er sich, ob es nicht gut sei, daß man die Feuerschiffe und Leuchttürme mit jungen Wissenschaftlern besetze, die auf diese Art, ohne große körperliche und geistige Anstrengung, ihren mathematischen Problemen nachgehen könnten; als Einundsiebzigjähriger schrieb er: »Für den Naturwissenschaftler gibt es nur ein Sein, aber kein Wünschen und Werten, kein Gut und Böse, vor allem kein Ziel«.
Unabhängigkeit um jeden Preis – Staatenlosigkeit, Bekenntnislosigkeit, mönchisches Dasein in einem wertneutralen Raum – war die Devise eines Mannes, der frei sein wollte und erfahren mußte, daß es für einen Physiker nicht möglich ist, in unserer Zeit ein Leuchtturmwärter-Leben jenseits von Gut und Böse zu führen. Mochte dem Wissenschaftler Einstein aus Ulm – 1879 in der Nähe des Weinhofplatzes geboren – im Gegensatz zu anderen Emigranten (im Gegensatz auch zu Oppenheimer, der in Europa Heimweh nach Amerika hatte)

die Vorstellung des Vaterlandes fremd gewesen sein –
er nannte den jüdischen Nationalismus weinerlich und
sentimental –: es blieb das Schicksal des Bekenntnis-
losen, daß ihn Bekenner für ihre Ideale beanspruchen
wollten, es war die Tragik des Vaterlandslosen (»Das
Bewußtsein, deutschen Boden nicht mehr betreten zu
können, wiegt für mich nicht schwerer, als dem Quo-
tienten des Flächeninhaltes dieses Landes und der Erd-
oberfläche entspricht«) – es war Einsteins Tragik, daß
ihn die Vaterländer als einen Machtfaktor hohen Ranges ansahen.

Einstein stand zwischen den Fronten: ein glaubens-
loser Jude, dem man in Israel die Würde des Präsidenten antrug; ein auf Gerechtigkeit und Vernunft als
Kardinaltugenden achtender Nachfahr von Karl Marx
und Spinoza, der an der Seite Chaim Weizmanns für
den Zionismus eintrat; ein amerikanischer Physiker,
der den Brief an Roosevelt, das Warnschreiben vom
Sommer 1939, in deutscher Sprache entwarf; ein Mann
schließlich, der die Verquickung von Geist und Geschäft, von Wissenschaft und Militär zeitlebens gehaßt
hat – und doch die Möglichkeit zu gelassener Forschung
zunächst durch einen preußischen Bankier erhielt, der
sich verpflichtete, Einstein vom 1. April 1914 an für
die Dauer von 12 Jahren ein Zusatzgehalt von 6000
Reichsmark zu zahlen. (Der Bankier hieß Leopold
Koppel; es wird berichtet, daß er im Ersten Weltkrieg
eine »Kaiser-Wilhelm-Stiftung für kriegstechnische
Wissenschaften« anregte.)

Albert Einstein lebte 20 Jahre in Deutschland – und
wurde aus Deutschland vertrieben (seine Briefe an die

Preußische und Bayerische Akademie nehmen Thomas Manns Bonner Schreiben vorweg; »wenn ich etwas als tragisch empfinde«, schrieb er 1933 an Stefan Zweig, »so ist es der sittliche Niedergang eines großen Volkes und die Leiden der einzelnen Kreatur«); er lebte zwanzig Jahre in den Vereinigten Staaten – und ist einsam gestorben, *ein altes abgestempeltes Museumsstück*, wie es in einem Brief an Solovine heißt – ausgestellt in einem Land, *in dem man jung sein* müsse *und nach einer faden Schablone gemodelt.* Unbequem hüben wie drüben: Als 1914 Ehrlich und Haber, Hauptmann, Harnack und Planck in einem Manifest die These vertraten, ohne den deutschen Militarismus hätte man die deutsche Kultur längst von der Erde getilgt, stand Einstein auf der Seite der Gegen-Manifestanten; und als fünfunddreißig Jahre darauf in den Vereinigten Staaten die Inquisition zu triumphieren begann, war es Albert Einstein aus Ulm, der die Wissenschaftler aufforderte, die Aussage vor McCarthys Tribunal zu verweigern: »Jeder Intellektuelle, der vor ein Komitee vorgeladen wird, müßte jede Aussage verweigern, d. h. bereit sein, sich einsperren und wirtschaftlich ruinieren zu lassen, kurz, seine persönlichen Interessen den kulturellen Interessen des Landes zu opfern«.

In der Tat, *so* hat nur einer geredet; diese Sprache durfte sich allein ein Wissenschaftler erlauben, dessen Ansehen und Ruhm wir uns heute kaum noch vorstellen können: Einzug mit einer Galakutsche in New York, Empfänge an Höfen, Sirenenkonzerte der Schiffe; der Bericht über die Sitzung der ›Royal Society‹ und der ›Royal Academic Society‹ vom 6. November 1918, in deren Verlauf die experimentelle Bestätigung der Einsteinschen Theorie vom »gekrümmten Raum« proklamiert wurde, ist nicht zufällig in legendärem Stil abgefaßt: »Die ganze Atmosphäre gespannter Teilnahme« schreibt – sonst ein nüchterner Mann! – der Mathematiker und Logistiker Whitehead, »war genau wie bei einem griechischen Drama: Wir waren der Chor, der zu einem Schicksalsspruch sich äußerte, wie er sich in der Entwicklung eines überragenden Falles enthüllt. Schon im Ort der Handlung lag ein Moment dramatischer Spannung: die traditionelle Zeremonie und im Hintergrund das Bildnis von Newton, das uns daran gemahnte, daß die ... Naturgesetze jetzt, nach mehr als zwei Jahrhunderten, zum erstenmal eingeschränkt wurden ... Ein großes Abenteuer des menschlichen Geistes war jetzt endlich sicher am Ufer angelangt ... Die Gesetze der Physik sind die Sprüche des Schicksals«.

Soviel Ruhm – vierzehn Auflagen der ›Speziellen und Allgemeinen Relativitätstheorie‹ im Dezennium nach der ersten Publikation! – und soviel Mißverstehen einer Lehre, die nicht begrenzt, sondern erweitert, nicht zersetzt, sondern – neue Konstanten aufzeigend – konstruiert und – von der Speziellen zur Allgemeinen Relativitätstheorie und schließlich zum Entwurf einer einheitlichen Feldtheorie fortschreitend – am Ende die Negation der Negation ins Blickfeld gerückt hatte!

Soviel Ruhm und soviel Haß! Hier jüdischer Marxist, dort Verfechter einer bürgerlichen, dem dialektischen Materialismus kontroversen Ideologie: Einstein wußte, daß es in dem *hochfeudalen Bett*, in dem er lag, *von*

Wanzen wimmelte; er machte sich keine Illusion über die Verwandtschaft von *Hosianna* und *Kreuziget ihn*, aber das Verdammungs-Urteil war ihm so gleichgültig wie das seiner Person geltende Lob. (»Personen-Kultus ist in meinen Augen stets etwas Unberechtigtes.«) Mochten andere seinen Auszug aus Deutschland und den Einzug in Princeton mit der Verlegung des Vatikans vergleichen – der Papst verläßt die alte Welt –, Einstein selbst nahm derartige Spekulationen nicht wichtig. Er unterschätzte sich und seine Macht ... das war sein einziger, sein verhängnisvoller Fehler – ein Irrtum, der dazu führte, daß er, der in Wahrheit Befehlshaber war, im Augenblick, als Leo Szilard ihn bat, dem Präsidenten Roosevelt die Gefahren deutscher Uran-Experimente zu illustrieren, sich nur für einen kleinen Briefträger hielt. Man denkt an Brecht, an ›Mutter Courage‹ und die Maxime, die lautet: In düsteren Zeiten befördern gute Eigenschaften die Vernichtung der Menschen, und Moralität wird zum Verhängnis. Hätte, so ist zu fragen, ein minder bescheidener, die eigene Position besser einschätzender Einstein den Brief an Roosevelt mit der gleichen Selbstverständlichkeit und Hilfsbereitschaft geschrieben? Angenommen, er wäre weniger vertrauensvoll, aber skeptischer, mißtrauischer und kälter gewesen – hätte er nicht im Sommer 1939 die Chance gehabt, durch Recherchen die Nachricht von angeblichen deutschen Atom-Experimenten kriegerischer Natur als Hirngespinste zu erweisen? Wären die Berliner Wissenschaftler – hätte der Papst der Physik sich als Herrscher gefühlt und, auf welchen Wegen auch immer, um Auskunft gebeten – die Antwort schul-

243

dig geblieben? Wenn Heisenberg – nach Robert Jungk – später erklärte: »Im Sommer 1939 hätten noch zwölf Menschen durch gemeinsame Verabredungen den Bau von Atombomben verhindern können«, so stellt sich die Frage, ob nicht gerade Einstein dank seiner Autorität in der Lage gewesen wäre, eine solche Verabredung zu inaugurieren: er, dem die Gemeinschaft der Wissenschaftler soviel leichter vorstellbar war als jede nationale Sozietät. Gewiß, die Vorstellung von einem weniger humanen: also weniger tragischen Einstein bleibt Spekulation – sie aber nicht zu durchdenken hieße eine Paradoxie zu verkennen, die ausgerechnet den friedfertigsten Mann, einen alle Gewalt und Brutalität verachtenden Bewunderer Gandhis, zu Handlungen zwang, vor denen ihn kältere Gesinnung und robusterer Tatsachen-Sinn bewahrt haben könnten. Wenn irgendwo, so wird der von Whitehead beschworene Schatten der griechischen Tragödie in jenem Augenblick sichtbar, wo ein Gelehrter den Regenten deshalb Waffen in die Hände gibt, weil er sie für die gleichen guten Treuhänder der Menschheit wie die Wissenschaftler hält.

Nun, das war ein Irrtum, und es ist Einstein nicht erspart geblieben, das Ausmaß seiner Fehlspekulation erkennen zu müssen. Ein Mann, der, gemeinsam mit Lenin und Freud, das Jahrhundert geprägt hat: ein Mann, der über Friedrich Adler mit Rosa Luxemburg, über Max Brod mit Kafka und über Breuer mit Freud im geheimen Kontakt stand; ein Wissenschaftler, den man im Gespräch mit Ernst Mach so deutlich wie in Unterhaltungen mit Robert Oppenheimer vor sich sieht, ein Physiker schließlich, der im Arbeitszimmer des Prager Instituts für theoretische Physik (im großen Garten vor dem Haus machten die Kranken einer benachbarten Irrenanstalt ihren Spaziergang) nicht minder gut vorstellbar ist als in Berlin oder Princeton – an irgendeiner der Universitäten, die er mit *schönen Misthaufen* verglich, *auf denen gelegentlich einmal eine edle Pflanze gedeiht*: Albert Einstein, begabt mit dem jüdischen Sinn für Intellektualität und soziale Gerechtigkeit, mußte erfahren, daß es Zeiten geben kann, in denen – als die letzte Konsequenz – der Blick zu dem gestirnten Himmel über mir nicht zur Anerkennung eines lebendigen Gottes, sondern, am Ziel eines Wegs, der mit Newton beginnt und bei Teller nicht endet, zur Super-Bombe führt.

Auf dem Höhepunkt des Zweiten Weltkriegs, 1942, konnte Einstein noch schreiben: »Aus der Beobachtung der Sterne stammen vor allem die intellektuellen Werkzeuge, die für die Entwicklung der modernen Technik unentbehrlich sind. Daß diese in unserer Zeit dann mißbraucht wurden, dafür sind schöpferische Geister wie Newton ebensowenig verantwortlich zu machen wie der Sternenhimmel selbst, dessen Anblick ihren Gedanken Flügel verlieh.« Acht Jahre später aber, nach dem Angriff auf Hiroshima und Nagasaki, zeigte sich das Problem eines möglichen Mißbrauchs wissenschaftlicher Erfindungen in einem anderen Licht. Die Tatsache, daß die Physiker von sich aus Mittel für die allgemeine Vernichtung der Menschen zu vervollkommnen halfen, hatte Einstein die Augen geöffnet. Die Mißbrauchten standen jetzt als die Mißbrauchenden da, und der alte Mann in Princeton begann, das marxistische Grundaxiom über das Verhältnis von Theorie und Praxis, das ihm als Naturwissenschaftler so sehr vertraut war, unter politischen Aspekten zu analysieren. Der Vortrag ›Zur Erniedrigung des wissenschaftlichen Menschens‹ beschreibt die Lage von Intellektuellen, die, getragen vom Streben nach Klarheit und innerer Unabhängigkeit, durch ihre Forschungen die Voraussetzungen für ihre eigene Auslöschung schaffen.

Einstein argumentiert gegen Einstein – der Wissenschaftler, dem es um die praktischen Ergebnisse seiner Forschungen geht, hat sich gegen die Thesen eines Gelehrten zu wehren, der – unbekümmert um Gut und Böse, und Ziele nicht anerkennend – Grundlagenforschung betreibt. Die Physik (so Einstein A) leistet zur Humanisierung des Menschen einen entscheidenden Beitrag, indem sie jedem Einzelnen das Vertrauen auf die Zuverlässigkeit des Denkens schenkt und ihn zugleich, durch den Nachweis der Allgemeingültigkeit von Naturgesetzen, mündig sein läßt ... aber dieser Nachweis (so Einstein B) hat Konsequenzen im Politisch-Technischen und läßt sich derart realisieren, daß die kaum gewonnene Mündigkeit in neue Dämonen-Ängste umschlägt und das Vertrauen auf die Zuverlässigkeit des menschlichen Denkens zum Mißtrauen gegenüber jener Minorität der Herrschenden wird, die, durch Machtkonzentration und bürokratische Apparaturen, das Denken der gerade erst Befreiten abermals zu manipulieren versteht. Die Nachricht, Einstein habe eine wichtige Entdeckung in den fünfziger Jahren nicht publiziert, gewinnt unter diesen Aspekten an Glaubwürdigkeit; sein politisches Engagement, die Theorie von der Weltregierung als einer *conditio sine qua non* und das Bekenntnis zum Sozialismus verraten Bemühungen um eine gesellschaftliche Ordnung, in deren Raum die Forschung weder Manipulation noch Mißbrauch zu befürchten hat, sondern Denkmodelle ausbilden kann, die, im Sinn der Analogie, die Außenwelt objektiv spiegeln.

Von den Züricher und Prager Tagen bis zu den letzten Jahren in der Princetoner Klause war es Einsteins wichtigstes (vielleicht sein einziges) Ziel, ein Phänomen zu analysieren, das er »Wunder« oder »einziges Geheimnis« nannte: die Begreiflichkeit der Welt. All seine erkenntnistheoretischen Traktate – in erster Linie der Vortrag ›Geometrie und Erfahrung‹ und die zuerst im ›Journal of the Franklin Institute‹ publizierten Betrachtungen über ›Physik und Wirklichkeit‹ – galten der Erhellung jener Kardinalprinzipien mathematischer Art, mit deren Hilfe es auf deduktive Weise möglich sei, ein logisches System zu entwerfen, das, die Grundelemente so einfach wie möglich abbildend, mit einem Minimum von Begriffen auskommen könne. *Hypotheses fingo* lautete Einsteins Devise, ich ersinne Hypothesen, bin aber jederzeit bereit, meine Spekulationen an der Erfahrung zu bestätigen, weil ich weiß, daß alles Wissen von der Praxis, der Erfahrung also, ausgeht und in ihr mündet.

Ich ersinne Hypothesen; aber indem ich das tue, stelle ich Newton nicht auf den Kopf, sondern setze vielmehr einen Prozeß fort, der schon in jener Sekunde begann, als der englische Physiker Begriffe wie »absoluter Raum« und »absolute Zeit« formulierte und damit zu erkennen gab, daß eine einheitliche theoretische Grundlage nicht mehr auf induktivem Weg, sondern nur in spekulativer Manier zu bewerkstelligen sei.

Ich ersinne Hypothesen, obwohl ich weiß, daß der Abstand zwischen meinen Axiomen und den Erfahrungs-Konsequenzen kaum noch ausmeßbar und der Weg von der fundamentalen Basis zu den abgeleiteten Theoremen nahezu ungangbar ist.

Ich ersinne Hypothesen – das heißt: Ich konstruiere in einem Akt der freien, schöpferischen Erfindung mathematische Chiffren, deren sinnliche Verifizierung eine (freilich unabdingbare) *cura posterior* ist: »Es scheint«, heißt es in Einsteins Kepler-Laudatio, »daß die menschliche Vernunft die Formen erst selbständig realisieren muß, ehe wir sie in den Dingen nachweisen können. Aus Keplers wunderbarem Lebenswerk erkennen wir besonders schön, daß aus bloßer Empirie allein die Erkenntnis nicht erblühen kann, sondern nur aus dem Vergleich von Vorbedachtem mit dem Beobachteten«.

Hypotheses fingo: ein einfacher, Newton nicht widerlegender, sondern die von ihm eingeleitete Mathematisierung der Physik respektierender Satz – die Konfession eines Mannes, der immer wieder erklärte, es gäbe keine logische Ableitung aus Erfahrungstatsachen, nur der Spekulant sei in der Lage, die geheimnisvolle Begreifbarkeit der Welt zu erfassen ... und zugleich doch ein Diktum, das zu formulieren Einstein offenbar sehr schwer gefallen ist. Wie wäre es sonst, bei einem so scharfsinnigen Wissenschaftler, erklärbar, daß er, in einem Atemzug mit dem Preislied auf die Spekulation, den Glauben an die Allmacht des Denkens nicht annehmen konnte? Daß er die These vertrat, rein logisch gewonnene Sätze seien leer im Hinblick auf das Reale? Daß er Zweifel anmeldete, ob die Eigenschaften wirklicher Dinge tatsächlich durch das bloße Denken ermittelbar seien, ja, daß er schließlich, in genuin platonischer Art, einen Aufstieg rekonstruierte, der von empirischer Beobachtung zu einem noch mit Sinnes-Komplexen vermischten »Primär-System« und von da zu einem zweiten, einem abgeleiteten, also unsinnlicheren System führe – einem Gebilde, das seinerseits als Basis eines abermals abstrakteren Tertiär-Systems figuriere? Widersprüche allüberall ... aber auch Ansatzpunkte für eine Synthese.

Je älter Einstein wurde, desto entschiedener suchte er – gleich weit entfernt von phantastischer Spekulation und naivem Realismus: ohne Angst vor Metaphysik, aber das Wolkenkuckucksheim fürchtend – genau wie Sir Isaac Newton von einer klar definierten Basis aus die Welt der Phänomene durch mathematisches Denken *und* in Übereinstimmung mit jener Erfahrung zu erklären, aus der die Axiome zwar nicht ableitbar seien, von der sie aber – dieses wortwörtlich – nahegelegt würden. Nur die Vereinigung von *science* und Erkenntnistheorie, von Anschauungskraft und axiomatischer Strenge ist, nach Einsteins Auffassung, fähig, eine Sprache zu schaffen, mit deren Hilfe die direkte Darstellung der physikalischen Wirklichkeit in Raum und Zeit möglich sein könnte ... die erste einheitliche Sprache nach dem Turmbau von Babel, das Verständigungsmittel jener Wissenschaftler, die aufgehört haben, Handlanger und Kärrner zu sein. Es ist ergreifend zu sehen, wie Einstein – bei dem Versuch, eine einheitliche Welt-Theorie zu ersinnen, ohne dabei auf Anschaulichkeit von vornherein zu verzichten – einen Begriff Baruch Spinozas, die Intuition, als die höchste auf Einfühlung in die Erfahrung begründete Äußerung des menschlichen Geistes, einführt. Das anschauende Wissen als Vereinigung von sinnlicher Vorstellung und begriffsbestimmter Vernunft ist für Spinoza und Einstein eine Idealform über-sinnlicher Erkenntnis – dem einen wie dem anderen dienlich, *more geometrico lucido* Einblick zu gewinnen in das Wesen der Dinge. Ja, es *ist* bewegend zu sehen, mit welcher Inständigkeit Einstein immer wieder die Intuition als freie Erfindung des Geistes und höchste menschliche Gabe verklärte: Nur sie konnte für ihn zwischen induktiver und deduktiver Methodik, zwischen Synthese und Analyse vermitteln; sie ganz allein ließ einem der letzten großen Physiker, dem Juden, der nicht aufhören wollte, sich ein Bildnis zu machen, jedenfalls die Illusion einer möglichen Anschaulichkeit – den Glanz jener exemplarischen Plastizität, auf deren Demonstration er sich selbst, wie die Veranschaulichung der Äquivalenztheorie zeigt, so vortrefflich verstand: »Das Atom M ist ein reicher Geizhals, der zu seinen Lebzeiten kein Geld (Energie) ausgibt. Aber in seinem Testament vermacht er sein Vermögen seinen Söhnen M′ und M′′ unter der Bedingung, daß sie der Gemeinde einen kleinen Betrag stiften, weniger als ein Tausendstel des ganzen Vermögens (Energie oder Masse). Die Söhne haben zusammen etwas weniger als der Vater (die Summe der Massen M′ und M′′ ist etwas kleiner als die Masse M des radioaktiven Atoms). Aber der an die Gemeinde gestiftete Teil ist, obwohl relativ klein, noch so enorm groß (als kinetische Energie betrachtet), daß er ein großes Übel mit sich zu bringen droht. Die Abwendung dieser Drohung ist zum dringendsten Problem unserer Zeit geworden.«

Ende des Beispiels – und Ende des Einsteinschen Vortrags: Der Physiker liebte es, seine gelehrten Essays mit einer Sentenz zu eröffnen, im Mittelteil Sätze zu Formeln gerinnen zu lassen und am Schluß mit einer Bemerkung zu kommen, die alles andere als eine kunstreiche Zusammenfassung oder gar eine effektvolle, den Leser und Hörer bewegende Peroratio ist. *Es trägt Vernunft und rechter Sinn mit wenig Kunst sich selber vor*: Im Gegensatz zu Freud, mit dem er respektvoll korrespondierte (der Physiker schrieb höflich-konventionell, der Analytiker eher leger und ironisch) war Einstein kein Stilist von Rang – und wollte es nicht sein. Seine Blößen auf dem Feld der *humaniora* liegen offen zutage; Belletristik war nicht seine Sache – wie anders klingt auch in diesem Fall Robert Oppenheimers *curriculum vitae*! –; Spinoza und Hume, Kant, Mach und (durchaus am Rande) Karl Marx schienen ihm wichtigere Autoren als die Goldschnitt-Klassiker des gebildeten Bürgers zu sein (ein deutscher Jude, der selbst im Falle Schillers allenfalls die Rosinen goutierte: auch das ist eine Singularität!); Maimonides, Ossietzky und Gandhi hatten eher zu seinem Pantheon Zutritt als

251

Roman-Produzenten – mit Ausnahme der Russen. Kurz, Einsteins philologische Bildung, es muß gesagt sein, war durchaus bescheidener Art; mehrfach zitiert er den Ausspruch *senatores boni senatus autem bestia* in der eigenwillig-italienisierten Version *senatori boni*; auch seine Aussagen über Malerei und Musik – beide, schreibt er, seien deutlich degeneriert und hätten ihre Resonanz im Volke verloren – nehmen sich dilettantisch aus, und was die Briefe angeht, so sind sie im allgemeinen nüchtern und lehrhaft gehalten: nicht so witzig wie die bösartigen Sendschreiben Freuds, der sehr genau spürte, wie wenig der höfliche Einstein von der Analyse verstand; nicht ganz so sprunghaft-persönlich wie Albert Schweitzers Episteln aus Lambarene (»Bitte richten Sie Dr. Oppenheimer beste Empfehlungen aus. Ich hätte ihn so gern kennengelernt. Was macht Ihre Geige?«), sondern sachlich, arabeskenlos und mitteilungsreich.

Einsteins Domäne war das Parabolische, die Illustration von Axiomen und Formeln, das *fabula docet* im Gleichnisgewand und der Entwurf von sinnfälligen Analogien. (Kann man den Unterschied zwischen einem aus Erfahrungskomplexen abstrahierten Begriff und einer von Sinneserfahrungen logisch unabhängigen Chiffre anschaulicher als durch einen Vergleich zwischen der Beziehung von Suppe und Rindfleisch und der Relation von Garderobenmarke und Mantel beschreiben?) Da blitzt es plötzlich auf, da gewinnen scheinbar mühelos herangezogene Analogien und Symbole archetypische Luzidität, da zeigt sich jener Sinn für Realitäten, die Fähigkeit, die Dinge beim einzig richtigen Namen nennen zu können, die auch den politischen Schriftsteller Einstein, den Gegner Hitlers und den Anwalt der Juden, den Weltbürger und Pazifisten charakterisiert.

Wo ist der Schriftsteller deutscher Sprache, der von sich sagen könnte, er habe den Militarismus des Kaiserreichs so früh durchschaut wie den Faschismus oder die amerikanische Inquisition? Wer freilich, außer dem Einen, durfte es wagen, auf dem Höhepunkt der Hexenprozesse in einem Land, das so wenig wie Deutschland, die Schweiz, die Tschechoslowakei, Italien oder Israel sein Heimatland war, Sätze zu formulieren, die das Pathos und den Ingrimm des Zolaschen *J'accuse*-Manifestes besitzen? (»Im Innern Konzentration ungeheurer finanzieller Macht in den Händen des Militärs, Militarisierung der Jugend, Überwachung der Loyalität der Bürger und besonders der Beamten durch eine immer mächtiger werdende Polizei, Einschüchterung der politisch unabhängig Denkenden, Beeinflussung der Mentalität der Bevölkerung durch Radio, Presse und Schule, Knebelung wachsender Gebiete der Mitteilung durch das militärisch bedingte Geheimnis.«) Wer sah mit der gleichen Schärfe wie Einstein, daß nichts so sehr die humane Gesinnung verdirbt wie jene kriegerische Sinnesart, der leblose Faktoren, Rohstoffe, Rampen, Divisionszahlen und strategische Stützpunkte wichtiger als menschliche Hoffnungen, Wünsche und Wachträume sind? (»Heldentum auf Kommando, sinnlose Gewalttat und die leidige Vaterländerei, wie glühend hasse ich sie«: läßt sich ein treffenderer Sinnspruch für eine Schule erfinden, die den Namen Albert Einsteins trägt?) Dieser Mann, so bescheiden und gütig er war, konnte auch verwerfen und zürnen. Wenn er – verbittert darüber, daß die amerikanische Politik den gegen die *bösen Russen* so brauchbaren Faschisten zu neuer Herrschaft verhalf – die Manen Clémenceaus beschwor oder Frankreichs Verrat an Spanien und der Tschechoslowakei als *eine Tat* bezeichnete, *die sich eines Tages rächen wird*; wenn er den Engländern vorwarf, ihre Palästina-Politik sei das Verderben der Juden; wenn er die Alliierten bezichtigte, sie hätten nicht alles getan, um die Todgeweihten in Ungarn zu retten, dann gewinnt seine ansonsten so beiläufig-nüchterne, fakten- und sentenzbestimmte Sprache den Tenor prophetischer Inständigkeit, und die Formel-Diktion verwandelt sich in die Suade eines Strafgerichts.

Nein, Einstein verdient keinen franziskanischen Glorienschein; ein Mann, der im Hinblick auf den Ersten Weltkrieg erklärte, er sei angestiftet worden von der *herrschenden Klasse in Deutschland*, ein Wissenschaftler, der in der Rüstungsindustrie eine der größten Menschheitsgefährdungen sah; ein Physiker, der die Frage aufwarf, ob man sich denn Moses, Jesus oder Gandhi bewaffnet mit Carnegies Geldsack vorstellen könne: ein solcher Mann ist wenig geeignet, den Säulenheiligen einer kapitalistischen Gesellschaft zu spielen. Man lese eine Streitschrift von 1949, den Traktat ›Warum Sozialismus‹! Mit wieviel kaltem Zorn werden da die Oligarchie des Privatkapitals, die für den Profit und nicht für den Verbrauch arbeitende Produktion, der gnadenlose Konkurrenzkampf und, *als*

254

schlimmstes Übel des Kapitalismus, die *Verkümmerung des Einzelmenschen* beschrieben! »Ich bin überzeugt«, schrieb Einstein als Quintessenz seines Pamphlets, »um diesen schweren Mißständen abzuhelfen, gibt es nur ein Mittel, nämlich die Errichtung einer sozialistischen Wirtschaft mit einem Erziehungssystem, das auf soziale Ziele abgestellt ist.« Planwirtschaft also, Zerschlagung von Machtkonzentrationen, Änderung der Eigentumsverhältnisse durch Vergesellschaftung von Produktionsmitteln als Voraussetzung eines menschenwürdigeren Lebens: als Prämissen, wohlgemerkt, nicht als Garanten. So exakt, vielfach mit Hilfe der marxistischen Terminologie, Einstein die Praktiken des Kapitalismus beschrieb – neben der wirtschaftlichen Anarchie vor allem die Manipulation unmündiger Massen durch einen kleinen Clan informationsmächtiger Herrscher –, so nachdrücklich betonte er auf der anderen Seite (und wie handgreiflich hat die geschichtliche Entwicklung seine These bestätigt!), daß Sozialisierung noch nicht Sozialismus bedeutet, solange eine zentralistisch orientierte Bürokratie dem Individuum die Freiheit, die inhaltlich-konkrete *liberté*, versagt. »Wie schützt man die Rechte des Einzelnen? Wie bildet man aus ihnen ein demokratisches Gegengewicht gegen die Bürokratie?«: die Schluß-Fragen des Einsteinschen Aufsatzes sind Fragen geblieben; das Streitgespräch zwischen dem großen Physiker und seinen Kollegen aus der Sowjetunion hat an Aktualität nichts verloren; denn mögen die russischen Naturwissenschaftler auch mit ihrer Ansicht im Recht sein, daß der Einsteinsche Weltstaat nur die bestehenden Herrschaftsverhältnisse perpetuiere und zwangsläufig zu einer Regierung der Oberschichten über die Deklassierten hinführen werde – die in Princeton proklamierte Verneinung der schrankenlosen Souveränität von Nationen und das Betonen der internationalen Solidarität als des ersten Gebots (noch einmal Rosa Luxemburg contra Lenin; noch einmal Trotzkis Kampf gegen Stalin!) scheint dreizehn Jahre nach Einsteins Tod wichtiger zu sein als jemals zuvor. – Albert Einstein aus Ulm – ein geistiger Vater jener Bewegung, die man heute als »Neue Linke« etikettiert? Ein Physiker an der Spitze der rebellischen Jugend? Die Thesen von der Verkümmerung des Einzelmenschen im Kapitalismus, von der Meinungs-Manipulation durch die regierende Klasse, von der Bürokratie als der Erbfeindin menschlicher Freiheit, vom Nationalismus: der Ideologie des Großkapitals, von der Auseinandersetzung mit der mechanistisch-militärischen Mentalität der Technokratie, vom Recht der Minderheit – immer wieder Stellungnahmen zur Negerfrage, immer wieder die Verteidigung jener Juden, die friedlich mit dem Brudervolk der Araber zusammenleben sollten! –; die Thesen von kommender sozialer Gerechtigkeit, von der konkreten Freiheit, die allein eine schöpferische Arbeit gewährleistet ... all diese Axiome könnten Einstein, samt seinem großen Traum von einer Welt, in der sich Schönheit und Wahrheit verschwistern, in der Tat jedenfalls ein bescheidenes Plätzchen im kargen Pantheon der *Neuen Linken* gewähren. »Wir leben in einer Zeit der verwirrten Ziele und der vervollkommneten Mittel«: klingt diese aufklärerische Sentenz, eine Maxime von Diderotscher

Prägnanz, nicht geradezu nach Berkeley oder dem Quartier Latin? Wie aber steht es mit der Absage an die Gewalt, die niemals schöpferisch sein könne? Bezieht sie auch die Gegengewalt ein oder meint sie nur jene faschistische Brutalität, der gegenüber Einstein, in einem Brief an belgische *war resisters*, das Recht auf Kriegsdienstverweigerung einschränken wollte und in deren Bann er den Brief an Roosevelt schrieb – das Schreiben, das dann in die Hände der schlechten Treuhänder kam? Und was ist mit der Maxime, kein Ziel sei so hoch, daß es unwürdige Methoden, Inhumanität im Einzelfall und fanatische Intoleranz, rechtfertigen könne? Nun, an diesem Punkt trennt sich der Weg, und Albert Einstein aus Ulm, der von liberalen Theorien wie »Toleranz« und »Gleichheit aller Bürger vor dem Gesetz« nicht ablassen wollte, verläßt das Pantheon wieder, kaum daß man ihm Einlaß gewährte ...

Ein Mensch in seinem Widerspruch, ein Sozialist in liberaler Gewandung, ein bürgerlicher Aufklärer, der für die Veränderung der Eigentumsverhältnisse stimmte, ein Wissenschaftler, der über Marx nicht Spinoza vergaß und, ungeachtet aller gesellschaftlichen Verpflichtung, radikaler Individualist war: Er wird ein Ärgernis bleiben – für jene so gut, die humane Liberalität und Sozialismus nicht zu vereinigen wissen wie für die anderen, die ideologisierend von »freier Wissenschaft« sprechen und dabei, wie ihre Beutezüge beweisen, über die räuberische Phase der menschlichen Entwicklung noch nicht hinausgekommen sind.

»Gewährt es nicht eine gewisse Befriedigung«, heißt es im Requiem für Paul Langevin, »daß dem Leben des

Einzelnen natürliche Grenzen gesetzt sind, die es bei seinem Ende als ein Kunstwerk erscheinen lassen?« Ein schöner – und, auf Einstein angewandt, ein falscher Satz! Denn nicht als ein Kunstwerk erscheint uns heute sein Leben, sondern als Beispiel für eine Zeit, in der selbst die Güte ein Janus-Gesicht trägt und die Weisheit voll Blut ist. Kein Kunstwerk, sondern Stachel und Provokation – Mahnung, Verhältnisse zu schaffen, die menschlicher, demokratischer und sozialistischer sein werden als sie es im Augenblick sind ... Verhältnisse, die den Wissenschaftlern die Angst vor dem Mißbrauch ihrer Forschungen nehmen und den Blick zu dem *gestirnten Himmel über mir* wieder so freundlich wie zu Zeiten Kants und Newtons sein lassen.

Melancholie und Moral

Wolfgang Koeppen

Wolfgang Koeppen hat, wie viele Autoren von Ráng, einige wenige Motive und Themen, die er mit Ernst und Konsequenz jahrzehntelang verfolgt. In der Beschränkung zeigt sich der Meister; der Verzicht auf die trügerische Omnipotenz verrät die Souveränität eines Künstlers, der sein Handwerk gelassen beherrscht. Man denkt an Thomas Mann: kein Neuansatz von Werk zu Werk, kein dilettantisches Experimentieren, sondern das Durchdenken der gleichen Probleme, die Wiederholung der Topen: Variation und Metamorphose sind auch Koeppens Geschäft. Was einmal anklang, kehrt wieder; was ans Licht kam, wird weiterverfolgt. Mögen die Figuren Namen und Schicksal vertauschen – ihre Gedanken verändern sich nicht. Friedrich, der hoffnungslose Protagonist aus Koeppens erstem Roman, feiert in der Maske des traurigen Philipp fröhliche Urständ; Keetenheuves Zweifel und Siegfried Pfaffraths Resignation entsprechen einander. Koeppens Helden sind Saturnier; der älteste Planet gab ihnen die Schwermut, und mit der Schwermut die Weisheit, gab ihnen Witz und Gedanken, und mit den Gedanken die Tränen. Alle, wie sie auch heißen, gehören jener »geheimen Sozietät« an, »so man die Melancholischen nennt«; sie stammen aus Jacobsens Reich, Büchner hat ihrer gedacht; immer wieder, von Ficino und Melanchthon bis zu Kierkegaard und Baudelaire wurde ihr Schicksal beschworen, immer wieder jene Vereinigung von Exzellenz und Schwermut analysiert, die Aristoteles vor 2300 Jahren als erster beschrieb. »Anatomy of melancholy«, das ist auch Koeppens Devise; sein Werk beweist, daß jene große Schule der Schwermut, als deren Schöpfer Chateaubriand gilt, noch immer nicht geschlossen ist – jedes Jahrhundert hat seine eigene Trauer, und keine Leuchtschrift löscht den Namen Hamlets aus. Im Gegenteil, vielleicht sind wir die ersten, die zu Tausenden das melancholische Schicksal Kassandras erleben: als Wissende verloren zu sein.

So betrachtet, stehen Koeppens Helden im Schatten einer sehr erlauchten Tradition: das Antlitz der Dürerschen Trauer; die florentinische Elegie – der in Careggi versammelte Medici-Kreis; Melanchthons Spekulationen; Gedanken de Mussets: »ich habe die Schwermut erkannt und geliebt«; Verse von Trakl; das herbstlich verlassene Balbec: wie viele Assoziationen verbinden sich mit den Partisanen der *tristesse*, denen Koeppen ein Denkmal gesetzt hat ... Narren auf brüchigem Seil, Schattenkämpfer im Dienst einer verlorenen Sache, früh gealtert und von der Schwermut bestimmt. Dabei schließen Mut und Melancholie einander nicht aus. So furchtsam Koeppens Helden sich geben: die Entschlossenheit, der Gorgo ins Auge zu sehen und – die schwerste Last! – das Martyrium des Zweifels auf sich zu nehmen, steht niemals in Frage. Mögen Tod und Vergessen den Ängstlichen noch so sehr locken: am Ende harrt er doch im Kerker seiner Einsamkeiten aus und bewahrt, als freiwillig Verbannter, Würde und Moralität des Getto-Bewohners. In der Erfüllung des Auftrags: in jenen Zonen Notizen zu machen, wo jeder andere flieht, hat er seine Augen so sehr an den Schrecken gewöhnt, daß selbst Mörder im Angesicht dieser furchtlosen Schwermut unsicher werden.

Unter solchen Aspekten haben Koeppens Protagonisten, diese früh gealterten, in abbruchreifen Villen und schäbigen Hotels vergrabenen Ästheten viel mit dem Krausschen Nörgler gemein: dem Allerschwächsten kommt das Amt des Weltenrichters zu. Auch das Pandämonium aus den ›Letzten Tagen der Menschheit‹ kehrt im ›Treibhaus‹ wieder, im ›Tod in Rom‹, in ›Tauben im Gras‹. Feme-Mörder und Flaneure, Fanatiker und Zweifler geben sich ein Stelldichein, die Figuren wechseln die Masken: Gauleiter-Kinder, verratene Nornen und Greise von zärtlicher Bosheit... Dana, der Zeitungspatriarch aus dem ›Treibhaus‹, verwandelt sich im ›Tod in Rom‹ in Austerlitz, einen kränklichen Waffenmagnaten. Eine Karl Kraussche Szenerie fürwahr, die Koeppen mit Negern und Provinzialpräsidenten, Schwulen, Dienstmännern und Priestern bevölkert – eine Hölle aus saturnischer Sicht: aber welch eine wohlgeordnete Hölle! Koeppen ist ein Meister des Arrangements – wie er die Fäden verknotet und wieder entwirrt, wie er den Schauplatz bestimmt, auf dem man sich trifft und sich trennt, bei grünem Licht, bei rotem Licht... wie er, mit Puppenspieler-Leichtigkeit, die Figuren zu jenem genau berechneten Punkt führt, an dem sich alles entscheidet, dem Münchner Negerklub oder der Bar mit den wippenden Kellnern ... in der Tat, die Szenerie verrät die Kunst des Mathematikers, deutet auf Reißbrett und Zirkel. Doch gerade der Zirkel gehört ja ebenso wie das Gerät der Medizin in die Hände der Melancholie!

Allerdings erfaßt die Mine, die den Kreis umgrenzt, nur den Raum. Die Zeit entzieht sich ihr in gleichem Maße, wie sie dem Zugriff der berechneten Fabel entgeht; der Roman ist nun einmal zu handlungsbeschwert, zu vordergründig und zu krud, als daß er das freie, zeitüberspringende Phantasiespiel: den Tiefenblick der Schwermut, erlaubte. Wer sich mit eingestreuten Assoziationen nicht begnügen will – Gedanken zwischen Aktion und Aktion –, wer nicht nur den Stein beschreiben möchte, sondern auch die Füße, die ihn betraten ..., wer hinter dem Flug der Sekunde den Wolkenschatten der Geschichte braucht: dem wird der Roman nicht genügen.

Koeppen jedenfalls genügte er – eine Weile lang – nicht. Schon ›Der Tod in Rom‹ hatte gezeigt, daß er die Silhouette des Perfekts brauchte, um der Gegenwart Konturen zu geben: »Es war einmal eine Zeit, da hatten Götter in der Stadt gewohnt.« Richtig betrachtet, steht der ›Tod in Rom‹ den spanischen Impressionen näher als den frühen Romanen. Ein Schriftsteller weigerte sich, den beschreibbaren Raum mit dem beschränkten Radius seiner Figuren zu identifizieren: auch außerhalb ihres Gesichtsfelds gab es Paläste und Kirchen, Gespräche und Träume, die fixiert werden wollten. Erst jenseits ihrer kurzen, auf die Handlung zielenden Gedanken, aber auch jenseits des Autoren-Kommentars begann das Riesenreich der Geschichte, regierten die Kaiser, wehte der Wind, laichten die Fische im Fluß. Die Vergangenheit, mit einem Wort: das Märchen der Zeit, war für Koeppen zu rätselbeladen, als daß er es mit Hilfe einer simplen Fabel (familiär, privat und belanglos) hätte einfangen können. Ich meine, er ging einen richtigen Weg, als er in seinem Meisterstück, dem Spanienessay, die Fabel zerschlug und statt dessen daran ging, mit einem plötzlich »freigegebenen« Vokabular jene kühnen raumzeitlichen Muster zu schaffen, deren Perfektion wir bewundern.

Erst die Notwendigkeit, eine Zusammenschau geographisch und chronologisch disparater Elemente zu geben, der Zwang, zugleich Newton und Kronos zu sein, Simultaneitäten zu schaffen und in einem Atemzug von Orpheus und Elvis Presley zu reden, gab seiner Sprache Schwerelosigkeit und Eleganz. Jetzt endlich, in der freien Prosa des Reiseberichts, konnte Koeppen mit der Sprache schalten, wie es ihm gefiel, konnte Bildungs-Reminiszenzen einfließen lassen und, ohne Rücksicht auf die Fabel, Namen und Daten beschwören. Im Gegensatz zum Autor halte ich die Fahrtenjournale nicht für »Kulissenbeschreibungen« oder »Umwege zum Roman«. Was sich im Munde erdachter Figuren gespreizt und peinlich belehrend ausnimmt – gerade in der lyrischen Parabel, in Sternescher Meditation und ikarischem Flug steht es am rechten Ort; hier ist das Spiel mit den Jahrtausenden erlaubt – Kronos, der griechische Saturn, lebt jenseits der Zeit –, hier bieten sich die unerwarteten Vergleiche und zugespitzten Antithe-

263

sen geradezu an: der Mond über der Backsteinpfarre von Reinfeld und der Kithairon-Schrei, gefangen in Holsteiner Gäßchen, die Engel über dem Tiber und der Schnee in der Berliner Nettelbeckstraße, Dädalus im Dufflecoat, die geimpften Ritter und der Viersternegeneral auf elyseischem Feld ...

Kein Zweifel, daß ein solcher Röntgenblick, der hinter den Fassaden die verschiedenartigsten Schichten, Ablagerungen und Formationen entdeckt, sich auch in weniger historischen Zonen, im Genrebild und auf den Feldern des Biotischen, ja, selbst im Kulinarischen, bewährt. Wohl dem, der nicht allein die Gerichte, sondern auch ihre Herstellungsart, den Kochprozeß, zu beschreiben versteht. Calamares, in blauer Sauce gedünstet, Hafergrütze, die die graue Gemütlichkeit eines Nebeltags hat, in Butter gesottene Krebse und wollüstige rote Riesenerdbeeren: in der Tat, nicht nur Keetenheuve oder Kürenberg, auch Koeppen selbst ist ein Gourmet und »Coquinologe« von Rang – würdig einer großen Tradition, würdig selbst Juvenals, Marcel Prousts oder jener Julia Mann, von der das Plettenpuddingrezept aus den ›Buddenbrooks‹ stammt.

Wie wenige Poeten haben heute noch diese lateinische Zunge, den sicheren Geschmack und vor allem einen Geruchssinn, der sich in der Méditerranée so gut wie in puritanischen Gefilden als unbestechlich erweist. Die Sicherheit, mit der Koeppen Gerüche bestimmt (an Hemingway, doch auch an legendäre Hausarztkünste erinnernd): die Feinheit seines Sensoriums erweist sich dort am mächtigsten, wo er zum erstenmal den Geschmack eines fremden Kontinents spürt – in New York den Hauch der Niederlande, dampfige Schwaden und den Atem der Prärie, oder in Spanien den alles verzaubernden Wind, der am Abend, von den Guaderrama-Bergen hinab, in die Madrider Straßen fällt und nach Schnee und Trockenheit riecht. – Ein Bild, ein plastisches Eigenschaftswort, und schon ist der Eindruck fixiert! Koeppen beobachtet scharf; er wartet und drängt sich nicht auf; seine Diktion verrät Bedachtsamkeit; das Schwergewicht liegt auf den Nomina, die Verben sind leicht, eher konventionell als barock. Nein, hier jagt kein Harpunier seine Beute, hier angelt ein geduldiger Fischer. Koeppen sagt: »es kam auf mich zu«, er vermeidet die Floskel »ich habe gefunden«. Sympathien ergeben sich ganz wie von selbst: das Kinderland im Osten (»Winterfreuden, die Katze am Ofen, Bratäpfel im Rohr«), Holland, der Widerschein von Surinam und Surabaya über den Grachten, das Mittelmeer und Rom, der abendliche Blick über die heiligen Hügel.

Der Augenblick, in dem der Tag in die Nacht übergeht, die heure bleue, das Wunder der saturnischen Stunde, hat Koeppen immer wieder inspiriert: kluge Doktoranden werden in einigen Jahren die Münchner City-Impressionen aus ›Tauben im Gras‹ mit der Manhattan-Phantasmagorie des amerikanischen Essays vergleichen. Und dann die Nacht, die sanfte, von Laternen und Bäumen behütete Nacht am Washington-Square, die Schwärze über der Rambla und, schon gegen Morgen, die Stille an der Fontana di Trevi ... Im Dunkel des Zimmers geborgen, hinter Gardinen versteckt, im Schiff und im Schlafwagenzug, sehend, aber unsichtbar,

schaut Koeppen hinaus; das Fenster ist sein Lieblings-
platz (auch seine Favoriten, Kürenberg und Siegfried
Pfaffrath, stehen da), der Jalousienspalt sein Okular.
Während sich die Welt um ihn herum bewegt, bleibt er
selber regungslos und notiert: klappernde Dominosteine, Straßenbahnblitze, die erleuchtete *Mainstreet*,
Rufe eines blinden Losverkäufers vor dem Haus. Erinnert man sich an die ins Weite gerichteten Augen der
Melancholie; denkt man an Lichtenberg im Schatten des
Fensters, an Proust im dämmrigen Zimmer, Boulevard
Haussmann 102, an Flaubert: Frédéric Moreau auf dem
Balkon, vor sich die Seine und die Quais? Wie ein ge-
fesselter Prometheus, angeschmiedet aber wachsam,
schreibt Koeppen auf, was er sieht; sein Auge ist gut,
er weiß, erst aus der Distanz zeigen die Dinge ihr wah-
res Gesicht; wenn sie sich unbeobachtet glaubt, gibt die
Welt ihre Geheimnisse preis. Gespenstisch, wie die
Tarnkappenperspektive die Konturen verändert! Das
Licht wirkt künstlich und grell; die Menschen führen
sich wie Puppen auf; ihre Gesten sind starr und mechanisch, und das Marionettendasein gibt ihnen einen
Hauch von Bergsonscher Komik: die Kassiererin im
Kinokasten hat sich in eine Damenbüste verwandelt, die
im Schaufenster des Frisiersalons steht; Beichtväter
sitzen in ihren Stühlen wie Schalterbeamte. Alles wirkt
geborgt, aus zweiter Hand und schemenhaft; Schatten
flattern umher; im Schein künstlicher Sonnen regiert
Hades die Stunde. (Der Tod und der kalte Glanz des
Gestirns: auch dies gehört, so gut wie Nacht und Meer,
zum Bild der saturnischen Melancholie.)
Noch einmal klingt das große Thema des Jahrhunderts

an; noch einmal wird das von Broch und Thomas Mann sooft beschworene Katabasis-Motiv variiert, noch einmal steigt man zu den Schatten hinab; aber die Koeppensche Hölle ist, anders als der ›Zauberberg‹, der Lage und dem Ausmaß nach nicht genau lokalisierbar. Sie weiß sich zu tarnen und hat viele Gesichter. Meistens erscheint sie illuminiert; zehn Jahre vor Sartres ›huis clos‹ hat Koeppen den grell erleuchteten Hades im Bildnis jenes Lampensaals vorweggenommen, den Friedrich, der hoffnungslos Liebende, zu kontrollieren hat. Immerhin, ob Schatten oder bleiches Licht, ob Bierschwemme, Kühlhaus oder Vergnügungsetablissement, ob Albergo diurno oder irisches Bad: es ist Vorsicht geboten, die Folterknechte sind maskiert, Feme-Mörder streichen herum, und der Tod tritt in den mannigfaltigsten Gestalten auf. Abermals erweist es sich, wie entschieden Koeppen das einmal angeschlagene Motiv von Buch zu Buch variiert: »sie fuhren in der Gondel«, heißt es im ersten Roman, »und sie empfanden den Sarg, als sie, im Gleiten durch die kleinen Kanäle, ihre Hände auf dem schwarzen, lackigen Holz des Schiffes liegen sahen«. Siebzehn Jahre später, in ›Tauben im Gras‹, hat sich das geschnäbelte Schiff in einen Cadillac verwandelt, nicht Sybille und Friedrich, sondern Mr. Edwin und ein Chauffeur sitzen im Auto, doch auch der Wagen ist ein Sarg – der Koeppensche Tod liebt den Pomp. Er gleicht einem Spanier aus der Habsburger Zeit, der die Welt in tintige Girlanden hüllen will: selbst der Oleander im Konzertsaal erinnert, ein wenig bombastisch, an Krematoriumskälte.

Der Tod und die Melancholie, der Kampf des Ritters von der traurigen Gestalt gegen den schwarzgekleideten Schlächter, den es zu stellen, zu entlarven und in allen seinen Masken zu beschreiben gilt: das ist Koeppens großes, einziges, wahrhaft Büchnersches Thema. Kein anderer Schriftsteller hat den Saturnier des zwanzigsten Jahrhunderts, den Leonce des technischen Äons so exakt dargestellt und, in seiner Widersprüchlichkeit, so komplex analysiert. Wie modern ist diese Welt, wie unvergleichlich auf den ersten Blick, und doch – welche Schatten dämmern herauf: Odysseus und Hamlet, Philipp II., im Kerker des Escorial, umgeben von den Bildern des Hieronymus Bosch; Goya, Velasquez und Greco ... ist es ein Wunder, daß Koeppens Prosa sich dort am reichsten entfaltet, wo es das Land des Glanzes und der Melancholie, Spanien, zu zeichnen gilt? »Aber der Ernst und die Schwermut der spanischen Berge, der Ernst und die Schwermut der vegetationslosen Landschaft, der Ernst und die Schwermut noch in den Tälern üppiger Fruchtbarkeit mit grellgrünen Kaktusfeigen und flammendroten Blüten, der Ernst und die Schwermut der kalkweißen Häuser im grellen Sonnenlicht ... der Ernst und die Schwermut in den Augen der spanischen Kinder, sie und die Schatten, die Schatten in den dunklen spanischen Kirchen, die Schatten in den dunklen spanischen Zimmern hinter den geschlossenen Jalousien, dies und die Laute der Städte, der ewige Ruf der blinden Losverkäufer, das Tappen des Stockes dieser Unglücklichen auf dem Pflaster der Straße, das dürre Klappern der Dominosteine in der Hand der Männer am Nachmittag zur Zeit der Siesta in den

Kaffeehäusern und in den Hotelhallen, das ist Spanien, ein unvergeßliches Land.«

Um ermessen zu können, was Koeppens Berichte für die Literatur unseres Landes bedeuten, muß man, soll Vergleichbares genannt sein, an Hofmannsthals Griechenlandfahrt, ja, an die Reisen des »anderen Jakobiners«, Georg Forster, erinnern; denn welche Beute wird, am Ende dieser Unternehmungen, nach Hause gebracht! Wie viele Lokalitäten, berühmte und vergessene Zonen, gewinnen Profil, und wie gewaltig umspannt man noch einmal – und endlich wieder – das Ausmaß jener saturnischen Melancholie, die allzu lange nur mit Hilfe medizinischer Termini analysiert worden ist und deren Spuren Koeppen überall findet: »Schwermut, Schönheit, Vergangenheit« in Amsterdam, Sonntagstraurigkeiten in New York, das »Selbstgespräch uralter Einsamkeiten« im Süden der Staaten ... wieviel, noch einmal, wurde erobert, und welche Fahrten stehen bevor! Wäre ich ein reicher Verleger: ich würde Wolfgang Koeppen als Gesandten nach Dänemark schicken; denn ich stelle mir vor (und unversehens mache ich mir seine Optik zu eigen), ich stelle mir vor, der Strøget läge so verlassen wie zu Kierkegaards Zeit, aus winzigen Fenstern blaken die Lampen, graue Fahnen hängen über dem Sund, alles ist klein, kunstvoll, von der Anmut der Zwerge erfüllt – und Koeppen geht, in Frederiksborg, durch den französischen Park. Doch könnte es auch das rudolphinische Prag sein, das Goldmachergäßchen und der spanische Saal ... es gibt noch viele Städte, die darauf warten, von einem Mann beschrieben zu werden, der als Prosaist (ich spreche nicht vom Romancier) heute seine Konkurrenten suchen muß. Wer sonst erreichte die Höhe Hofmannsthalscher Studien: die südfranzösischen Eindrücke, Salzburger Impressionen und das Griechenland-Journal…? (Hat nicht auch Hofmannsthal im lyrischen Essay sein Bestes gegeben? Die Beschreibung Salzburgs, die im Bericht über die Mozart-Centenarfeier steht, mutet, bis in den Stil hinein, geradezu wie ein Archetypus von Koeppens Prosa an: »…die gurgelnde, sprudelnde, unbändige Salzach, und drüben die neue Stadt, modernes Gewimmel, Frack, Uniform, auf offenem *breakcoach* ein Halbdutzend junger blonder Mädchen, das schimmernde Viereck voll lichter Schultern und scheinender Köpfchen, hinschwankend zwischen grünen Bäumen und Pferdeköpfen. Und nachts auf dem gelbschäumenden Wasser der unstete Widerschein bengalischer Lichter …«)

Aber zurück zu Koeppen… wenn er freundlich ist, sind seine Pfeile sanft; der Würde des Spiels, dem Unvollkommenen und dem ziellosen Treiben jener Bohème gilt seine Liebe, deren Scherze er so vorzüglich beschreibt und so schmerzlich vermißt. Auch das Mißlungene, ehrenwert Gescheiterte, ja, selbst das Lächerliche darf seiner Achtung gewiß sein. Der Zorn erwacht erst im Angesicht eines Bürgeridylls, das sich so gut mit dem Terror verträgt. Wenn der Barett-Träger Wagner und Beethovens Totenmaske in der Wohnzimmerecke erscheinen (und sie erscheinen gleich zweimal, in ›Tod in Rom‹ und in ›Tauben im Gras‹), wenn Korpsstudenten marschieren, deutsche Frauen zu singen beginnen und deutsche Männer sich, wieder einmal, ihrer Militärzeit erinnern – dann wird der Zirkel zum Degen, und der Melancholiker erscheint als Moralist. Doch Haß und Schwermut sind ungleiche Brüder. Koeppens Stärke heißt Lyrismus und geflüsterter Befehl, Florett-(nicht Degen-)Schärfe, leiser didaktischer Ernst und schwebende Sanftmut. Nicht die Karikatur, der Rundgesang im römischen Hotel – »ein' feste Burg ist unser Gott« –, sondern der Traum von der großen Versöhnung, die Ahnung einer Zeit, in der ein jeder überall willkommen ist: das Gegenbild erst zeigt den Abstand zwischen Utopie und Realität.

So kalt und perfekt Koeppen den Hades der Moderne beschreibt, so genau er Bescheid weiß in den Zonen, die erfüllt sind von den Schreien der Zeitungsverkäufer und der säuselnden Musik über den Gräbern Forest Lawns; so furchtlos er die Maske der Erinnyen betrachtet hat: die Schatten halten ihn nicht. Snobismus ist ihm fremd, die Gorgo hat sein Auge nicht getrübt; davor schützt ihn jene wissende Schwermut, die, aufs Endliche sehend, allen Verführungen des Terrors widersteht. Wenn Koeppen die hellen Bilder, Licht und Zartheit, sieht, hält er sie fest und betrachtet sie lange. Sein Stil gewinnt dann eine Nuance schwebender Gelassenheit, die sich sehr gut mit der Schwermut verträgt: Musik und Melancholie, David und Saul, gehören zusammen. Lange zurückgehalten, beginnt in solchem Augenblick das reine Lied der Poesie, eine Kantilene aus Leonce-Bezirken, der herbe, unverfälschte Matthias-Claudius-Ton: Kreuze sind mit Blumen geschmückt, die Polen fahren in ländlichen Wagen zur Kirche, Washington Price, ein Negersoldat, träumt von seinem

Haus, in dem es keine Rassentrennung mehr gibt, und in den Bäumen von Paris, in der Nähe des Boulevard Saint Michel, spürt man den Wind aus Griechenland. Wenn der Morgen kommt, verlischt Saturn, Kauz und Uhu verstummen, der Fledermausflügel erlahmt, und es wird Tag zwischen Boston und Rom – ein Tag, perlmuttern und schön, ein Tag, wie ihn nur Koeppen zu beschreiben versteht.

Appell und Anmut

Wolfgang Hildesheimer

Die Welt, in der sich die Figuren des Schriftstellers Hildesheimer bewegen, scheint auf den ersten Blick wohlgeordnet, begrenzt und leicht überschaubar zu sein. Zwischen Neu-Ulm und Eszdehétely, Tynset und Sankt Moritz paradiert eine Gesellschaft von Pianisten und Grafen, Malern und Dienstboten, Mystikern und Langschläfern (die Vertreter und die Lamartine lesenden Glaser nicht zu vergessen), die es in Wahrheit, so sagt man, schon längst nicht mehr gibt. Im Orient-Expreß und in venezianischen Schlössern, in Grand-Hotels und Renaissance-Parks lädt das alte Europa, liebenswert, nobel und weltfremd, noch einmal zur Réunion, soupiert man *Fricandeau à la Patalière* und *Zuppa-Pavese* (nach der Art des jungen Pasolini natürlich), sammelt, tändelt und fälscht, erinnert sich und blickt melancholisch zurück, weil nur noch die Requisiten, Marats Badewanne oder das Schnupftuch Lieselottens von der Pfalz, ein schöneres Gestern beschwören. Würdige Frauen, Hausdamen oder Kurtisanen reiferen Alters bitten zum Tee, Zauberer nehmen den Café (aber niemals den Kaffee) auf der Terrasse – und selbstverständlich sind Tee und Café nicht selten vergiftet –, Ehepaare spielen zur Nacht ein Partiechen Bezique (Skat gilt als barbarisch), und auf Partys unterhält man sich im souverän beherrschten *small talk* über Raffinessen auf den Gebieten der Kochkunst, der Malerei, der Musik. Ein Reich der Künstlichkeiten also, eine Spinnenwebenwelt, so hat es den Anschein, ein musealer Traumbezirk, bevölkert von Huysmanschen Gestalten, amerikanischen und italienischen Nachfahren des Herrn des Esseintes.

Aber der erste Blick trügt, denn wenn man genauer hinschaut, bemerkt man im Rücken der Präsidenten und Snobs, hinter den Plüschmöbeln, Galerien und Fontänen die Zeichen einer Welt, in der ein Mensch des andern Menschen Wolf geworden ist. Das falsche Bewußtsein regiert, und die Personen haben den Charakter von Waren: Hier spekuliert man auf Erbschaft, dort werden über Leichen Sentimentalitäten getauscht, hier mißt der Sieger – wie im ›Woyzeck‹ – am Pulsschlag die erlahmende Kampfkraft des Gegners, dort führt man Gespräche auf Leben und Tod – wer stockt, ist verloren, und wer sich erregt, wird schleunigst verzaubert.

Kurzum, in Hildesheimers Werk wohnt die Anmut an der Seite des Entsetzens, und die Grazie ist dem Schrecken verschwistert. Dominiert in den ›Lieblosen Legenden‹ und dem ›Paradies der falschen Vögel‹ noch der Spaß am Skurrilen, ist allem Bemühen zum Trotz, Kulturklischees zu entlarven, noch geheimes Einverständnis, ja, augenzwinkernde Solidarität mit dabei, so wird in den ›Spielen‹ und vor allem in ›Tynset‹ das Makabre einer Welt offenkundig, in der das

Anachronistische sich als Kontrapunkt des baren Terrors erweist. Die liebenswerten Fälscher, Käuze und Komtessen sind plötzlich nicht mehr unter sich, Spießer und Weserliedsänger, die Mörder aus Wien und die Mörder aus Schleswig-Holstein haben die Bühne betreten, und es wird dunkel zwischen Ulm und Eszdehétely.

Hildesheimers literarisches Revier, schmal und bescheiden zu Beginn, hat sich im Laufe der Jahre ständig erweitert; zur Kunstwelt der Vitrinen und Gärten kam das Reich der Börsenjobber, die mit Kammermusik und Zitaten ihre Transaktionen verklären. Der Horizont dehnte sich aus, neben Konzertsälen und Orangerien wurden die Kopfbahnhöfe, Vorstadtstraßen und Eckkneipen sichtbar: Fiktives und Gegebenes, Irreales und Reales verschwisterten sich; die Mythen gewannen den Wahrheitsgehalt der Statistik; Pathos stellte sich ein, die Sprache wurde metaphernreicher und eroberte neue, der Ironie und dem witzigen Spiel versperrte Gebiete – und heute reicht diese Welt von Sankt Ignaz bis nach Auschwitz, und der erdachte Kunsthistoriker Brulmuth spielt seinen Part so sicher wie jener sehr reale Franz Joseph Strauß, der in einer Tynset-Szene dem Oberhirten mit abschätzendem Augenaufschlag den Bischofsring küßt.

Nicht dem Vordergründigen und nicht der Summe des Gegebenen gilt nunmehr Hildesheimers Augenmerk: Ihn interessiert die Möglichkeit. Wenn seinen Helden, den Schläfern, Träumern und Künstlern, mit denen er sich brüderlich identifiziert, eines gemein ist, so sind es Macht der Phantasie und Vorstellungskraft, so ist es die Entschlossenheit, die Wirklichkeit für eine irreführende Erfindung zu halten, für das Hirngespinst des Dominikanerprovinzials Eckehart, der das lateinische *actualitas* in höchst bedenklicher Weise verdeutschte.

Hildesheimers Protagonisten sind Spekulierer und Vorstellungskünstler, Freunde der Vermutung, des Kombinierens und Rätselns, denen das Gefundene nur insoweit behagt, als es zu tollkühnen Phantastereien einlädt: man denke an die Ratespiele in der ›Landschaft mit Figuren‹, denke daran, wie der Erzähler der ›Vergeblichen Aufzeichnungen‹ mit dem einen Begriff *Meer* sogleich eine Fülle von heterogenen Assoziationen verbindet: Captain Cook, Odysseus, Graf Tirpitz, wie der Schlaflose im ›Monolog‹ mit Hilfe der Wetterprognose ein ganzes Panorama von Möglichkeiten entwirft, wie Mann und Frau im Hörspiel ›Unter der Erde‹ einander die phantastischsten Traumplätze vorzaubern, wie Telephonbücher, Ansammlungen von Zahlen und Namen, zu Ausgangspunkten ausschweifender Vorstellungen werden – und dies von der ganz frühen Farce ›Gregor Rutz und der Existentialismus‹ bis zu den abenteuerlichen Spekulationen des Tynset-Erzählers, eines Mannes, der unter allen Figuren, die in Hildesheimers Werk das Wirkliche unter das Mögliche ordnen, der Genialste und zugleich der Gefährdetste ist, ein Kaiser der Träume und Herr der Geschichte, ein Ballettmeister der Reminiszenzen, der Ophelia und Belsazar so leibhaftig wie den eigenen Vater erlebt, weil ihm Mythos und Geschichte in gleicher Weise vertraut sind – ein Kaiser aber auch, der in Gefahr gerät, am Ende zur Beute seiner eigenen Denkobjekte zu werden und ein Schicksal zu erleiden, das auch anderen Hildesheimerschen Figuren droht: von Verwandlung zu Verwandlung eilend, in ihren Gedanken behende wie jener Lessingsche Teufel, der nicht langsamer ist als der Übergang vom Guten zum Bösen, lösen sie sich auf und fallen, des Sinns für Kontinuitäten beraubt, als Opfer ihrer allzu großen Vorstellungskraft.

Im ›Paradies der falschen Vögel‹ noch recht neben-sächlich gehandhabt – ein Eisenbahnwaggon wird ab-gehängt, und Onkel Robert verschwindet für immer –, rückt das Motiv des Aus-der-Welt-Geratens nach der ›Verspätung‹ immer mehr ins Zentrum des Werks, wobei es charakteristisch erscheint, daß die Entgren-zung, das Sich-Abstoßen, Sich-Auflösen und Vergehen, der Aufschwung bis zum absoluten geographischen Nichts, bis ins Leere des Weltraums, sich saturnischen Traditionen entsprechend nicht bei Tag, sondern in der Nacht zwischen den beiden Dämmerungen vollzieht: Zwielicht, Kunstlicht muß herrschen, sekundäre Son-nen, Monde und Sterne haben zu scheinen, wenn es gilt, die Möglichkeit über die Wirklichkeit, die Dialek-tik über die krude Einhelligkeit siegen zu lassen. Kein Wunder also, daß bei Hildesheimer das Spiel erst be-ginnt, wenn es zu dunkeln anfängt, der Glaser violette Scheiben einsetzt, der Schnee den Himmel einschwärzt, der Einsame im Bett zu meditieren anfängt, das Ehe-paar, stumm und gehässig bei Tag, in der Höhlenfin-sternis plötzlich platonische Gedanken entwickelt und der Sprichwortfreund beim Vogelhändler eine Eule erwirbt, die er nach Athen tragen möchte.

Hildesheimer ist nicht müde geworden, einen Grenzzustand zu beschreiben, in dem der Mensch, mit sich und der Stille allein, wachend und horchend, nach neuer Kommunikation strebt – aufs Telephon lauschend und auf den Wetterbericht, auf die Schritte, die anzeigen, daß jemand kommt, auf das Dröhnen und Scheppern der Glocken, auf den Hahnruf und die Signale des Weltalls, auf ein akustisches Zeichen also, das sein Gedanken-Geplapper, dieses unermüdliche Reden gegen die Nacht an, innehalten läßt und es in neue Richtungen weist.

So betrachtet hat es seinen guten Sinn, daß sich unter Hildesheimers Figuren so viel wahrhaft exzessive Rhetoren befinden, die – man denke an die Vertreter, an Scholz-Babelhaus, an den Schlaflosen im ›Nachtstück‹, an den ›Tynset‹-Erzähler – sich redend ihrer Identität und mit ihrer Identität des Standorts in der Welt versichern wollen –, sie alle, die danach streben, ihre Alpträume, ihre Sprung- und Zickzack- und Kreisgedanken, ihre Phantastereien, wenn es solche sind, zu artikulieren, mit barocken Metaphern und Sätzen, in denen sich die Deskription, die Abschweifung und die Ethopoeie ebenso häufig wie die Kunstmittel der Amplifikation, des Vergrößerns und Ausmalens, nachweisen lassen. Nicht nur der falsche Prinz des Turandot-Dramas, nicht nur Adrian Walsers familiäre Opfer, auch Professor Scholz-Babelhaus und der ›Tynset‹-Erzähler reden, im übertragenen Sinn, um ihr Leben, und kämpfen darum, sich in der Stunde, da alles vergeht, ihrer selbst noch einmal zu vergewissern.

Zwiesprachen mit dem Tod, Dialoge, geführt mit der Nacht: man muß weit zurückgreifen, um in der Literatur Szenen zu finden, die das Pathos jener großen Monologe erreichen, in denen Hildesheimer seine Akteure den vielfach verkleideten Tod, den lächerlichen, banalen, grinsenden und majestätischen Tod ansprechen läßt, den Tod der Nabatäer, den Mozart-Tod, den Tod der Lager und den Tod im Bett. In einer Zeit, da, von wenigen Ausnahmen abgesehen, der Tod für die Schriftsteller entweder tabu oder nur indirekt, nur *e contrario*, mit Hilfe des Witzes, des Zynismus und der frechen Farce beschreibbar zu sein scheint, hat Hildesheimer bewiesen, daß ein bedeutender Autor das schwierigste Thema auch heute noch in einem Stil behandeln kann, der dem Sujet entspricht: pathetisch also, mit reichem Ornat, den Faltenwurf der Tropen nicht scheuend, dabei präzise und von großer Anschaulichkeit. Manche ›Tynset‹-Passagen lesen sich, als hätte der Ackermann, den Part des Todes mit übernehmend, dem nächtlichen Erzähler mit dem Ernst und der Inständigkeit auch seinen Rede-Witz und jenen Sinn für dialektische Operationen vermacht, die Hildesheimer nicht minder vollkommen als die monologische Technik beherrscht.

So vortrefflich ihm die Rodomontaden, diese Sturzbach-Reden der Verzweifelten und die Selbstgespräche jener Einsamen gelingen, die dort noch Menschenwürde bewahren und ihren Schmerz artikulieren, wo man im naturalistischen Sinn nur noch stammelt und schreit (Nietzsche hat dies als ein Gesetz der griechischen Tragödie bestimmt), so meisterlich Hildesheimer im Dialog die Verschränkung zweier Monologe, das Aneinandervorbeisprechen der in ihrer Welt Gefangenen zu inszenieren versteht: er kann auf der anderen Seite auch wirkliche Streitgespräche entwickeln, ja, vielleicht ist er heute der einzige, der, dank seiner Intelligenz und seines Sinns für individuelle Nuancen, die klassische Form des Agons als des Argument- und Thesenkampfes zwischen zwei gleichberechtigten Partnern beherrscht, und das so elegant, mit soviel Sinn fürs dialektische Kalkül, daß seine Dialoge an den besten Stellen, im Gespräch zwischen dem falschen Prinzen und der schönen Turandot, in Scholz-Babelhausens Selbstbezichtigung vor der Wirtin, im Rettich-Streit unter der Erde, etwas von der Klarheit und spirituellen Durchsichtigkeit antiker Stichomythien gewinnen. Das ist kein Wunder, wenn man bedenkt, daß Hildesheimer – so sehr seiner eigenen Mittel gewiß, daß er es sich leisten kann, auf bewährte Praktiken der Tradition zurückzugreifen, wann immer er mag – mit Vorliebe gerade im Dialog mit anaphorischen Bezügen und mit jenen Leit- und Hakworten arbeitet, die, einmal in diesem, einmal in jenem Sinne verwandt, das Muster klassischer Stichomythien bestimmen. Dafür ein Beispiel aus dem Dialog zwischen Turandot und dem unechten Prinzen:

»Ich sehe, Prinz, Ihnen mangelt der Sinn für Tradition, der unseren Fürstengeschlechtern zu eigen ist.«
»Vielleicht, Prinzessin, fehlt mir aber auch nur der Sinn für eine Tradition, die solch seltsame Früchte wie Ihr Gelübde zeitigt.«
»Vielleicht, Prinz, ist Ihre Ahnenreihe nicht dergestalt, daß man bei Ihnen das rechte Verständnis voraussetzen sollte.«

»Vielleicht.«

»Das war keine ausreichende Antwort.«

»Wenn ich mich nicht täusche, Prinzessin, ist jedes Wort außer ›ja‹ und ›nein‹ eine ausreichende Antwort.«

In der Tat, das ist ein Dialog unserer Zeit, ein Gespräch, das die Kunst der Beiläufigkeit, die Grazie erzürnten Flüsterns mit der *catchword*-Praktik klassischer Dialoge vereint: die gleichen Worte – *Tradition, vielleicht, ausreichende Antwort* – unterschiedlich verstanden, Anaphern, sprühend von Renitenz, *operationes spirituales* mit Hilfe von Vokabeln, die der eine wirft, der andere fängt und schon zurückwirft ... wobei am Ende jeweils der Schwächere siegt, der falsche Prinz also oder Frau Mönkeberg oder die arme Hedwig Wiesendank, während der Stärkere dran glauben muß. Und zu diesen Stärkeren gehören immerhin auch Helena und Turandot.

Nun, um Dialoge von solchem Rang zu erfinden, bedarf es nicht nur jenes Sinns für dialektische Valeurs, der sich auch in Hildesheimers Geschichten nachweisen läßt: dort, wo ein Mensch gegen sich selbst prozessiert oder ein gefeierter Künstler plötzlich in einen Pianisten und einen Werbeagenten zerfällt; es bedarf eines besonderen Blicks für Proportionen und Gesetze der Ökonomie, für Parallelismen, geheime Entsprechung im Detail und der Gesamtstruktur, für Variationen und Antithesen, die, ohne ins Auge zu fallen, den Text zäsurieren, Und eben in dieser Ordnung des Materials, in Plan, Kalkül und Disposition, zeigt Hildesheimer jene handwerkliche Meisterschaft, zu der andere, und recht berühmte Autoren, nicht einmal mit Hilfe ausgesuchter Lektoren-Stäbe gelangen.

Welch ein Genuß, nach der Lektüre genialischer Konglomerate und der Bewältigung von manchem *opus maximum*, das im Detail so vortrefflich und im ganzen so deplorabel wie die Nation ist, zu der die Verfasser sich zählen, welch ein Genuß, mit dem Bleistift die Parallelismen und Modellveränderungen im ›Nachtstück‹ und der ›Schläferung‹ zu bezeichnen und die Eleganz zu bewundern, mit der Hildesheimer das Grundprinzip seiner Arbeit, die Reihung einander entsprechender Szenen, kaschiert.

Dabei sei nicht verschwiegen, daß, von heute aus betrachtet, den Werken vor der ›Schläferung‹ und der ›Verspätung‹, so reizvoll sie auch sind, mit Ausnahme einiger Turandot-Szenen nur Etüdencharakter zukommt. Es sind Arabesken eines Mannes, der seine Möglichkeiten studiert, auf begrenztem Feld Vorzügliches leistet, das Geschäft der Causerie so gut wie die Praktik des absurden Theaters beherrscht, aber noch nicht mit vollem Einsatz spielt. Seine Würfe kommen ans Ziel, was er anpackt, gelingt ihm, aber das Ziel ist nah und die Aufgaben, die er sich stellt, sind Gesellenstücke, mehr nicht. Um weiterzukommen, bedarf es der Probe, und diese Probe ist die Übersetzung von ›*Nightwood*‹, einem Roman von Djuna Barnes. Als sie beendet ist und der Schriftsteller Hildesheimer sein nächstes Stück anpackt, hat sich seine Sprache plötzlich verwandelt. Der Satiriker, Causeur und Arabesken-Freund verschmäht nicht länger mehr den hohen Stil; der fremde Text hat ihm die Zunge gelöst; Distanz und kühle Reserve schwinden dahin; ein Autor macht ernst, und seine Metaphorik zeigt, daß er das Schwere mit der gleichen Perfektion und Anmut wie früher das Leichte ausführen kann. In der ›Verspätung‹ klingt zum erstenmal der ›Tynset‹-Tonfall an: »*Ich bin, in Nacht und Nebel gehüllt, über die elf Kontinente gehuscht, aber man hat mich angerufen, mir Losungen zugerufen, man hat mir ins Gesicht geleuchtet, um in mir einen anderen zu erkennen, der hinter mir huschte oder schon längst vorbei war ... Ich saß in der tiefsten Tiefe der kaledonischen See, still wie ein Lot, da läuteten die Taucherglocken die Walpurgisnacht ein.*«

Von nun an war Hildesheimer seiner Sache gewiß, und, mochten sich Sprache und Thematik auch in Nuancen verändern, mochten die Sätze sich längen, die Perioden – ausschwingende Gedanken, mobile Kola – an Rhythmus und Kühnheit gewinnen, mochten die letzten Reste der Fabel-Gebundenheit, Roman-Relikt und Schlacke kruder Stofflichkeit, erst der freien Komposition, der berechneten Einfallsreihung des ›Tynset‹-Buches weichen: dieser Mann hatte nichts mehr zu lernen.

Welch ein Weg vom ›Atelier-Fest‹ bis zur teuflischen Bekehrungs-Party in ›Tynset‹, von der Welt der Marchesa Montetristo zu Celestinas Höllenreich, von den liebenswert-verspielten Soireen der Fälscher und Hochstaplerchen bis zum Schlachtplatten-Fressen des Henkers Kabastá! Hildesheimers Witz, sehr amüsant, sehr zart und geistreich einst, war aufgegangen in einem Humor, der die Verzweiflung so gut wie das schrille Gelächter und den Wahnsinnsübermut des Tragischen mit einbezog. Seine Sprache hatte das große Pathos der romantischen Prosa und seine Beredsamkeit jenes Stil-Plateau gewonnen, dessen der Schriftsteller nun einmal bedarf, wenn er über Beschreibung und Analyse, über Farce und Satire hinauswill und, sehr lange nicht geübt, auch den Visionen und Ekstasen Raum geben, wenn er das Böse und nicht nur das Schlechte ans Licht zerren und schließlich jene Bereiche darstellen will, in denen die Grenzen zwischen Devotion und Blasphemie noch nicht gezogen sind.

Wolfgang Hildesheimer hat bewiesen, daß ein Autor, der ernst macht, auch heute noch jedes Thema auf dem direkten Weg, das heißt kraft eines Stils, darstellen kann, der mit der Valenz der Objekte an Metaphorik gewinnt – kraft jener Hildesheimerschen Prosa, die, traditionsbestimmt, doch niemals epigonal, elegant, doch nicht glatt, kultiviert, aber widerstandsreich, weder der Neologismen noch der Aischrologien (auf Hunderten von Seiten nicht ein einziges obszönes, ja, noch nicht einmal ein derbes Wort!), weder stofflicher noch syntaktischer Auffälligkeiten bedarf; die aber dafür sehr viel Kenntnis, Bildung und Belesenheit spiegelt, ein Wissen von den geheimen Valeurs deutscher Sprache, moralische Verve und vernünftiges Engagement.

In einem Augenblick, da die Ästheten und die Politiker unter den Schriftstellern einander mit Argwohn betrachten, tut es gut, zu wissen, daß man Artistik und soziale Verpflichtung, die Anmut und den Appell, Brillanz und Moralität vereinigen kann.

Wolfgang Hildesheimer hat es gezeigt, der Bericht ›Tynset‹ hat es bewiesen – ein Buch, das wir getrost denen nach uns vorzeigen können, die etwas über uns erfahren möchten, weil es mehr als andere Bücher von unserem Bewußtsein und unserer Einsamkeit – der einen, an der die Gesellschaft schuld ist, in der wir leben, und der anderen, die unaufhebbar erscheint: der Einsamkeit des Karl Marx und der Einsamkeit Augustins –, von unseren Zwiesprachen mit der Geschichte, unserer Hoffnung und unserer Todesangst sagt.

Ein Buch, von dem es heißen mag: Dies schrieb ein ernster Mann.

Herakles als Nothelfer

Peter Weiss

»Fremdlinge sind wir im eignen Haus und sitzen gleich Ulyss mit dem BettlerStab am Thor indessen die unverschämten Freyer drinnen im Saale lärmen und fragen wer hat uns den LandLäufer gebracht«: Die Sätze aus dem Drama ›Hölderlin‹, der Hauptfigur in den Mund gelegt, könnten als Leitmotiv über den *opera omnia* des Schriftstellers, Publizisten und Malers Peter Weiss stehen. Der König mit dem Bettelstab; der Fremde im eigenen Haus; der von den Herrschenden verachtete Landläufer; der Weise, den die Unverschämten verhöhnen; der Plebejer mit der roten Mandorla, die – zu ihrem Unheil – die lärmende Clique nicht wahrnimmt: Wieder und wieder hat Peter Weiss jene Männer beschrieben, die Künstler voran, deren Existenz-Bedingung ist, als Ausgeschlossene leben zu müssen – verlacht, gefürchtet und verbannt.

Turm und *Verlies*, *Kerker* und *Zelle*, *Einöde* und *Exil*: Die Schlüsselworte des Weiss'schen Werks sprechen für sich. Das Inferno, im Sinne von Drunten – als Draußensein, ist der Aufenthaltsort jener, die, anders als die auf Gegenwart eingeschworenen Vertreter der Macht, in der Vergangenheit und Zukunft leben – Ort der Visionäre (Marat in der Wanne!), der Vorträumer (Hölder-

lin: der »Gefangenschaft nur fand anstatt ein Paradies«),
Ort der ins Weite und Offene Aufbrechenden, die in
Kammern und Verstecken ihre Pläne machen: »Der Kü-
chenraum, der sich langsam verschattete«, heißt es in der
›Ästhetik des Widerstands‹ von der Wohnung des Revo-
lutionärs Coppi, »stellte eine Eingeschlossenheit dar, die
uns, die wir um den Tisch saßen, das Gefühl einer über-
wältigenden Niederlage aufzwingen wollte. Außerhalb
dieser Zelle, hinter den bröckelnden Mauern, dem Trep-
pengebälk, dem Hofschacht, war nur Feindlichkeit, hier
und da durchsetzt von ähnlich kleinen verriegelten Räumen, die immer seltener wurden, immer schwerer aufzu-
spüren oder schon nicht mehr zu finden waren.«
Einerlei, ob Peter Weiss den exilierten Trotzki, den in
Charenton eingekerkerten Marat, den Jakobiner Johann
Christoph Friedrich Hölderlin in seinem Verlies beschreibt oder ob er den Erzähler der ›Ästhetik‹ die Höfe einer Stockholmer Fabrik wie eine von Dante oder
Breughel erfundene Zone erleben läßt (»Das Klaustro-
phobische in den Höfen des Separatorwerks« – eine
Notizbuch-Eintragung von 1976 –, »die geschwärzten
Wände der Werkstattgebäude, labyrinthisch verzweigt
– der ungeheure Schornstein … burgähnliche Tore«) –
immer geht es um die Variation einer Inferno-Szenerie,
und immer sind die Bewohner solcher Lokalitäten *Gezeichnete*: Wahnwitzige, zum Tod Bestimmte, auf Ver-
nichtungslisten Gesetzte und Preisgegebene. Und doch
sind eben sie, wie immer sie heißen mögen: einerlei, ob
hochberühmt oder namenlos, die einzigen, die, im
Dunkel befindlich, Erinnerung, Eingedenkens-Kraft
und Überlieferung verbürgen!

Der Weiss'sche Hades ist nicht nur ein Höllenpfuhl – er ist auch das Reich, in dem Mnemosyne regiert: das Reich, wo der Künstler seinen Pakt mit dem Tod schließt und sich bereit erklärt, um der Erinnerung an die Toten willen, selbst die Todesnähe zu suchen: »Mit der Annäherung an die Kunst«, heißt es in der ›Ästhetik‹, auf Dante bezogen, »war der Gedanke des Todes verbunden. Der Schreiber des Gedichts befand sich in der Mitte des Lebens, doch überließ er sich bei der Arbeit sowohl der Führung eines Toten als auch nur Begegnungen mit Toten.«

Und abermals, wie sehr gilt dieser Satz – einer der vielen geheimen Selbstverweise und Selbstbezüge im Werk Peter Weiss'! – auch für den Autor des ›Marat‹, des ›Hölderlin‹, der ›Notizbücher‹ und der ›Ästhetik‹: Immer wieder die *Katabasis* zu den Toten, der Abstieg in Verliese der Erinnerung; immer wieder die Beschwörung äußerster Qual an der Schwelle von Leben und Tod: Herakles, gefangen im Nessos-Hemd, seinem Kerker aus Hanf; Lenin: ein Schmerzensmann, nach Morphium brüllend; Marquis de Sade und Max Hodann, der Arzt, keuchend und röchelnd in ihren Asthma-Anfällen: den Atem hat's ihnen verschlagen – eingeschnürt in unauflöslicher Daseinsverstrickung!

Selbstmörder, Irre, Gehenkte, wie sie die Wirklichkeit, die reale und die literarische, kennt, vereinigen sich bei Weiss mit den Figuren der bildenden Kunst, den Erschlagenen vom Pergamon-Altar, den von Irrsinn und Lethargie gezeichneten Überlebenden auf dem Floß der Medusa, den Opfern von Guernica und den dahingemähten, zum Beutegut der Spinnenmänner bestimmten Figuren in Breughels ›Triumph des Todes‹.

Géricault und Breughel, die Meister der Pergamon-Friese und der Picasso des Guernica-Bilds: Phantasmagoriker à la Dante strukturieren, unter dem Aspekt »Totenschau«, Weiss' Romantrilogie. Kein Zweifel, daß hier einer am Werk war, der es wagte, dem Unausweichlichen standzuhalten, einer, der – wie, Jahrzehnte zuvor, der ihm an Moralität und Konsequenz verwandte Camus – dort Stellung bezog, wo andere wegschauen; einer, für den ein Begriff wie *Katabasis* schon deshalb keine Leerformel war, weil *eine* These für ihn, von den Anfängen bis zum Ende der ›Ästhetik‹, unangefochten blieb: Die Kunst könne nicht davon ablassen, *so tief wie möglich zu tauchen.*

Freilich – um welchen Preis! Wie teuer erkauft: die Sympathie mit all den Geschlagenen, Besiegten, Ermordeten, die sich in keinem ›Who is who?‹, wohl aber in einem Requiem der Kunst, wie Peter Weiss es komponiert hat, vereinigen lassen – einem Requiem, in dem der Gaia vom Ostfries des Pergamon-Altars ebenso ihr Platz zukäme wie dem Arzt Dr. Max Hodann, dem Mulatten von der Medusa nicht anders als dem Sozialisten Coppi in seiner Zelle – der letzten, in Plötzensee. Die durch Europa wandernden Eltern des Erzählers, ein Paar unter Millionen Verfolgter, rückten neben die Dürersche Frauengestalt der ›Melancolie‹; Hölderlin kehrte in Guernica ein, und die Dulle Griet, wie Breughel sie malte, würde in Rosalinde Ossietzky, Karin Boye oder der von den Eigenen hingerichteten Sozialistin Marcauer Gesprächspartner finden – Frauengestalten der Trilogie!

Was Weiss sich voll Schrecken erträumte, das Pandämonium im Zeichen der Endlösung, an dem gemessen sich selbst das Dantesche Inferno eher als Vorhölle ausnimmt – er hat es beschrieben: im ›Marat‹ die *Backöfen* evozierend, in der ›Ermittlung‹ die Schädelstätte in Polen als *seinen* Ort bezeichnend, den, für den er bestimmt sei, in den ›Notizbüchern‹ den Jubelgesang *Seid umschlungen, Millionen* mit der Verlesung der Endlösung kombinierend: »Ein Pandämonium steht auf. Ich möchte antworten ... mit allen Klangfarben, die mir zur Verfügung stehen, ein Meer von Zymbalen, Hörnern, grellen Trompeten, ein Ausbruch von ungeschulten, schneidenden Frauenstimmen, mit einer Stärke, die die Trommelfelle erbeben läßt. Ja, wir sind Visionäre, zum Wahnsinn getrieben ... von den Höllenknechten, den Totengräbern, die immer recht haben wollen, die sich uns aufdrängen mit ihrer Raublust, ihrem Blutdurst ... es muß ausbrechen gegen sie mit bisher unbekannter Stärke, mit unerträglichem, eisigem Diskant. Wir Schweinehirten, wir Aussätzigen, nackt antworten wir, im Dreck, mit Sand zwischen den Zähnen, wir stimmen ein in den Chor, unsere Musik ertönt wie ein Erdbeben, der Tag der Wahrheit kommt, nie gehörte Klänge zeigen ihn an.«

Der Tag der Wahrheit kommt: Dem Memento entspricht im Werk des Peter Weiss der Wille zur Rebellion, der Totenbeschwörung die Kampfansage an jene *Unverschämten drinnen im Saal*, die den rechtmäßigen Erben – er heiße: Plebejer, Artist, Revolutionär – zum Landläufer machen. Trauer und Revolte sind untrennbar für Weiss: Wie bezeichnend, daß er in Picassos ›Guernica‹-Bild, diesem – wie ›Das Floß der Medusa‹! – in der Form einer Figurenpyramide geordneten Grabmal, Zerschmetterung *und* Erneuerung, Verzweiflung *und* Hoffnung gewahrt.

Und wie charakteristisch, daß Weiss, in einer jener kühnen Synopsen, auf denen die ›Ästhetik‹ basiert, den *geschlagenen*, vom Wahnsinn bedrohten Géricault, Hölderlins *alter ego* – »gekennzeichnet vom Zustand des Gefangenseins« – als Not-Helfer beschwört: »Nie (war) mir so deutlich geworden, wie in der Kunst Werte geschaffen werden konnten, die ein Versperrtsein, eine Verlorenheit überwanden, wie mit der Gestaltung von Visionen versucht wurde, der Melancholie Abhilfe zu leisten.«

Kunst als *Mnemosyne und* Kunst als Appell, mit den Werkzeugen, die in Dürers ›Melancolie‹ versammelt sind, den Attributen der mittelalterlichen *artes*, der alten, von Weiss oft in geheimem Zitat beschworenen Formel *Das Genie ist ein Melancholiker* Paroli zu bieten und Saturn, das Zeichen der Schwermut, an dauernder Regentschaft zu hindern – jawohl, Eingedenken *und* Revolte bilden im Weiss'schen Werk eine Einheit. Seismographisches Registrieren *und* Opposition gegen jede Form von Unterdrückung gehören zusammen: eine Opposition, die im Hinblick auf das privilegierte Dasein des Künstlers unverzichtbar ist und, so Weiss, dadurch ihren Stellvertretungs-Charakter zu erweisen hat, daß sie aufzeigt: Die Liberalität gegenüber dem ausgezeichneten einzelnen vereint sich nur allzugut mit rigider Intoleranz, wenn es gilt, Menschen an den Pranger zu stellen, die das gleiche wie der Bevorzugte denken, aber nicht den Schutz der Öffentlichkeit haben. *(Die*, heißt es in den Tagebüchern, *werden niedergewalzt.)*

Solitaire – solidaire: Der Camusschen Formel verpflichtet, sucht Weiss die äußerste Vereinsamung, Bedrohung und Gefährdung – die des Künstlers mit seinem *horror vacui* und dem jederzeit zerreißbaren »dünnen Gewebe des Schreibens«, das solche Leere notdürftig verhüllt – als exemplarisch zu erweisen: Die Isolation des Artisten markiert den Entfremdungsgrad innerhalb der Gesellschaft und ist deshalb, um der Verdeutlichung allgemeiner sozialer Entfremdung willen, zu akzeptieren: Mag der Wissenschaftler, lautet Weiss' These, mit der Systemsicherheit des von ihm vertretenen Dogmas zugleich einen verläßlichen Realitätsbezug haben – dem Künstler bleibt dergleichen Fixierung strikt untersagt. *Seine* Aufgabe ist es, die Fülle des Widerstreitenden sichtbar zu machen und Antithesen im dialektischen Spiel zu konkretisieren: will heißen, zu verallgemeinern und hernach beispielhaft zu illustrieren – in der Sprache der ›Ästhetik‹ formuliert: Dem *offenen Argumentieren* und *fortwährenden Peilen* gebührt der Vorzug vor jenem *vorschnellen Urteil*, das den Nur-Politiker und den Nur-Wissenschaftler vom Künstler (im weitesten Sinn) unterscheidet. Kein Wunder, so betrachtet, daß Peter Weiss Gegensätze zwischen Hegel und Hölderlin, zwischen Vergil, dem Szientifiker, und D., dem Poeten Dante, konstruiert: kein Wunder aber auch, daß er, um die Dialektik von *solitaire* und *solidaire* zu bewahren, in der ›Ästhetik des Widerstands‹ von jener problematischen »Erlösung« des Schriftstellers durch die politische Aktion abgerückt ist, die er, unter dem Eindruck der kubanischen Revolution, in Sonderheit des Martyriums Che Guevaras, in der ›Hölderlin‹-Phase vertrat, zu einer Zeit, als ihm der Turm am Neckar zugleich als Klause eines verstörten, an seiner Gesellschaft zugrunde gehenden Subjekts *und* als Nische des potentiellen Verschwörers erschien. *Vita activa* und *vita contemplativa* miteinander vereint; de Sade und Marat in Hegelscher Synthese zu schwäbischer Zweieinigkeit angehoben; Hölderlin mit empedokleischer, Empedokles, wiederum, mit Che Guevarascher Zutat zu Revolutionären geschlagen: In der Tat, das war ein Irrweg. Nicht in unvermittelter politischer Aktion, nicht in zeichensetzender Tat wie dem Gang zum Ätna, sondern in Eingedenken und in utopischer Rede, der Beschwörung eines unverzichtbaren »Nicht mehr« und der Antizipation eines ebenso unverzichtbaren »Noch nicht«, erweist sich für den späten Weiss die politische Kraft von Poesie: Daß sie zurückschnellen und vorauseilen, Erbschaften einklagen und auf Versprochenes verweisen kann, was scheinbar, im Hier und Heute, verspielt ist – das verbürgt ihre Stärke.

Universale Poesie, diese Rechnung macht der Autor der ›Ästhetik‹ dem Verfasser des ›Hölderlin‹ auf, läßt eben nicht »Fantasie und Handlung seyn im gleichen Raum«, sondern befördert Diskongruenzen, vertraut dem Möglichen mehr als dem Wirklichen, setzt also kein Pünktchen aufs i – und sei's durch eine noch so spektakuläre Aktion –, sondern entwickelt im eigenen Bereich jene auf die Beendigung festlicher Selbst-Zelebration abzielende Revolte, für die es im Formalen keinerlei Beschränkungen gibt: Wer eine Doppel-Revolution erstrebt, kann weder auf schreibende Leniniculi setzen noch Lenin à la Piloty verherrlichen.

Doppel-Revolution, politische Umwälzung also, die in der Kultur-Revolution mündet, heißt für Weiss, daß Hugo Ball Arm in Arm mit Willi Münzenberg geht, daß Kafkas ›Prozeß‹, im Lesebuch, neben dem ›Kommunistischen Manifest‹ steht und daß Picassos ›Guernica‹ als Inbegriff von politischer Kunst erscheint: *politisch* im Sinne einer radikalen, die Kluft zwischen Schein und Sein blitzartig aufhebenden Ausdrucksweise, die Selbst- und Welt-Darstellung in eins ist.

Kurzum: Weder Selbstaufgabe der Poesie im Aktionismus noch der Glaube, es ließe sich, mit Hilfe des Geschriebenen, unmittelbar und direkt Politik machen, konstituieren eine sich als universal verstehende Dichtung: »Meine Dichtung ist revolutionär«, läßt Peter Weiss, als Tagebuchschreiber dem Dramatiker ideologisch voraus, seinen Hölderlin sagen, »indem sie sich jeder revolutionären Action entzieht. Indem sie jedem politischen Aufruf, jedem directen Eingriff in die Tagessituation entsagt, erhält sie ihre eigentliche Bedeutung: über den Situationen stehend, bedacht auf die große *Schau*.«

Große Schau, Kulturrevolution: Die ›Ästhetik des Widerstands‹ zeigt, daß einer abseits stehen muß, abseits und unten: im Turm, inmitten der Leidenden und dennoch allein mit sich selbst und seinen Ängsten, um als Artist wirken zu können, daß einer, wie Brecht, am Tag des Kriegsausbruchs, zur Sache, sprich: zu Versmaßen, zu kommen hat, wenn er ernst genommen werden möchte, daß einer, der auf die bewußtseinsverändernde, mittelbar wirkende Kraft der Kunst vertraut, getrost mit Ilja Ehrenburg sagen mag (Weiss zitiert ihn, als *advocatum diaboli* freilich, im 1. Band der ›Ästhetik‹): »Tief im Zentrum, umlagert, doch unbehelligt von Aktualitäten« seien »poetische Versionen möglich, die mehr über ihre Zeit auszusagen vermochten als die informativsten Reporte. Nehme der Autor mit ganzem Wesen teil am Lebendigen und reagiere darauf mit den Mitteln, die ihm eigen seien, so sei dies als eine der wesentlichsten Handlungen in der Politik, der Politeia, dem Bürgerrecht und als solche in der Gemeinschaft vorrangig zu beurteilen.«

Solitaire – solidaire, das heißt in der Nomenklatur der ›Ästhetik des Widerstands‹, jenes Spannungsverhältnis zwischen Sich-Öffnen und Sich-Verschließen zu leben und zu beschreiben, das in der Bereitschaft des Künstlers besteht, sich an jenem äußersten Punkt – und nicht früher! –, wo das drohende »Versinken im Unbenennbaren« durch die heilsame, einen neuen Sozialbezug verbürgende Öffnung verhindert wird, wieder der Welt zuzuwenden: errettet aus einem Schattenbezirk, den Weiss mit der Dürer-Chiffre ›Melancolia‹ bezeichnet, und zurückgegeben jenem Bereich, wo Pädagogik, Sinnstiftung und Verwertung von Erfahrungen aus der Zeit erzwungener oder selbst auferlegter Isolation in ihre Rechte treten; wo es um Aufklärung geht, um öffentliche, das Verhältnis der Kunst zur bestehenden Gesellschaftsordnung betreffende Debatten – jene gewaltigen, von Kritiklust, Zweifel, Engagement und Perspektivenweite bestimmten Gespräche, die Peter Weiss in der ›Ästhetik‹, bei ständig wechselnden Frontstellungen, antizipiert: Diskussionen, die das Elend der realen binnensozialistischen Kunst-Diskussionen, dieser Schein- und Schau-Kämpfe, bei denen das Ergebnis von vornherein feststeht, doppelt sichtbar machen: Erst wenn Bucharin und Trotzki, Münzenberg und Rosa Luxemburg zurückkehren, wird, mit Bloch zu sprechen, wieder Schach gespielt und nicht nur ein Mühlestein neben den andern gesetzt.

»Bedenkt, Genossen, was Ihr verloren habt; wie reich Ihr einmal wart und wie verkommen jetzt, im Gestrüpp roter Zwergschul-Scholastik!« ruft Peter Weiss den Eigenen zu und läßt sie reden, die Verfemten, in gewaltigen Totengesprächen, läßt sie evozieren von Debattanten, die, wie die als Nothelfer Herbeizitierten, Außenseiter sind – Außenseiter wie die Frauen in der despotischen Männergesellschaft (auch der sich sozialistisch nennenden), Außenseiter wie die großartigste: die Führfigur der Trilogie, der Arzt Dr. Max Hodann, Außenseiter, wie es der Erzähler selbst ist – er, der nicht Lehr-, sondern Lern-Dialoge entwickelte, offene Gespräche mit unsicherem Ausgang, Diskussionen über Revolution und Reformismus, Parteiherrschaft und Basisdemokratie, über den vorgedachten und den real existierenden Sozialismus – Gespräche voller Verweise, Allusionen und geheimer Bezüge, die in gleichem Augenblick anschaulich werden, wo der Leser die Struktur dieser *comédie humaine*, einer Apokalypse aus sozialistischer Perspektive, zu durchschauen beginnt: wo er Kongruenzen zwischen den großen Bild-Beschreibungen gewahrt (sie sollten, mitsamt den Vorlagen, einmal gesondert publiziert werden), wo er die Thesen der beiden einander ablösenden Sokratiker, des Vaters und des Arztes Hodann, als Elemente einer und dergleichen Hebammenkunst versteht: »Wage zu zweifeln, du, der du dich als Sozialist·verstehst.«

Nicht dreimal, fünf- und sechsmal muß einer dieses große, dem ›Ulysses‹ ranggleiche Buch lesen, ehe er das Bezugsspiel durchschaut und versteht, welche Häresie es ist, daß Weiss Bucharin wie Lenin aussehen läßt: Lenin, der – und jetzt die zweite Häresie! – in der Sekunde, da Willi Münzenberg von einer Schnur erwürgt wird, zum andern Mal stirbt.

Wir sagten: ›Ulysses‹ – und das nicht allein, um den Rang der Weiss'schen Epopöe zu bezeichnen, sondern weil wir glauben, daß es sich bei der ›Ästhetik des Widerstands‹ um einen ebenso listigen wie gelungenen Gegen-Entwurf zum Joyceschen Kompendium handelt – Herakles tritt auf den Plan und fordert Odysseus in die Schranken der Poesie!

Herakles, der eigentliche Protagonist des Weiss'schen Romans: ihm gilt die erste und – da die Trilogie ringkompositorisch gebaut ist – die letzte *hommage*! Herakles, der Schatten-Geber und Symbol-Verdeutlicher des Buchs: Vermittler zwischen Göttern und Menschen (Vor-Bild des Künstlers, der den Plebejern die Schätze bürgerlicher Kultur und Bildung eröffnet), Freund der Musen, parteiisch, aber nicht unangefochten, imposant noch in seiner Zwielichtigkeit und bewegend durch seinen Tod: ein Mann, der eine Frau nicht opferte, sondern ihr Opfer wurde. Herakles, die Ausnahme, He-

297

rakles, der Gleichnis-Schaffer: *Er*, der auf den Öta ging, um sich zu verbrennen, *er* ist es, der Empedokles und mit ihm Hölderlin Konturen gibt, ja, sein klägliches Ende verleiht noch Lenins Sterben gleichnishafte Signifikanz: »Lenin, steif vor Schmerzen, denn er trug damals diesen Gürtel von dickem rotem Ausschlag um den Leib, dieses glühende Rosenbeet. Vom Brustbein an, links an der unteren Rippe, um die Seite bis übers Rückgrat, zog es sich hin, diese von entzündeten Nerven hervorgerufene Glut ... Herakles muß es so ergangen sein, als das Nessosgift ihn bedeckte, hatte Lenin gesagt, nur ein schmaler Rand, rechts am Brustkorb, blieb ihm, drauf zu liegen, eine halbe Stunde, länger hielt er nicht aus.«

Lenin mit dem Blutmal, Münzenberg in der Sekunde, da ihm das Gehirn zerplatzt und die »Engramme aus der Spiegelgasse« auseinanderfliegen: wie nah – und wie überzeugend: wie glaubhaft! – rückt in der Weiss-schen Synopse zusammen, was die aufs Dogma eingeschworene Geschichtsschreibung rigide getrennt hat (die Guten ins Töpfchen, die Schlechten ins Kröpfchen); wie freundlich und gutnachbarlich stellt sich, in diesem Möglichkeitsentwurf, das Verhältnis von Kunst und Politik vor, da ein Parteieintritt gleichbedeutend mit der Aufnahme in den Orden der Géricault, Courbet und Millet ist.

Wie's hätte sein können im Zeichen Rosas, Münzenbergs und der Einheitsfront der solidarisch handelnden Linken und wie es tatsächlich wurde, unter Stalins Herrschaft: Um dieses Wechselspiel von Wirklichkeit und Möglichkeit zu inszenieren, erfindet Weiss durch die Zusammenfügung von lauter kleinen Ichs, Auch-Ichs, Nicht-Ichs, ein Kontemporanitäts- und Simultanitäts-Spiel, das, wiederum von Joyce abgesehen, in der Literatur des zwanzigsten Jahrhunderts beispiellos ist: Da begegnen Büchner und Hülsenbeck, Lavater, Lenin und Hölderlin einander in Zürich; Balzac und die Corday, Marat und Géricault flanieren durch Paris; in Prager Kaschemmen hockt Kafka hinter dem Vorhang, Bucharin und Goya kämpfen, mit unterschiedlichen Devisen, im spanischen Bürgerkrieg mit; der Vater des Erzählers diskutiert auf dem Boulevard Raspail mit Herbert Wehner, Piscator, soeben aus Moskau gekommen, gesellt sich dazu: erfundene und reale Gestalten, Menschen, die einander nie begegnet sind, und andere, die sich sehr genau kannten, führen Geistergespräche: alle vom erzählten Ich, diesem lernbesessenen, Kontroversen entfachenden, Widersprüche – um seines und des Sozialismus Seelenheils willen – befördernden Ego herbeizitiert … und siehe, diese romaneske Vision mit dem Titel »Glanz und Elend der deutschen Arbeiterbewegung«, der aber – und darauf kommt's an! – genausogut heißen könnte »Warum wir Herakles brauchen« … diese romaneske Vision bestätigt die aristotelische These aufs schönste, die da besagt, daß – da der Dichter das, was geschehen könnte, der Geschichtsschreiber aber nur das beschriebe, was tatsächlich geschah – die Dichtung philosophischer und bedeutender als die Geschichtsschreibung sei.

»Denn die Dichtung«, so das neunte Kapitel der ›Poetik‹, »redet eher vom Allgemeinen, die Geschichtsschreibung vom Besonderen. Das Allgemeine (aber) besteht darin, darzustellen, was für Dinge Menschen von bestimmter Qualität reden oder tun nach Angemessenheit oder Notwendigkeit; darum bemüht sich die Dichtung und gibt dann die Eigennamen bei.«

Läßt sich eine exaktere Beschreibung der ›Ästhetik des Widerstands‹, ja, des Weiss'schen Gesamtwerks denken? Eines Werks, in dem es, spätestens seit dem ›Marat‹, darum geht, gesellschaftliche Antagonismen durch Individuen brechen zu lassen, die, dank ihrer je eigenen Denkfähigkeit und Artikulationskunst, in der Lage sein könnten, die überindividuellen Antithesen als Probleme ihrer höchst privaten Existenz zu konkretisieren – und zwar in angemessener und überzeugender Weise?

Angemessen und überzeugend, das heißt – nun nicht mehr auf die Personen, sondern auf den Autor bezogen: Es ist Peter Weiss gelungen, Innenwelt und Außenwelt, Traum und Faktum, Potentialität und Aktualität derart überzeugend zu verschmelzen, daß sich die auf das Nacherzählen äußerer Vorgänge beschränkte Historiographie dagegen wie Sekundär-Literatur ausnimmt – und dies nicht zuletzt deshalb, weil ihr jene Perspektiven-Weite und Perspektiven-Stringenz fehlt, die der ›Ästhetik‹ ihre Unabweislichkeit gibt.

Jede Zeile zeigt an: Hier schreibt ein Sozialist. Jede Zeile zeigt aber auch: Hier schreibt einer, dessen Ideale von keiner Macht der Welt mehr vertreten, wohl aber von den Opfern dieser Mächte verteidigt werden. Hier schreibt einer, der Partei bezogen hat: und zwar für das Volk – und nicht für die Kader zu Häupten des Volks: »Mein Bild des Sozialismus-Kommunismus kann nie geprägt werden von denen, die von ihren Machtpositionen aus die Richtlinien geben, sondern nur aus der Perspektive derer, die sich ganz unten befinden und dort, Entbehrung und Leiden auf sich nehmend, ihre Überzeugung gewinnen.«

Ja, hier schreibt ein Mann, für den Sozialismus und solidarische Kritik am Sozialismus identisch sind, und der deshalb hier als Sozialist und dort als dessen die Verheißungen der Außenseiter einklagender Kritiker zeitlebens für einen Schriftsteller galt, dem gegenüber Distanz opportun sei. Geliebt haben ihn wenige, gefürchtet manche, respektiert alle – respektiert wegen seiner Parteinahme für Woyzecks Nachfahren in aller Welt, die toten und die lebenden; respektiert – *und* gefürchtet! – wegen seines Eintretens für eine Volksfront, die, als Organisation der Freien und Gleichen, auf die Verteidigung der Menschenrechte eingeschworen ist, respektiert schließlich als einer, dessen Weltsicht deckungsgleich mit seiner Moral war. Die Sätze, die Herbert Wehner – für mich, so knapp er benannt wird, die ergreifendste Figur der ›Ästhetik‹ neben Max Hodann! – ans Ende seiner bis heute unveröffentlichten Erinnerungen gesetzt hat, seine Emigrations-Zeit als Funktionär der KP betreffend –, diese Sätze gelten auch für Peter Weiss: »Ein Leben, in dem das Streben bestimmend ist, nicht Kluft noch Widerspruch zwischen dem als Wahrheit Erkannten und dem eigenen Tun entstehen zu lassen. Diese Maxime ist gewiß nicht allmächtig, aber sie ist unerläßlich gerade für einen Sozialisten.«

Seltsam zu denken: Eine in die Realität zurückversetzte Romanfigur des Peter Weiss, halb Typus, halb Individualität und Charakter, »der Beauftragte des Zentralkomitees, der sich in Stockholm bescheiden als Svensson ausgab ... zuweilen auch zum Pseudonym Wegner griff und der unter den Tarnungsgeschichten den Namen Wehner trug«: dieser Herbert Wehner hat einen Rechenschaftsbericht publiziert, der sich, trotz unterschiedlicher Wertungen vieler Ereignisse, blockartig in die ›Ästhetik des Widerstands‹, diese poetisch-politische »Summe« der deutschen Linken, einfügen ließe – ein Beweis, wie wirklichkeitsprall die Epopöe des Peter Weiss ungeachtet ihrer fiktiven – und eben deshalb Authentizität verbürgenden – Grundstruktur ist ... und als solche nun freilich vergleichslos, weil einzigartig in der Literatur unseres Jahrhunderts: Geschichtsbuch und Traumbuch zugleich, ein poetischer Rechenschaftsbericht, der die im Namen des Sozialismus begangenen Verbrechen mit einer Gnadenlosigkeit erzählt, die mit »Tränen gebeizt« ist, aber zugleich auch ein von Metaphern, Bildern und Bilderketten, von panoramaschaffenden Assoziationen, über Seiten hinweg, und von rhetorischer Force berstender Traktat, der die Vision einer Partei entwirft, deren Mitglieder nicht den *ex cathedra* erlassenen Dogmen eines Zentralkomitees, sondern den im Namen der Unterdrückten verkündeten Parolen Büchners oder Rimbauds folgen. (»Ich zog diejenigen vor«, wird in den Tagebüchern Max Hodann zitiert, »die eine Ungewißheit nicht verleugneten, die das Vielseitige jedes Problems sahen, das Vorhandensein undeutlicher Übergänge anerkannten, im Gegensatz zu denen, die immer scharfe Trennungslinien zogen, den Soliden, den Betrauten.«)

Peter Weiss: ein Mann auf der richtigen Seite und eben

deshalb, da gerade für ihn, den Sozialisten, die Morde in der Sowjetunion nicht leichter wogen als die Morde in Auschwitz, ein Mann zwischen den Fronten – in welchem Ausmaß, das verdeutlichen die ›Notizbücher‹, mit ihrer sich steigernden Verdüsterung (»Warum überhaupt schreiben ... angesichts des bevorstehenden Todes, des gesamten Untergangs?«) und dem besessenen Insistieren auf einem allerletzten – und wahrhaft entsetzlichen! – Werk: der Zurücknahme der Danteschen Komödie durch ein Welttheater, eine Art von planetarischem Charenton, wo es kein Paradies, keine Revolution, keine gerechte Gesellschaft mehr gibt: nur eine winzige Hoffnung, so windgebeutelt wie das Segel auf dem Floß der Medusa. (Peter Weiss' opus postumum: endend mit der schauerlichen Vision der zu Henkern avancierten Opfer, die sich als Herren gebärden und neue Abhängigkeitsverhältnisse schaffen – und trotzdem von einem – nahezu paradoxen, da durch keine Erfahrung gestützten – Vertrauen auf eine Durchbrechung des Kreislaufs irgendwann einmal getragen? Das »Paradies« – ein Inferno, in dem es keinen Erlösungswürdigen mehr gibt: Sollte dieses, nun endgültig, das letzte Wort sein?)

Fragen ohne Hoffnung auf Antwort: Im Mai dieses Jahres ist ein Schriftsteller gestorben, der für uns, seine Kollegen, Kombattanten und Freunde – und die Widersacher erst recht! – so unersetzlich bleibt wie der Grenzgänger, Partisan und Märtyrer Herakles in der ›Ästhetik des Widerstands‹ für Coppi, Heilmann und den Erzähler.

»O Herakles«, sagte Heilmann, »wie sollen wir uns behaupten können, ohne deinen Beistand.«

Quellennachweise

»Rhetorik und Propaganda«, zuerst veröffentlicht in: Meyers Enzyklopädisches Lexikon Bd. 20, Bibliographisches Institut, Mannheim – Wien – Zürich 1977.

»Von deutscher Rede«, gehalten am 25. 11. 1965 anläßlich der Immatrikulationsfeier der Universität Tübingen; zuerst veröffentlicht: Angelsachsen-Verlag, Bremen 1966.

»Feldzüge eines Redners: Gotthold Ephraim Lessing«, gehalten am 8. 3. 1968 anläßlich der Verleihung des Lessing-Preises der Freien und Hansestadt Hamburg.

»Reaktionäre Beredsamkeit: Adam Müller«, Nachwort zu »Adam Müller: Zwölf Reden über die Beredsamkeit und deren Verfall in Deutschland«, Insel-Verlag, Frankfurt am Main 1967.

»Das Vermächtnis eines Gesamtkünstlers: Karl Friedrich Schinkel«, Eröffnungsrede der Ausstellung in der Hamburger Kunsthalle am 18. 11. 1982.

»Schwermut und Revolte: Georg Büchner«, gehalten am 6. 10. 1963 auf einer Matinee des Burgtheaters Wien. Zuerst veröffentlicht in: W.J., Euripides. Büchner, Neske-Verlag, Pfullingen 1964.

»Ein deutscher Jude: Heinrich Heine«, gehalten am 13. 12. 1981 anläßlich der Verleihung des Heinrich-Heine-Preises in Düsseldorf.

»Natur und Kunst: Richard Wagner und ›Meistersinger von Nürnberg‹«, zuerst veröffentlicht in: Programmhefte der Bayreuther Festspiele 1982, Heft IV: »Die Meistersinger von Nürnberg«, hrsg. von Wolfgang Wagner, Bayreuth 1982.

»Rhetorica contra rhetoricam: Hugo von Hofmannsthal«, geschrieben für die Gründungstagung der Hugo-von-Hofmannsthal-Gesellschaft am 29. 9. 1968 in Frankfurt am Main.

»Der Hundertjährige: Emil Nolde«, gehalten am 7. 8. 1967 anläßlich der Feier des 100. Geburtstags Emil Noldes in Seebüll.

»Der Rhetor Thomas Mann«, gehalten am 13. 6. 1965 anläßlich des 90. Geburtstags von Thomas Mann im Frankfurter Schauspielhaus.

»Portrait eines Moralisten: Albert Einstein«, gehalten am 16. 10. 1968 anläßlich der Einweihung des Albert-Einstein-Hauses der Volkshochschule Ulm.

»Melancholie und Moral: Wolfgang Koeppen«, gehalten am 20. 10. 1962 anläßlich der Verleihung des Georg-Büchner-Preises an Wolfgang Koeppen. Zuerst veröffentlicht in: W.J., Zueignungen, R. Piper Verlag, München 1963.

»Appell und Anmut: Wolfgang Hildesheimer«, gehalten am 15. 10. 1965 anläßlich der Verleihung des Georg-Büchner-Preises an Wolfgang Hildesheimer.

»Herakles als Nothelfer: Peter Weiss«, gehalten am 15. 10. 1982 anläßlich der Verleihung des Georg-Büchner-Preises an Peter Weiss.